Für Anna, Callo, Lina
und Ali

Gert v. Paczensky

Journalist mit Appetit

WALTER HÄDECKE VERLAG

Bildnachweis

Umschlag: Max Scheler/Stern, NDR, privat
Peter Bischoff S. 9 + 246
DANA 15, 21
Landseer 43
SHAPE 67
R. Stradtmann 92 und Umschlag
Kurfürst 145
Lothar Reinbacher 186
Engelmann 216
Wolfgang Kunz 223
Allisat 247
Jürgen D. Schmidt 253, 256, 257
Ali Paczensky 273
Alle anderen: Privatarchiv.

http://www.von-paczensky.de

Schutzumschlaggestaltung: dyadesign, Düsseldorf

Typografie und Satz: ES Typo-Graphic, Ellen Steglich, Stuttgart

Gesamtherstellung: GGP Media, Pößneck

Printed in Germany 2003

ISBN 3-7750-0701-6

Inhalt

Politik mit Saumagen?

Vor einem halben Jahrhundert war ich Zeitungs-Korrespondent in Paris. Da bestaunte ich nicht nur das französische Essen – den Geschmack, die Sitten, und welch hohen Rang Kulinarisches in der Einschätzung der Franzosen einnahm. Ich entdeckte den großen „Curnonsky“, „Prince élu des gastronomes“ (gewählter Fürst der Gastronomen). Im Jahr 1927 hatten 1823 Wirte und andere am Essen Interessierte dem damals 55jährigen Maurice Edmond Sailland, der unter seinem Pseudonym berühmter geworden war, diesen Titel verliehen. Er hatte nach Anfängen als Journalist und Literat – Freund von Léon Daudet, Colette und Claude Debussy – viel über Essen und Trinken geschrieben. In achtzig bekannten Pariser Lokalen hing über einem Platz ein Schild: „Hier speist Curnonsky, Prince ...“ Da aß er stets als Gast des Wirts.

Das machte mir mit meinen 27 Jahren großen Eindruck, und manchmal träumte ich davon, auch so jemand zu sein, auf gutes Essen versessen, wie ich war. Aber da sah ich natürlich keinerlei Chance. Außerdem war Curnonsky ja ganz überwiegend ein Kochbuchautor geworden. Rezepte, die Herkunft von Gerichten, regionale Spezialitäten spielten für ihn die größte Rolle. Dieses Gebiet lockte mich wenig. Ich war gern, viel lieber, ganz leidenschaftlich politischer Journalist.

Dann entdeckte ich Restaurantkritik. Den Restaurantführer „Guide Michelin“, den die Reifenfirma herausgab, kannte ich schon. Mit ihm und einigen ähnlichen Handbüchern bewaffnete ich mich, ganz wie die Franzosen, wenn ich durchs Land fuhr. Wie die Franzosen teilte ich meine Reise-Etappen danach ein, wo der „Michelin" ein Lokal pries. Wir suchten übrigens kaum nach Lokalen, die der „Michelin" mit einem Stern oder gar mehreren besonders auszeichnete. Die waren meist teurer als die anderen. Uns und den meisten Franzosen galt als ausreichende Empfehlung, wenn ein Lokal überhaupt verzeichnet war.

Das war der Anfang meiner kulinarischen Lehr- und Wanderjahre. Diese Lokale, oft sehr bescheidene, enttäuschten mich fast nie. Der Fischreichtum, die Saucen, das Brot, die Kräuter, die Trüffeln, der Knoblauch, die Kunst, aus Innereien großartige Gerichte zu zaubern, abgesehen vom meist guten Umgang mit „normalem" Fleisch – auch nachträglich verstehe ich den Stolz der Franzosen auf ihre Küche.

Danach entdeckte ich im „auto-journal", einem recht aggressiven Blatt voller Autotests und Hinweisen auf schlechte Straßenzustände, im touristischen Teil kritische Restaurantbesprechungen. Es waren oft scharfe Verrisse; ganz selten, aber doch, wurde enthusiastisch gelobt.

Je mehr Lokale ich kennen lernte, desto mehr leuchteten solche Rezensionen mir ein. Manchmal träumte ich davon, auch so etwas machen zu können. Aber wo und für wen?

Ich blieb noch lange ebenso ausschließlich wie gern der politische Journalist, allenfalls einer, der mehr auf gutes Essen versessen war als seine Kollegen. Doch als ich keine zehn Jahre später in Hamburg die leider kurzlebige Zeitschrift „deutsches panorama" herausgab, führte ich sogleich inmitten von viel Politik Restaurant-Empfehlungen ein.

Für viele Leute ist Essen angeblich kein Thema. Aber der Wunsch, immer besser zu essen und zu trinken, war die wichtigste Triebfeder, die der Menschheit von Urzeiten an Zivilisation beschert hat, und längst sind Essen und Trinken wichtige Bestandteile unserer Kultur. Darüber zu sprechen, es anzuerkennen, scheint unserer politischen Klasse nicht angebracht zu sein. So großen Aufschwung deutsche Spitzengastronomie in den letzten drei Jahrzehnten auch genommen hat – unter ihrer

III nach 9:
v. Paczensky mit Gast
Helmut Kohl

Kundschaft sind Politiker auffällig wenig vertreten, obwohl sie doch angemessen zahlungsfähig und zum Teil auch durchaus genussfähig sind. Französische verschaffen ihren großen Köchen die Ehrenlegion.

Bundespräsident Walter Scheel erregte Aufsehen, als er deutsche Spitzenköche für seine Staatsgäste kochen ließ, damit sie nicht dächten, man könne nur in Frankreich hervorragend essen. Was gab es für Aufregung, als Oskar Lafontaine einen bekannt guten Koch für teures Geld in die saarländische Landesvertretung nach Bonn engagierte. Viel verbreiteter ist, dass deutsche Politiker ihre eventuelle Lust zu und an erstklassigem Essen verbergen – eine Demonstration von Kulturlosigkeit.

So musste ich eines Tages auch bei Helmut Kohl, der eben noch ein Mann des feinen Essensgenusses gewesen war, die Absage an höhere Esskultur registrieren. Noch als Ministerpräsident von Rheinland-Pfalz kam er als einer der ersten Gäste in die Bremer Fernsehtalkshow „III nach 9“. Er war vereinbarungsgemäß einige Zeit vor der Sendung erschienen; wir empfingen ihn in einem behaglichen Büro. Das übliche freundlich-unverbindliche Geplauder brachte uns schnell auf das Thema, für das ich allmählich bekannt zu werden begann, weil ich Restaurantkritiken in „essen & trinken“ schrieb. Kohl bekannte sich als Freund elsässisch-französischer großer Küche: er fahre oft über die Grenze nach Illhaeusern in die Drei-Sterne-Auberge de l' Ill. Von seinem Regierungssitz Mainz war das ja nicht sehr weit. Als ich die HAEBERLINS danach fragte, die Wirte, bestätigten sie das.

Aber als Bundeskanzler erklärte sich KOHL zum besonderen Freund der einfachen pfälzischen Kost, mit dem Lieblingsgericht Saumagen. Das war natürlich nichts, dessen er sich hätte zu schämen brauchen. Ich habe mir den Spaß gemacht, in Deidesheim, in Kohls Lieblingslokal (jedenfalls hatte er das angegeben) ebenfalls Saumagen zu probieren. Ich war durchaus angetan davon.

Aber warum deswegen das Vergnügen an der ganz anderen, wesentlich feineren Küche der HAEBERLINS nicht mehr zugeben wollen? Sich dazu zu bekennen, was Kohl nun nicht mehr tat, hätte nicht nur die deutsch-französischen Beziehungen weiter verbessert, sondern wäre für das deutsche Publikum, das zum größten Teil so konservativ in seinen Essgewohnheiten ist (um nicht zu sagen reaktionär), teils aber auf Fast Food versessen, ein gutes Signal gewesen.

Unbestritten war ja die Auberge de l' Ill der Familie HAEBERLIN Jahrzehnte lang das mit Abstand beste unter den leicht aus Deutschland zu erreichenden Restaurants, gleich hinter dem Rhein, also der deutsch-französischen Grenze. Als ich anfing, für „essen & trinken“ zu schreiben, gehörte sie schon lange zu der Elite, die der Michelin mit drei Sternen bedacht hatte, und so fing ich auch meine erste Reportagefahrt durch französische Tempel der Kochkunst dort an.

HELMUT KOHL sah schließlich auch das Thema Essgenuss unter politischen Vorzeichen. Saumagen, so dachte er zweifellos, beeindruckte seine Wähler mehr als Lachssoufflé. Parteipolitik kam auch hinzu. Jahre nach seinem Auftritt bei „III nach 9“, produzierte ich für das Fernsehen eine Sendung „Ein Platz für gutes Essen“. Bald danach fand eine ARD-Tagung statt, mit großem abendlichen Empfang. Dort war auch HELMUT KOHL, und der erklärte einem der ARD-Gewaltigen, er verstehe gar nicht, wie man eine solche Sendung von einem so linken Autor wie mir habe machen lassen können.

Links – das ist so ein Etikett. Ein Teil meiner Karriere als Journalist fiel in die Zeit der CDU/CSU-Regierungen unter Konrad Adenauer und Ludwig Erhard. Da galt man schon als links, wenn man diese Regierungen kritisierte. Kritik an der Regierung hat ja in Deutschland keine große journalistische Tradition, wenn man von den antirepublikanischen Schreihälsen der breiten rechten Front in der Weimarer Republik absieht.

Mit anderen Worten – was meinesgleichen tat, war zunächst unerhört im wahrsten Sinne des Wortes. Daran musste sich die westdeutsche Öffentlichkeit ebenso erst gewöhnen wie ihre Regierung. Die überwiegend konservative Einstellung der bürgerlichen Nachkriegspresse half da nicht. Die eine Zeit lang blühenden Parteizeitungen, darunter sozialdemokratische mit hoher Auflage, waren zu abgestempelt, um über die eigenen Parteikreise hinaus zu wirken.

Dies änderte das Fernsehen. Erst dort hat kritischer Journalismus ab den sechziger Jahren in der damaligen Bundesrepublik starke Resonanz auslösen können. Viele kamen auch damals nicht auf den Gedanken, der in anderen demokratischen Ländern normal ist: die Handlungen ihrer Regierenden kritisch zu prüfen und notfalls ihre gegensätzliche Meinung deutlich zu machen. Die es aber taten, ernteten in der untrainierten Öffentlichkeit und bei den politischen Instanzen zunächst eher Misstrauen, Ablehnung und Feindschaft. Die Parteien beherrschten ja Funk und Fernsehen - ein Kardinalfehler in den Gründungsakten der Bundesrepublik. Wer das Glück hatte, für einen Sender zu arbeiten, dem die Parteienkonstellation günstigere Verhältnisse beschert hatte, wie dem Norddeutschen Rundfunk (NDR) und dem Hessischen (HR), hatte etwas größere Bewegungsfreiheit. Ich profitierte eine kurze Zeit lang im NDR davon.

Es gehört zu den glücklichen Umständen der Bundesrepublik, dass unser Beispiel schnell Schule machte. Kritischer Fernseh-Journalismus war bald auch ein Markenzeichen des riesigen WDR, teilweise des SWF, und dann war er nicht mehr zu bremsen. Ich bin froh, zu den Auslösern gehört zu haben.

Und auch zu den ersten, die so etwas Wichtiges wie die Gastronomie kritisch unter die Lupe nahmen und systematische Restaurantkritik einführten. Zwei ganz verschiedene Gebiete, gewiss, aber eben zwei bedeutende Pfeiler unserer Kultur.

Zwei Agenturen, einmal Kaviar

Am 1. Januar 1946 begann beim „Südwestdeutschen Nachrichtendienst“ in Tübingen meine journalistische Laufbahn.

Der „SND“ war ein merkwürdiges Gebilde, ohne die seltsamen Verhältnisse der unmittelbaren Nachkriegszeit gar nicht erklärbar. Tübingen fungierte, man erinnert und glaubt es heute kaum, als Hauptstadt eines Ländchens, das die Alliierten in der französischen Besatzungszone geschaffen hatten: Südwürttemberg-Hohenzollern. Die Regierung hieß bescheiden Staatssekretariat. Ihr Chef: kein anderer als Carlo Schmid, bald danach einer der Großen der Sozialdemokratie. Als Mann hoher französischer Kultur saß er da wohl auf dem richtigen Platz, auch von den Besatzern sehr anerkannt. Ob er aber wirklich eine eigene Nachrichtenagentur brauchte, bezweifle ich.

Unter Nachrichtenagenturen erinnerten ältere Deutsche „Wolfs Telegraphenbüro“, jüngere natürlich das DNB, das „Deutsche Nachrichtenbüro“, das die Nazis „gleichgeschaltet“ hatten und das alle deutschen Zeitungen abonnieren mussten. Wie konnte der bescheidene SND je hoffen, ähnliche Bedeutung zu erlangen, zumal doch in den wesentlich größeren britischen und amerikanischen Besatzungsgebieten ebenfalls Agenturen mit größeren Mitteln und sehr viel besseren Chancen entstanden. Die Franzosen klemmten in ihre kleine Besatzungszone ja lächerlicherweise gleich zwei Agenturen: die Rheina in Baden-Baden und uns. Wir brauchten uns freilich kaum als französische Gründung zu betrachten und hatten, wie ich später erfuhr, auch keine französische Lizenz.. Die Idee stammte von Peter Härlin, einem renommierten früheren Redakteur der „Frankfurter Zeitung“ und ihr Wiener Korrespondent in Vorkriegszeiten. Sie gefiel Carlo Schmid.

Ich startete keineswegs als Volontär, wie im Journalismus üblich. Mit einer Frau, die früher Übersetzerin im Auswärtigen Amt gewesen war, verfasste ich einen Funk-Abhördienst. Wir hörten Radionachrichten verschiedener Sender, vornehmlich ausländischer, um neutrale Quellen zu haben. Mir kam meine Vergangenheit als Militär-Funker zugute. Ich konnte Morsedienste ausländischer Agenturen abhören und mitschreiben. Aus all dem entstand ein ziemlich seriöses Nachrichtenbulletin. Zwei oder drei Redakteure reicherten es an mit Informationen aus der Region, und so konnte der SND seinem zunächst einzigen Zeitungskunden, dem Tübinger Tagblatt, durchaus brauchbares Material liefern. Um diese Zeit war, was es an deutscher Presse in Wiederaufbau gab, weitgehend vom internationalen Informationsangebot abgeschnitten. Die deutschsprachigen Nachrichtendienste in den besetzten Zonen unterlagen der Kontrolle der jeweiligen Besatzungsmacht – dpd in der britischen, DANA in der amerikanischen, ADN in der russischen Zone und die Rheina in der französischen. Bei uns habe ich nie einen französischen Kontrolloffizier gesehen, auch irgendwelche Eingriffe erinnere ich nicht. Vielleicht hing das mit der besonderen Art unserer Gründung zusammen. Einige Amtsstellen im Tübinger „Staatssekretariat“ waren ebenfalls Abonnenten unseres Dienstes. Ich verdiente etwa 250 bis 275 Mark, was von einem Bruttogehalt von 400 Mark nach Abzug von Steuern und Versicherung übrig blieb.

Damals waren Lebensmittel bekanntlich rationiert. In Tübingen bedeutete das im Februar 1946 (die Zuteilungen schwankten von Monat zu Monat): 6,5 kg Brot, 350 Gramm Fett, 300 Gramm Fleisch, reichlich Kartoffeln, 100 Gramm Zucker, 125 Gramm Käse. Amerikanische Zone im nahen Stuttgart zum Vergleich: 12 kg Brot, 800 Gramm Fleisch, 400 Gramm Fett. Am 16. März wurde in der französischen Zone die

Sperrstunde aufgehoben – in der amerikanischen bestand sie noch eine ganze Weile weiter (22.30 Uhr).

DANA-Reporter in Stuttgart

Zwar war ich auf meine Morsefähigkeiten immer stolz gewesen; ich konnte schnellere Morsetexte verstehen und mitschreiben als viele andere Funker. Aber das lag doch eigentlich hinter mir. Ich hatte nicht den Eindruck, dass es wirklich eine nützliche Schule für guten Journalismus sei. RICHARD V. FRANKENBERG, der mich geholt hatte, schien sogar bald ganz an der Zukunft dieses Unternehmens zu zweifeln. Nur zweieinhalb Monate nach unserem Eintritt stiegen wir beide aus. Dicky bekam eine Stellung beim DANA-Büro in Frankfurt, ich bei der DANA in Stuttgart, zu einem Monatsgehalt von 350 Mark, was etwa 230 netto bedeutete. Für ein Zimmer in Botnang zahlte ich 70 Mark. Nun begann erst richtig meine journalistische Ausbildung – von der Pieke auf.

Beinahe wäre das freilich gescheitert. Ich musste mich ja schließlich erst einmal um eine Anstellung bewerben. Also ging ich zur DANA im Stuttgarter Tagblatt-Turmhaus und wurde auch vom deutschen Bürochef empfangen. Der Empfang fand allerdings auf dem Korridor vor seinem Büro statt. Dieser 21jährige Bewerber schien ihm wohl kein Platzangebot wert zu sein. Er setzte mir auch sogleich auseinander, die Agentur brauche keine jungen Leute, sondern erfahrene Journalisten. Die Erfahrung müsse ich mir erst anderswo verschaffen. Doch während er sprach, kam ein uniformierter Amerikaner vorbei, hörte es zweifellos und blieb stehen. „O no!“, sagte er. „Wir wollen gerade keine älteren mit falschen Erfahrungen im Nazi-Journalismus. Wir wollen unbelastete junge. Kommen Sie in mein Büro.“

Der Deutsche ging mürrisch und schweigend in die andere Richtung, ich brauchte dem Amerikaner nur wenige Auskünfte über mich zu geben, und eine halbe Stunde später war ich angestellt. Als Reporter. Ein paar Tage später wurde der deutsche Bürochef ersetzt durch einen, den die Amerikaner in allem Ernst als früheren *Hobo* (Landstreicher, Tippelbruder) vorstellten, einen journalistischen Emigranten, dem es in Amerika nicht besonders gut gegangen war. Er hieß HANS OTTO LANGE; später sah ich Artikel von ihm – jedenfalls konnte er schreiben.

Die Amerikaner – das waren BILL (Wellington) LONG, der vom Korridor, und DANA MIDDLESWORTH, zwei Journalisten von amerikanischen Zeitungen, denen ich nicht nur für die Chance, sondern auch für das, was sie mir beibrachten, zu Dank verpflichtet bin. LONG, der mich wegen meiner damals rötlichen Haare bald *Red* nannte, und MIDDLESWORTH verließen die DANA bald danach – sie waren ja Soldaten, wurden entlassen und kehrten in ihren Beruf zurück. Da alles, was das Stuttgarter Büro produzierte, ohnehin in der DANA-Zentrale in Bad Nauheim von dortigen Kontroll-Amerikanern gesehen wurde, verzichteten diese wohl auf Stuttgarter Nachfolger von Long und Middlesworth.

Die erste Stuttgarter Reporter-Crew war sehr lustig: SERGE TOUMANIANTZ, Armenier, den die Nazis in einem Lager eingesperrt hatten und der nun als *DP* (*displaced person*), von den Amerikanern bevorzugt versorgt und gut behandelt wurde, ein jüdischer Kollege namens SCHÖPFER, der ebenfalls einem Nazi-Lager entkommen war, und ich. Unterschiedlich, wie wir waren, bildeten wir ein freundschaftliches Trio. Unsere wichtigste Nachrichtenquelle war das amerikanische Oberkommando in der Villa Reitzenstein, aber wir beschäftigten uns natürlich auch mit allem anderen, was so in einer Stadt vorkommt. Stuttgart war, da dort der Länderrat saß, für die amerikanische Zone wichtiger als Frankfurt und München. Der Länderrat lieferte uns ebenfalls reichlich Stoff als eine Art Zonen-Regierung.

Auch die Entnazifizierung beschäftigte uns – die ersten Entnazifizierungsgerichte nahmen ihre Arbeit auf, Spruchkammern genannt, die nach meinem Eindruck meist sehr milde urteilten. Wegen der Neuheit der Materie und der ungewohnten Verhandlungsführung, die von der üblichen Prozessordnung abwich, dauerten die ersten öffentlichen Sitzungen stets sehr lange. Die Vorsitzenden hatten großenteils noch nie eine Verhandlung geleitet und sollten ein völlig neues Gesetz anwenden, für das es keine Erfahrungen gab. Auf Kostümierung wurde verzichtet; Richter, Beisitzer, Verteidiger und Ankläger erschienen im Straßenanzug. Bemerkenswert schien mir, wie viele Belastungszeugen umkippten und sich nicht einmal an ihre eigenen schriftlichen Aussagen erinnern wollten, sobald der Verteidiger sie unter die Lupe nahm. Die Entlastungszeugen zeichneten sich durch eine auffällige Gleichheit ihrer Aussagen aus und hielten kritischen Fragen ebenfalls kaum stand. Und die Betroffenen – also die als Nazis vor der Kammer stehenden – litten unter argem Gedächtnisschwund. Ich habe fast keinen erlebt, der sich zu seiner früheren Überzeugung oder irgendwelchen Missetaten bekannt hätte. Die Atmosphäre war oft überraschend heiter, erklärlich durch enge persönliche Beziehungen. Wirklich große Fische traten bei den Verhandlungen, denen ich beiwohnte, nicht auf. Drastische Urteile habe ich nicht erlebt.

Meine ersten Stuttgarter Interviews waren mit Peter Igelhoff, für den ich schon lange geschwärmt hatte, Claire Waldoff und Friedrich Wolff (vom Ostberliner Kulturbund). Eine meiner interessantesten Expeditionen war ein Besuch, als erster deutscher Journalist, in einem der Internierungslager der amerikanischen Zone. Ich hatte den Eindruck, dass die Insassen – ehemalige Nazis, aber auch zahlreiche vormalige Offiziere, die nur deswegen dort saßen und zeitig entlassen wurden – gut ernährt und gesundheitlich besser versorgt waren als ihre Landsleute draußen, da in den Lagern auch sehr viele Ärzte saßen, die sich schon aus Langeweile um ihre Umgebung kümmerten, und an Medikamenten fehlte es nicht.

Serge Toumaniantz verdanke ich einen nachhaltigen kulinarischen Eindruck. Von ihm und seiner lettischen Frau, oder war sie Estin, die er noch im DP*-Lager kennengelernt hatte, lernte ich, aus Eipulver (da hatte es in einem Monat eine Zuteilung von 200 Gramm und vier richtige Eier gegeben), Zucker (monatliche Zuteilung: 125 Gramm) und Rotwein einen fabelhaften cremigen Pudding zu rühren. Kunst gehörte natürlich nicht dazu, lediglich ein Vorrat an Zutaten. Wir brauchten unsere Lebensmittelkarten wenig, da wir uns in der Kantine von Radio Stuttgart mit amerikanischer Kost verpflegen konnten. Wofür die Lebensmittelmarken nicht reichten, das besorgten die beiden im DP-Camp. Die amtliche Brotzuteilung war im Monat Juni auf 4 kg gesunken, nebst 350 Gramm Fett, 250 Gramm Käse, einem Kilogramm Fleisch, vielen Nährmitteln. Gemüse gab es kaum.

Sehr schnell stellte sich heraus, dass unser Bürochef uns über das hinaus, was wir mit der Arbeit lernten, nichts Wesentliches beibringen konnte oder wollte. Er beschäftigte sich sehr mit sich und seiner Sekretärin. Ich konnte nicht besonders gut mit ihm oder er mit mir. So kündigte ich, in gesundem Selbstvertrauen, dass ich auch anderswo wieder eine Stellung finden würde. Doch musste ich nicht suchen. Ich bekam zu meiner Verblüffung und zu meinem Vergnügen sogleich über das Telex des Büros, also so, dass es auch der Chef sehen und sich darüber ärgern konnte, eine Einladung des amerikanischen obersten journalistischen Chefs in Bad Nauheim, dorthin zu kommen und über meine weitere Mitarbeit bei der DANA zu reden („... wish to discuss your continued employment with DANA ...“). Dieser Amerikaner, Jack Stuart, war deutlich willens, mich zu behalten, und so fing ich im Spätsommer 1946 in Bad Nauheim an, wo ich in der Tat weit mehr lernte als in Stuttgart.

Nach kurzer Übergangszeit im Wirtschaftsressort wurde ich in die innenpolitische Redaktion (*Home Desk*) berufen, und nach wenigen Wochen war ich einer der zwei oder drei sich im Turnus als *slot editor* ablösenden Chefs dieses Ressorts. Ein Reporter in einem unserer Außen-

* DP = displaced persons. Die Amerikaner hatten solche Lager für die Ausländer eingerichtet, die vorher in Nazi-KZs oder -gefängnissen gesessen hatten und noch nicht repatriiert werden konnten.

büros, der später sehr prominent wurde, war HANS ULRICH KEMPSKI in München. In Bad Nauheim erschien auch noch ein separater englischsprachiger Dienst, „News of Germany", mehr mit Artikeln als mit Agenturmeldungen. Zu den Redakteuren gehörte CLAUS HARDT, später bekannter Filmdramaturg und TV-Produzent.

Redakteurinnen und Redakteure der DANA wohnten in verschiedenen Pensionen Bad Nauheims. Die Kantine , zu der die Amerikaner Verpflegung zuschossen, befand sich im „Jägerheim". Ich erinnere, entsprechend weltweiter und uralter Kantinentradition, überwiegend Gemurre über das, was es da gab. Nun war ja in Deutschland noch Knappheit und Rationierung, und uns ging es zweifellos besser als vielen anderen. Ansonsten war Schwarzmarktzeit. Zigaretten kosteten so viel, dass ein ungehemmter Kettenraucher glatt sein ganzes Gehalt verpaffen konnte.

Ausgerechnet in dieser kulinarisch misslichen Zeit aß ich zum ersten Mal, was bei vielen als die Spitze luxuriösen Essgenusses gilt: Kaviar. Allerdings nicht in so feiner Weise, wie man sich das vorstellt. Ich war nach Leipzig zu meinem Freund GOETZ SCHERFF gefahren, der nun studierte. Sein Vater, vormals Regionalvertreter einer „rüstungswichtigen" Firma und entsprechend wohlhabend, hätte wohl den russischen Besatzern und der von ihnen gesteuerten SED suspekt sein müssen, hatte aber zu seinem Glück argentinische Staatsbürgerschaft und wurde in Ruhe gelassen. Mutter Scherff wiederum war geborene Russin und nun Chefdolmetscherin der sowjetischen Kommandantur. Goetz hatte mir versprochen, mich im Auto nach Wernigerode zu fahren, wo meine Mutter und meine Großmutter bei Kriegsende nach der Flucht aus Schlesien gelandet waren, und mir eine stattliche Summe Geldes für sie zu borgen, mit dem wir ihre Lage etwas erleichtern wollten. Sie lebten bei Verwandten auf deren Bauernhof, meine Mutter arbeitete als Garderobenfrau in einem Hotel.

Am Abend vor der Abreise gab es bei SCHERFFS zu meiner Verblüffung einen großen Topf Pellkartoffeln, einen kaum kleineren mit schon geschälten Zwiebeln und einen dritten, der mindestens ein Pfund Kaviar enthielt, wenn nicht mehr. Das aßen wir alles zusammen, es passte und schmeckte wunderbar, und dazu gab es reichlich Wodka und Bier. Hier herrschte deutlich kein Mangel. Goetz hatte ja auch zwei Autos: ein weißes Mercedes-Kabrio, an dem eine argentinische Flagge baumelte, und einen unauffälligen DKW.

In dem fuhren wir am nächsten Morgen nach Wernigerode, fanden meine Mutter und meine Großmutter bei den Verwandten und überreichten ein dickes Bündel mit Markscheinen. Den beiden war auf der Flucht aus Schlesien in der Tschechei, wohin sie zunächst geflohen waren, genug Missliches beschieden. Die Großeltern hatten in Böhmisch-Leipa gewohnt; vom Hass und der Rachsucht der jahrelang von Deutschen drangsalierten Tschechen machten sich die beiden Frauen wohl keine Vorstellung. Als Einziges erzählte meine Mutter, dass sie wochenlang tschechische Kasernen schrubben mussten. Nun ging es ihnen wieder einigermaßen, und nach dem Tod ihrer Mutter wanderte meine über die „grüne Grenze" aus dem inzwischen zur „Ostzone" gewordenen Gebiet nach Westen und ließ sich bei Verwandten in Gießen nieder.

Goetz Scherff, denkbar unbeliebt bei der SED, floh 1948 aus dem elterlichen Haus, als die Leute, die ihn verhaften wollten, an die vordere Haustür hämmerten. Er gelangte ebenfalls in den Westen, und ich konnte ihm seine Hilfe vergelten, indem ich ihm sein Studium an der Universität Kiel bezuschusste.

Eines der größten Themen für die Nachrichten-Agenturen wie die DANA waren die Nürnberger Prozesse, von Herbst 1945 an der Hauptprozess gegen die noch lebenden Nazi-Kriegsverbrecher Hermann Göring und Konsorten. Die DANA hatte eine eigene Redaktion dafür und in Nürnberg eine Sonderberichterstatterin, Susanne Czapski, deren vortrefflicher Stil ebensolchen Eindruck machte wie das – durchweg Grässliche – was sie zu berichten hatte. Ich lernte sie erst ziemlich spät kennen, da sie eben nicht für unsere Redaktion, sondern für den „Trial Desk" arbeitete (unsere interne Arbeitssprache war englisch). Zwischen uns sprang sehr schnell der Funke über. Als der Nürnberger Hauptprozess 1946 zu Ende war und Susanne wieder Kontakt mit ihren Eltern in Berlin gefunden hatte, stand zwischen ihr und der DANA schon fest, dass sie nach Berlin ziehen und dort als freie Mitarbeiterin über die oberste amerikanische Besatzungsbehörde, OMGUS, berichten würde.

DANA-Mann in Berlin

Ich konnte ihr sozusagen dienstlich nach Berlin folgen. Unsere Kontroll-Amerikaner hatten schon seit einiger Zeit gefunden, dass unsere Berichterstattung aus Berlin, dem damals nicht geteilten, verbessert werden müsse. Bislang hatte das Berliner Büro nach Bad Nauheim berichtet, dort waren die Meldungen bearbeitet, „druckfertig“ oder eher „sendefertig“ gemacht und dann im allgemeinen Dienst der DANA über Hellschreiber-Funk an die Zeitungs- und Rundfunkkunden verbreitet worden. Nun wurde ein „Berliner Stadt-Dienst“ eingerichtet. Die Berichte aus und für Berlin wurden dort zentralisiert, die Meldungen ohne den bisherigen Umweg direkt redigiert und per Telex an die Berliner Zeitungen weitergegeben, was eine beträchtliche Beschleunigung ermöglichte. Sie war sehr nötig, da ja in Berlin um die Kundschaft von mehr als zwanzig Zeitungen und mehreren Funkhäusern nicht nur die großen internationalen Nachrichtenagenturen konkurrierten, sondern auch die unter der Ägide der Besatzer gegründeten deutschen.

Es war aber auch eine heikle Entscheidung, da sich das bestehende Berliner Büro entmachtet und zurückgesetzt fühlte. Ohnehin hatte gelegentlich Unzufriedenheit bewirkt, dass wir vom *Home Slot* fanden, einige unserer Berliner Kollegen seien zu langsam, stilistisch nicht auf der

Höhe und machten uns zuviel Umschreibe-Arbeit. Sie bemerkten voller Grimm, dass ihre Formulierungen in der Zentrale oft verändert wurden – ganz überflüssig, dachten sie natürlich. Darunter waren einige ältere, etwas umständlich arbeitende Zeitungsleute, vermutlich solche, die BILL LONG nicht mehr genommen haben würde, und die sehr missbilligten, welche junge Redaktion die Amerikaner in Bad Nauheim aufgebaut hatten. Ältere Kollegen fand man dort in der Tat nur im Wirtschaftsressort. Zum Chef des neuen Berliner Stadt-Dienstes der DANA, die inzwischen DENA hieß, machten die Amerikaner mich.

Wir schrieben inzwischen Sommer 1947. Die DANA hatte sich verändert. Nicht nur durch Namensänderung in DENA – es hatte sich eine dänische Institution DANA gemeldet und ihr Recht auf den Namen erfolgreich geltend gemacht. Die Nachrichtenobjektivität, zu der uns, mich, die amerikanischen Mentoren erzogen hatten, hatte einige Dellen bekommen. In der ersten Zeit nach meiner Ankunft waren wir weitgehend in der Nachrichtengebung frei gewesen, wovon ich nur zwei Ausnahmen erinnere. Es kamen polnische Nachrichten über das Massengrab Katyn, und das wurde keineswegs den Nazis angekreidet, sondern den Russen. Wir hatten die Meldung entsprechend formuliert. Da erklärte JACK STUART, sie könne nicht gesendet werden, da sie einen Alliierten angreife. Ich erinnere sonst nur noch, dass wir die Berichte des „Ausschusses zum Studium europäischer Fragen“ (LORD VANSITTARD etc.) nicht verbreiten durften, weil sie unseren Amerikanern zu antisowjetisch erschienen.

Doch hatte ich Anfang September 1946 in Stuttgart die Rede des damaligen amerikanischen Außenministers JAMES F. BYRNES angehört, die schon eine Konfliktsituation mit der Sowjetunion vorausbeschwor. Und dann kam nach Bad Nauheim der GENERAL MACCLURE, damals der oberste Nachrichtenchef der amerikanischen Besatzungsarmee in Deutschland, und verkündete nach einer Aufzählung vermeintlicher oder wirklicher sowjetischer Missetaten: „Jetzt ziehen wir die Handschuhe aus!“, womit Sprache und Handeln gegenüber Moskau gemeint war. Die

Amerikaner, die damit den *Kalten Krieg* erklärten – unbezweifelbar hatten ihn die Russen ohne förmliche Ansage längst begonnen – gedachten nicht, bei diesem Unternehmen allein zu sein. Wie sie auch die Westdeutschen einspannten, ebenso wie die Russen „ihre" Ostdeutschen, ist bekannt genug. Für die DENA begann der Übergang in deutsche Hände. Der neue Boss, hinter dem die Amerikaner mehr und mehr zurücktraten, bis sie schließlich ganz ausschieden, war Curt Frenzel, ein Vorkriegs-Journalist, dem die Nazis im KZ das Gehör zerschlagen hatten. Als die Amerikaner ebenso wie die anderen Besatzungsmächte in ihrer Zone neue deutsche Zeitungen lizenzierten, meist unter Beteiligung der verschiedenen Parteien, anfänglich auch der Kommunisten, war Frenzel Lizenzträger der „Augsburger Allgemeinen" geworden, die seine Tochter noch heute regiert. Die inzwischen entstandene Verlegergemeinschaft der amerikanischen Zone, die zur Trägerin der DENA geworden war, machte Frenzel zum Vorstandsvorsitzenden. Sein Anfang war etwas mühsam. Ich erinnere Betriebs-versammlungen, in denen wir, die Redakteure, gegen Maßnahmen der neuen deutschen Leitung fochten, und da war ich manchmal ein Wortführer. Das war vor meiner Versetzung nach Berlin. Jahre später hatte ich übrigens zu Frenzel, als ich ihn unter ganz anderen Umständen wiedertraf, ein durchaus freundschaftliches Verhältnis.

Die Übersiedlung war mühselig, auch für jemanden fast ohne Gepäck, da zwar zwischen den Berliner Sektoren noch Freizügigkeit bestand, nicht aber zwischen den Besatzungszonen. Nach Berlin kam man, wenn man nicht mit amerikanischen Militärmaschinen fliegen konnte –, Lufthansa gab es noch nicht wieder – nur mit dem Interzonenzug. Der rollte verschlossen mit plombierten Wagen durch die sowjetische Zone, langsam und allen möglichen Beschränkungen unterworfen. Niemand sollte aussteigen oder, was die Sowjets noch mehr unterbinden wollten, zusteigen können. Hauptsächlich brauchte man gültige *Travel Documents*. Photographieren war streng verboten. Reservierungen gab es nicht. Der Zug war zum Bersten voll und besonders im Sommer eine Strapaze. Auch ich stand die ganze Fahrt, wenigstens an einer Tür, an die ich mich anlehnen konnte.

Der Stadtdienst ließ sich gut an, das Verhältnis zu Susanne nicht minder, aber das zur Zentrale in Bad Nauheim kam schwer zu Schaden. Nun stieß zur Abwechslung einer von der jungen Nauheimer Garde mit keinem geringeren als einem Kontroll-Amerikaner zusammen. Das Berliner Büro hatte natürlich ebenfalls einen, ich glaube er hieß Ted Meltzer, und der hatte für die Agentur auch selbst journalistisch tätig zu sein. Er war unsere einzige Quelle für eigene Nachrichten aus dem Alliierten Kontrollrat, zu dem wir nicht zugelassen waren. Und eines Tages verpassten wir eine für uns besonders wichtige Kontrollrats-Story, weil Meltzer irgendwo in Westdeutschland Golf spielte. Dass er das tat, wusste ich von einer der Kontroll-Amerikanerinnen, Aileen Miles, die damals in Heidelberg (amerikanisches Hauptquartier) saß und ebenfalls für uns zuständig war. Als guter Diener meiner Agentur regte ich mich über dieses im Stich-gelassen-werden inmitten des Berliner Konkurrenzkampfes sehr auf und schimpfte, sowohl im Berliner Büro als auch am Telephon nach Bad Nauheim. Zu machen war ja nichts mehr.

Bald danach erschien Meltzer wieder in Berlin. Ich wurde zu ihm gerufen und staunte nicht schlecht, ihn umgeben von den beiden Ältesten des vormals selbständigeren Berliner Büros, Hempel und Nolte, zu sehen. Schnell war klar, dass sie ihm von meinem Gezeter erzählt hatten. Er wünschte im Verhörston, das von mir bestätigt zu bekommen und staunte nicht schlecht, als ich, nicht minder wütend als er, ihm meine Vorwürfe ins Gesicht wiederholte. Damit hatten auch meine beiden deutschen „Kollegen" deutlich nicht gerechnet. Nach einigem Luftholen veranstaltete Meltzer einen Wutanfall, der darin gipfelte, er werde dafür sorgen, dass ich nie wieder etwas im Journalismus werden könne, oder so ähnlich. Mal sehen, antwortete ich und ging.

Über Telex kam auch binnen kurzem ein Schrieb, ich sei hiermit nach Bad Nauheim zurückversetzt – auf einen Posten, der gar nicht schlecht war, was mich nun verblüffte. Und da stand ein Zusatz – aber da muss ich noch ein bisschen ausholen.

Susanne und ich hatten zu heiraten beschlossen, was ich natürlich meiner Zentrale nicht gut verschweigen konnte und auch nicht wollte. Doch in Bad Nauheim schien dieses private Vorhaben jemandem besonders unbotmäßig vorzukommen. Ich bekam ein Fernschreiben, bei dessen Lektüre ich mir mehrfach die Augen reiben musste. Am Projekt meiner neuen Tätigkeit werde festgehalten. Soweit ich erinnere, war es nach kurzer Übergangszeit in Bad Nauheim der Chefposten im Frankfurter Büro. Sollte ich aber SUSANNE CZAPSKI heiraten, werde die DENA für sie keine Zuzugsgenehmigung besorgen. Die brauchte man damals, wenn man Anrecht auf eine Wohnung und, fast noch wichtiger, auf Lebensmittelkarten haben wollte. Vermutlich können heute nur Asylbewerber nachvollziehen, was das bedeutete. Diese Frechheit, von der ich nicht mehr erinnere, ob sie CURT FRENZEL oder jemand unter ihm unterschrieben hatte, beantwortete ich mit einem wesentlich kürzeren Telex: ich kündigte.

Am 10. September 1947 heirateten wir. Gleich danach hatten wir neue Jobs in der der Tasche.

Die schon erwähnte AILEEN MILES, die Susanne sehr zugetan war, wusste, dass in Hamburg die britischen Besatzer eine Zeitung namens DIE WELT gegründet hatten und Redakteure suchten. Sie kannte einige der Zuständigen. Sie vermittelte ein Treffen im Berliner Büro PETER DE MENDELSSOHNS, damals schon Berliner (englischer) Vertreter des Blattes. Dort trafen wir JULIUS HOLLOS, Ex-Ungar und nun britischer Kontrolloffizier, der Susanne von ihrer Zeit als Nürnberger Prozess-Sonderberichterstatterin kannte und schätzte, und Colonel STEEL MCRITCHIE, echter Schotte im Rock (für den Aileen Miles wohl nicht nur deswegen eine Schwäche bekannte), oberster britischer Chef des neuen Unternehmens. Susanne bekam von Hollos sofort eine feste Zusage, ich erst nach einer Weile und, wie Hollos offen sagte: „Wegen Susanne. Sie kenne ich ja nicht." MCRITCHIE sagte kaum etwas.

Vom Curry-Fisch zur Breakfast-Wurst

Nach kurzer Hochzeitsreise fingen wir Ende Oktober in Hamburg an. Es war noch Mangel- und Schwarzmarktzeit. Obwohl ich für WELT-Verhältnisse außerordentlich gut bezahlt wurde – ich hatte bei der DENA mit 1000 Mark monatlich aufgehört und meine neuen Arbeitgeber folgten dem Brauch, mit dem letzten Gehalt des letzten Arbeitgebers anzufangen – reichte das eigentlich nur für ein paar Schachteln Zigaretten, und wir waren beide schwere Raucher. Dennoch kamen wir klar, wie man heute sagt. Die WELT hatte eine billige Kantine, außerdem verkaufte dort jemand „billig" Würstchen mit Brot. Susannes Vetter Andreas schickte Fresspakete aus Zürich, wo er studierte, meine Tante Alexe gelegentlich Nahrhaftes über London – wir litten keine Not. Allerdings waren wir schlanker als heute.

Ich kam in eine lustige Redaktionsgemeinschaft und erinnere mich an viele, die ich dort kennen lernte, mit freundschaftlichem Vergnügen. Die Umgebung war denkbar trübe: das Broschek-Haus in der Straße Große Bleichen, unser Sitz, sehr zerfallen, teilweise mit Kriegsschäden und jedenfalls arg veraltet. In Hamburg war viel zerstört. Merkwürdigerweise hatten die alliierten Bombardements hauptsächlich Arbeiterwohnviertel flach gemacht und die feinsten Bezirke unangetastet gelassen. Doch 1947 hätte die Stadt, ungepflegt, voller Trümmer und meist grau, ohnehin keinen Touristen angelockt. Auch wer hier arbeiten wollte, hatte es schwer: es gab nicht leicht eine Zuzugsgenehmigung – wir mussten auf unsere wochenlang warten – und ohne die keine Lebensmittelkarten. Schließlich ergatterten wir ein Zimmer mit Badbenutzung und einem Balkon, auf dem wir Kohle und Torf für unseren Kanonenofen lagern konnten, bei sehr freundlichen Leuten am Mittelweg.

Für uns Redakteure der WELT war, obwohl wir billige Kantinenverpflegung genossen, der kulinarische Magnet ein Lokal gleich gegenüber. Dort gab es *Röstbrot mit Curryfisch*, nicht zu dünn bestrichen und sehr scharf, für 5 Mark die Scheibe, und da saßen wir ziemlich jeden Tag; Bier gab es immer ohne Marken. Die Schärfe des Brotaufstrichs erklärten wir uns damit, dass der Fisch wohl leicht vergammelt sei, hoffentlich nicht schwer. Was für Fisch, konnten wir wegen der Schärfe sowieso nicht schmecken – er war hackartig zerfasert. Meines Wissens ist niemand davon krank geworden. Zigaretten kauften wir bei der Sekretärin des Chefredakteurs RUDOLF KÜSTERMEIER, ich glaube ebenfalls für 5 Mark das Stück, vielleicht waren es zeitweise auch nur drei.

Wir feierten trotz aller Knappheiten viele lustige Abende mit Kolleginnen und Kollegen aus der Redaktion, bei uns oder auch bei ihnen; Alkohol war im Verhältnis billiger als Zigaretten, reichte aber nur theoretisch weiter, und noch heute staune ich, was wir so vertilgen konnten. Auch dies war eine überwiegend junge Redaktion, nur ihr Leiter und einige wenige andere waren ältere Journalisten aus den Vorkriegsjahren.

Es war die Zeit, in der Jazz und Swing sich die deutsche Jugend zurückeroberten, jedenfalls die an Musik und Tanzmusik interessierte. Ich hatte schon in Bad Nauheim bei der DANA als beständiger Hörer des amerikanischen Armeesenders AFN meine Kenntnisse des Repertoires sehr erweitert. In Hamburg erfüllte die gleiche nützliche Funktion BFN (*British Forces Network*). Ich bewahre noch, voller Nostalgie, die Mitgliedskarte Nummer 11 des von BFN ins Leben gerufenen „Anglo-German Swing Club". Ich war ein *Honorary Member*, denn ich war in der WELT mit Berichten über die neue Jazz-Szene hervorgetreten, die mit meiner eigentlichen redaktionellen Tätigkeit wenig zu tun hatten. Dafür verwendete ich das Pseudonym Red Tenczin, und so hieß ich auch für den Swing Club. Tenczin ist der zweite Teil meines Familiennamens. Red nannte ich mich in Erinnerung an meinen amerikanischer Mentor in Stuttgart, Bill Long.

Nun kam bald die Währungsreform, am 21. Juni 1948, und von da an war mein Gehalt endlich ausreichend und fast hoch, jedenfalls für mein Alter. Die 5-Mark-Curry-Toasts verschwanden, fast hätte ich gesagt leider, das Leben normalisierte sich, wie es so schön heißt, Trümmer wurden energischer beseitigt. Ich konnte mich aber gar nicht sehr in die neuen, normaleren Verhältnisse hineinfinden, denn die WELT schickte mich zu meiner freudigen Überraschung nach London, zu einer drei Monate währenden Assistenzzeit beim dortigen Korrespondenten des Blattes, einem vormals österreichischen Foreign Office-Beamten namens Ernest Albert. Er saß in der Deutschlandabteilung und verfasste Nachrichten. Die amerikanischen Agenturjournalisten, die mich ausgebildet hatten, hätten über seine Arbeitsweise sehr gelacht. Er studierte amtliche Mitteilungen des Ministeriums und übertrug sie mühsam in schwer verdauliche deutsche Schachtelsätze, aber in der Hamburger Redaktion beschwerte sich natürlich niemand; wir schrieben seine Meldungen mehr oder minder behutsam um, und er beklagte sich auch nicht. Ich profitierte sehr von ihm. Er schickte mich zu Veranstaltungen, über die ich dann berichtete, er ließ mich Meldungen aus dem innerenglischen Ableger der vortrefflichen Agentur Reuters, der Press Association, übersetzen und für die WELT zurechtmachen. Londoner Zeitungen auf für uns Brauchbares durchkämmen durfte und musste ich sowieso. Bei der täglichen Pressekonferenz des Foreign Office erschien ich ebenfalls, wenn auch Albert über das daraus berichtete, was er nicht für zu unwichtig hielt.

Die Arbeit machte Spaß, ich lernte (mehr Inhalte als die mir schon vertrauten Formen), und ein bisschen lernte ich auch über englisches Leben. Ich wohnte in einem möblierten Zimmer, da, wo vor und nach mir alle weiteren WELT-Entsandten wohnten, bei Lolo Hallström, Ex-

Düsseldorferin, die mit dem schwedischen Journalisten BJÖRN HALLSTRÖM verheiratet war. Beide hatten sich das gewaltige englische Frühstück angewöhnt, Björn verzehrte es von einem großen Tablett über der Badewanne, während er im warmen Wasser saß und auch noch Zeitung las. Auch wir Pensionäre des Hauses bekamen es, viel reichlicher, als eigentlich gesund war.

Als ich von London nach Hamburg zurückkam, brachte ich eine Leidenschaft für englische Sandwiches mit – jene dreieckigen zusammengeklappten aus Weißbrot mit meist reichlichem Belag – und, was niemand unter Deutschen verstehen konnte oder wollte, für die englische *Breakfast Sausage*, das gebratene Frühstückswürstchen, das eigentlich nicht nach Fleisch schmeckte, sondern eher nach Grütze (zur Füllung gehört ja auch Brot und/oder Getreideflocken), mir aber von Anfang an gut gefiel. Für delikaten Geschmackssinn war es sicherlich kein Zeugnis. Der Anfang: das war die Überfahrt mit der Fähre von Hoek van Holland nach Harwich und dann mit dem Zug weiter nach London. In dem Zug gab es sie. Ich habe sie, wo ich konnte, wieder gegessen, fand sie aber leider nicht so oft, wie ich gemocht hätte. Manchmal diente das Würstchen als Aperitifgrundlage in Pubs.

Kein Jahr nach diesem ersten Kurz-Aufenthalt machte mich die WELT zu ihrem regelrechten Londoner Korrespondenten, in Ablösung ERNEST ALBERTS, der weiter mit Rat zur Hilfe stand, aber bald in seinem Ministerium andere Dinge zu tun hatte. Diese gewaltige Chance verdankte ich dem schon erwähnten JULIUS HOLLOS, der als redaktioneller Control Officer fungierte, und dem aus der Emigration zurückgekehrten BERNHARD MENNE, Chefredakteur der neugegründeten WELT am SONNTAG.

Die für mich beruflich und politisch enorm bedeutsame Veränderung brachte mir eine ganz unerwartete Verbesserung meiner kulinarischen Bildung. Ich kam aus einem Deutschland, das Jahrzehnte mäßigen, oft schlechten Essens hinter sich hatte, in ein England, das traditionell in dem Ruf stand, seine Küche tauge nichts. Aber sie erwies sich als weit besser, als ihr Ruf war, und nun lernte ich in England Kulinaria schätzen, die es in Deutschland letzthin gar nicht mehr gegeben hatte. Besonders gehörte dazu hervorragender Räucherlachs, den einige gute und teure Lokale in hauchdünnen Scheiben als Vorspeise servierten. Irgendwann viel später wurde er etwas billiger, blieb aber gut. Noch heute esse ich in englischen Pubs und Wine Bars gern Lachs-Sandwiches, zu denen ein Glas Champagner ausgezeichnet passt. Weitere gute Erfahrungen in einem Land, das für sein schlechtes Essen verrufen war, wohl noch ist: fast alles aus der See, eben *Sea Food*, vor allem die sehr guten Austern aus Whitstable oder Colchester oder hoch oben in Schottland, aber auch, viel populärer, die berühmten, völlig zu Unrecht verlachten „*Fish and Chips*". Sie sind fast immer tadellos, die Kartoffelchips breiter als unsere Pommes und weit schmackhafter, meist auch in besserem Fett gebraten. Sodann vortreffliches Fleisch und Geflügel aller Art, das für uns erst im eigenen Haushalt interessant wurde, das wir aber auch bei ausländischen Kollegen genossen, damals hauptsächlich italienischen und spanischen. Sehr gutes Gemüse – es kann ja nichts dafür, dass es in so vielen britischen Haushalten und Lokalen totgekocht wird. Auch Fisch und Fleisch können nichts dafür, dass so viele britische Restaurantköche außerstande zu sein scheinen, richtige Garzeiten im Kopf zu behalten, ebenso, wie sich des vorhandenen Schatzes an Gewürzen zu bedienen, obwohl doch ihr Land sich so lange als Haupt-Kolonialmacht alles beschaffen konnte, was gute und passende Würzung erlaubt. Da fehlt es aber nicht nur an Exotischem – zu meinen frühesten Beobachtungen in Restaurants gehört, wie die Gäste, was immer ihnen aufgetragen wurde, zunächst kräftig salzten. Sie kannten ihre Köche. Bei Privateinladungen, etwa zu uns, wären sie erstaunt gewesen, schon gut gewürztes Essen nunmehr versalzen zu haben, ganz zu schweigen von Besuchen in Restaurants fremder Länder. Aber es zeigt doch auch mehr Geschmackssinn, als man ihnen zugebilligt hat.

Zu den erstklassigen Produkten, von denen die Ausländer ebenso wenig erfahren wie offenbar die meisten Engländer selbst, gehört eine hervorragende Käseauswahl. Britische Käsereien stehen denen des europäischen Kontinents, Frankreich inklusive, keineswegs nach. Groß war England auch in Süßigkeiten, etwa *Trifle*, eine kompliziert zusammengemischte, sehr mächtige, hervorragend schmeckende Süßspeise, die ich aber vorsichtshalber zu meiden lernte. Und, was mich wohl nur wegen des kurzen zeitlichen Abstandes von Notzeiten in Deutschland besonders beeindruckte: Wall's Ice Cream, an jeder Ecke zu haben für 3 Pence. Am besten schmeckte mir *cream ice*, einfach Vanille. Hier dauerte es sehr viel länger, bis ich mich zurückhielt.

Die berühmte Spezialität *Roast beef & Yorkshire Pudding* imponierte mir weit weniger. Hier kam es nicht so sehr auf gutes Fleisch und die Teigzutaten an, sondern darauf, das warme Gericht richtig locker zu backen. Zum ersten Mal aß ich es in der TIMES-Kantine – es regte keine Wiederholung an. Weitere Versuche in anderen Lokalen blieben ebenfalls erfolglos. Als ich schließlich in einem Privathaushalt wunderbaren Yorkshire Pudding bekam, war ich der Sache entwöhnt. Hingegen fand ich eine weitere Spezialität ganz zu Unrecht verteufelt: *Baked Beans on Toast*, nahrhaft und zwar etwas verblüffend, aber wohlschmeckend und fast immer gut gewürzt. Freilich kommen die weißen Bohnen aus Büchsen.

Bei meinem ersten London-Aufenthalt hatte England die Rationierung noch nicht ganz hinter sich. Für Süßigkeiten brauchte man noch 1947 Lebensmittelmarken. Aber sie waren reichlich bemessen.

Da so viel auf das Essen in England geschimpft wurde, auch von Londoner Bekannten, die ich damals erst kennen lernte, nutzte ich chinesische und italienische Lokale, die in ausreichender Menge vorhanden waren, um den schmählichen Eindruck wettzumachen. *Scampi fritti* konnten schon damals geradezu als Londoner Nationalgericht gelten. Nicht zu vergessen die vielen Inder. Das erste indische Restaurant, das ich betrat, war Ravasvamie am Piccadilly Circus. Was ich bestellte, weiß ich nicht mehr, wohl aber, dass ich nach den ersten Bissen minutenlang um Fassung rang, in Schweiß ausbrach und kein Wort sprechen konnte. Dabei hatte ich auf die Frage des Obers: „Scharf oder weniger scharf?" das mildere Essen bestellt.

Natürlich war ich um diese Zeit nicht wirklich ein Kenner oder gar Feinschmecker. Drei Jahre Kriegsverpflegung von meinem 17. Lebensjahr an, anschließend fast ebenso lange Zeit der „zivilen" Knappheiten waren eigentlich keine einleuchtende Grundlage. Aber ich hatte von der böhmisch-österreichischen Küche meiner mütterlichen Familie, mit manchen polnischen und russischen Zusätzen, doch so manches mitbekommen, und ich lernte schnell. Außerdem entpuppte sich Susanne als ausgezeichnete Köchin. Meine Londoner Zeit gab mir durchaus gute Fundamente für später.

Der Zugang zum Wein war schwieriger. Englisches Bier schmeckte mir nicht. Mit Staunen sah ich in den Pubs, aber auch in der TIMES-Kantine – die WELT hatte ihr Londoner Büro in der TIMES – wie Unmengen dunklen Biers verschluckt wurden. In der Kantine hörte ich immer wieder die Geschichte, wie sich Amerikaner, die in der ersten Nachkriegszeit in England stationiert waren, ganz schnell betranken, da sie den starken Alkoholgrad dieses Bieres nicht kannten. Dieses Laster, wenn es denn eins ist, blieb mir erspart. Doch Wein war zunächst schon deshalb keine Alternative, weil ich nicht nur keinen kannte außer Grünberger Sekt (sehr sauer) und einer sehr süßen Ananasbowle, an der ich mich in der Liegnitzer Schulzeit zusammen mit einigen Kumpanen so betrunken hatte, dass mir erbärmlich schlecht wurde, ich mich erst am nächsten Tag leidlich erholte und dann jahrelang den Geruch von Weißwein nicht ausstehen konnte. Nun, in London, war ich sozusagen von Wein umgeben, aber billig war er nicht. Die WELT hatte mir zwar den schönen Titel eines *London Editor* gegönnt, nicht aber eine Bezahlung, die mich instand gesetzt hätte, mit den wohldotierten Korrespondenten anderer Nationalitäten mitzuhalten, was den Lebensstandard anbelangte.

Die Paczenskys kamen in London dennoch zurecht, weil wir eine sehr billige Wohnung hatten. Sodann verdiente Susanne Honorare als freie Korrespondentin, und schließlich steuerte ihr Vater etwas zu unserer Haushaltskasse bei. Die WELT reagierte sehr verblüffend: Sie fand Susannes Tätigkeit unerhört und forderte uns mehrmals auf, sie zu beenden. Offenbar galt es als Verrat an der WELT.

Der erste Weißwein, der mir schmeckte, sogar unerwartet gut nach meiner unangenehmen Liegnitzer Erinnerung, war trockener ungarischer, den ich im Warenhaus Barnes für sechs Shilling die Flasche erworben hatte. Auf Rotwein brachte mich ein italienischer Kollege, Carlo Trotter, verheiratet mit einer Berlinerin; mit dem Paar freundeten wir uns schnell an, ebenso mit dem Spanier Guy Bueno und seiner ebenfalls deutschen Frau. Trotter beeindruckte mich mit der Mitteilung, er trinke jeden Abend eine Flasche Rotwein, mit Vorliebe Chianti. Den besten gebe es in Soho, wo in der Tat zwei riesige italienische Geschäfte unzählige Genüsse boten. Die später bedeutenden Wein-Kettenläden wie Victoria Wine Co erinnere ich von damals nicht. Der eindrucksvollste Laden für Alkoholisches war ganz nahe am Piccadilly Circus in der Shaftesbury Avenue, in ihm entdeckte ich zum ersten Mal kosheren Wein.

Kurze Zeit bestand in London noch, mehr für Kontinent-Nostalgische, ein großer Wurstladen mit deutschen, ungarischen und polnischen Spezialitäten, wie ich sie in Deutschland noch nie gesehen hatte, gesehen haben konnte, *Schmitz*. Er lebte überwiegend von Emigranten und hat sich nicht halten können; die Betreiber selbst müssen damals schon uralt gewesen sein.

Der englischen kulinarischen Szene tut Unrecht, wer sich nicht auf die beiden Besonderheiten besinnt, die nun wirklich einen großen Unterschied zum Kontinent ausmachen: das mächtige englische Frühstück und jene Einrichtung, die wir von nirgendwoher kannten: *high tea*. Das Frühstück, das ich außer in meiner Zeit als möblierter Herr bei Lolo Hallström in Golders Green natürlich nur auf Reisen in Hotels erhielt, bestaunte ich ganz besonders in dem seither verschwundenen „Adelphi" in Liverpool. *Porridge* mit vielen Ergänzungen, etwa Nüssen oder auch Marmeladen, war der starke erste Gang, die schon erwähnte *Breakfast sausage* fehlte nicht, zusammen mit gebratenem Speck. Rühr- oder Spiegelei, auf Wunsch ebenfalls mit Speck war eine Alternative. *Baked beans*, warme Nieren in dicker Sauce, irgendwo dazwischen *kipper*, also Hering, aber warm, auch Fleischbrühe. Ich bin sicher, da habe ich noch manches vergessen. Ganz abgesehen von viel Toast, der fast immer kläglich war, nämlich entweder schwarz gebrannt oder aber weiß und weich geblieben. Marmeladen, Honig, auf Wunsch gekochte Eier, Käse. Orangen- oder anderer Saft; Wahl zwischen verschiedenen Teesorten oder auch fürchterlich geschmacklosem Kaffee. Hier sah ich zum ersten Mal, schon beim Frühstück, den Weinkühler mit einer Champagnerflasche. Die Flötengläser um ihn herum machten klar, dass ich mich nicht irrte: viele Leute, nicht nur ältere, tranken schon zum Frühstück. Die meist gehörte Erklärung war aber nicht Genusssucht oder Alkoholgier, sondern dass es der Arzt empfohlen habe, „für den Kreislauf". Seither habe ich das auch in vielen deutschen Hotels gesehen, da eher mit Sekt. Im Alter von 78 habe ich noch nicht feststellen können, dass mich mein Kreislauf zu ähnlichem Exzess zwingt.

Briten, die so reichliches Frühstück zu sich nahmen (und noch nehmen – es soll sie noch geben) konnten nicht gut schon wenige Stunden später wieder hungrig sein. So ist die Gewohnheit des nur leichten *Lunch* entstanden: vielleicht nur ein paar Sandwiches, oder jedenfalls nur kleine Gerichte zu Mittag. Nichts, was sich mit der ausgedehnten Mahlzeit vergleichen ließe, die ich später in Frankreich kennenlernte. Für solche bescheideneren Ansprüche waren nun neben Schnellimbiss-Lokalen unzählige Pubs eingerichtet, eigentlich Bierkneipen, in denen es übrigens außer dem erwähnten schweren dunklen Bier auch leichteres helles gab, im Lauf der Zeit sogar allmählich auch etwas Wein, und kleine Gerichte zum Lunch. Dass regelrechte Restaurants mit ausgedehntem Service um die Mittagszeit ebenfalls voll waren, konnte ich mir damals nicht so recht erklären. Vielleicht gab es doch mehr Leute, als ich dachte, die kein so riesiges Frühstück gehabt hatten, oder die das Mittagessen zu geschäftlichen Besprechungen verwendeten oder was sonst.

Wer nun wiederum nur den *light lunch* in sich hatte, konnte damit wohl nicht bis zum Abend durchhalten. So muss *high tea* entstanden sein. Jedenfalls ist dies, gegen 17 Uhr, keineswegs nur einfach Tee, sondern durchaus eine Mahlzeit, wenn auch nicht eine so mächtige wie das englische Frühstück. Zum high tea gehört eine Auswahl belegter Brote, eine weitere von Kuchen und Keksen, oft auch noch eine kleine Speise und hinterher ein Pudding oder Kompott – insgesamt genug, reichlich, um zu sättigen. Da naht dann aber doch in wenigen Stunden das *Dinner*. Feierliche Dinners waren gewöhnlich auf 20.15 Uhr angesetzt, für Herumstehen mit Aperitif; am Tisch saß man dann eher gegen neun.

Noch ein Wort zur englischen Küche in Lokalen, die keinen französischen oder italienischen Chef beschäftigen. Auch da gibt es durchaus gute. Anfang 1952 führte mich mein Beruf in die südwestliche Ecke Englands, nach Falmouth, einem Hafenstädtchen und Badeort. Wir wohnten im größten Hotel der Stadt, dem „Green Bank", fast direkt am Meer. Da aßen wir auch regelmäßig : Ich habe bis heute nicht vergessen, wie gut das Essen dort war, sowohl der Fisch als auch die Braten und Saucen.

Aus meiner Schilderung geht sicher hervor, dass da jemand sogar die vielgeschmähte britische kulinarische Szene mit überdurchschnittlichem Interesse am Essen betrachtete. Also, als Nächstes, ein bisschen Vorgeschichte.

Mit Schmalz fing es an

Meine früheste Erinnerung an ein großes Essvergnügen sind herrlich knusprige Weißbrötchen mit Griebenschmalz. Ich verdankte sie meiner Mutter. Ich saß mit einem Buch im Kinderzimmer, vergnügt lesend und kauend, auf einem kleinen weiß gestrichenen hölzernen Kinderstuhl, der Armlehnen hatte, vor mir ein Tischchen, darauf der Teller mit den Brötchen.

Erdbeeren, Kirschen und Äpfel aus unserem Garten bedeuteten natürlich auch kein geringeres Vergnügen, und im Winter schwärmten wir alle für Quittenbrot.

Die nächste Etappe meiner Genussbildung war ein Lieblingsgericht meines Vaters. Er brockte altes Brot in einen Suppenteller und schöpfte heiße dünne Mehlsuppe darüber. Durch fleißiges, energisches Rühren entstand ein Pamps, den wechselseitige Zugabe von Brot und Suppe vergrößerten, bis der Teller voll war. Dann sollte der Pamps ganz fest sein. Das aßen wir zwei Söhne mit Begeisterung, von der Mutter, die ja die Suppe gekocht und das Brot gesammelt hatte, mehr mit Mitgefühl und Liebe betrachtet als etwa mit neidischem Appetit. Die feinere Zunge im Haus hatte ja sie. Das frugale Lieblingsgericht erinnerte meinen Vater an den Teil seiner Jugend, den er in einer „Kadettenanstalt" verbracht hatte. Preußischer Offiziersnachwuchs wurde äußerst karg ernährt und spartanisch erzogen.

Ein frühes Essvergnügen waren auch Kartoffeln. Als Kind strollte ich viel im Dorf herum, mit Vorliebe in den Schweineställen der benachbarten Bauern. Wenn ich nach Hause kam, drehte meine Mutter meine Taschen um und warf die Schweinekartoffeln weg, die ich mir eingesteckt hatte. Aber Kartoffeln waren ja ohnehin, ob natur oder auch als Klöße, eine Dauererscheinung auf dem Familientisch. Sogar als Brotbelag – „Bettelmannschnitte" hieß das dann, das Brot nur dünn mit Butter bestrichen, etwa ein Zentimeter dicke Scheiben aus gekochten und gepellten Kartoffeln darüber. Zur Erntezeit verbrannten wir auf den Äckern Haufen von Kartoffelstrünken und zogen aus der Asche die hineingeworfenen Kartoffeln. Außen kohlschwarz, innen gar, schmeckten sie sensationell. Einen noch höheren Genuss bescherte uns Weihnachten: Gänsebraten und, vor allem, Gänseleber auf Toast.

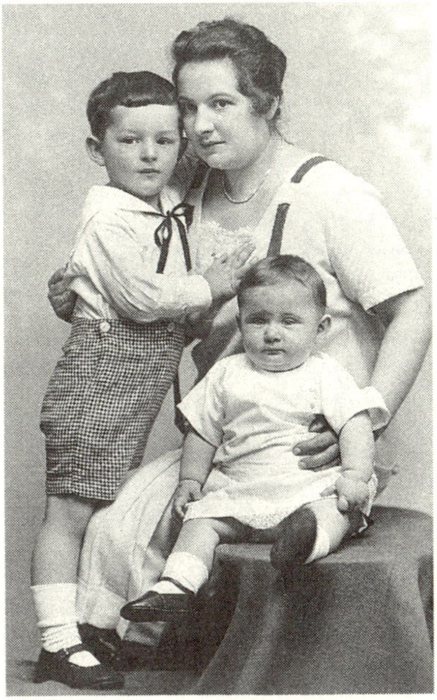

Meine Mutter, mein Bruder Ferdinand, 2 Jahre, und ich, 10 Monate

Eine fleischerne Delikatesse naschte ich von Zeit zu Zeit von Herrn Plattner. Der chauffierte meinen Vater manchmal mit einem Mietauto (Marke Brennabor) über Land. Ich durfte gelegentlich mit. Oft saß ich schon im Wagen, wenn mein Vater noch auf sich warten ließ. Dann packte Herr Plattner aus dickem Papier sein Frühstück aus: „Bratwurst". Die war gar nicht gebraten, sondern eine ziemlich grobe Mettwurst. Er zerteilte sie mit einem Messer, obwohl sie doch ganz weich war, um mir ein schönes Stück abzugeben. Ich aß es mit Begeisterung.

Der Leipziger Hauptbahnhof ist heute wegen seines gewaltigen Ausbaus zur kulinarischen Stätte eine der beachtlichen Fress-Adressen Deutschlands. Ich verdanke auch ihm eine frühe Genusserfahrung. Als kleines Kind bin ich durch diesen schon damals eindrucksvollen Bahnhof nach Osten gefahren, gebracht worden. Wir kamen aus dem Westen, den damals keiner so nannte, und mussten umsteigen. In der Pause bis zum Anschlusszug bekamen wir in dem riesigen Bahnhofsrestaurant stets *ragout fin*, von dem ich immer noch die knusprige Hülle, Kartoffeln, kleine Fleischstücke und viel Sauce erinnere. Es schmeckte herrlich und hat sicher bewirkt, dass ich alle viel später vertilgten als langweilig verachtet habe. Die hießen patriotisch-deutsch *Königin Luisen-Pastete* und schmeckten immer belangloser.

Im Zug wurde ich ins Gepäcknetz verstaut und schlief da sehr gut. Mein Bruder wahrscheinlich auch. In Przemysl wurden wir abgeholt, mit einer großen von Pferden gezogenen Kutsche. Unser Reiseziel war Szalenik, ein Bauerngut von Verwandten: es gehörte KÄMPFFES, aus deren riesiger Familie meine mütterliche Großmutter stammte (eine von 14 Geschwistern), die schon da war, zusammen mit anderen KÄMPFFES. Einige BOTSCHENS (Botschen hieß ihr Mann, der Vater meiner Mutter, einer unter zwölf Geschwistern) gab es dort auch immer. Meine Mutter war wie ihre in Szalenik geboren. Die Gegend, nun polnisch, war bis zum Ende des 1. Weltkrieges österreichisch gewesen. Szalenik war das regelmäßige Ferien-Traumziel meiner Mutter, und mein Vater kam fast immer mit. Hier erwarteten uns an gewaltiger Familientafel weitere ländliche Genüsse, an ihrer Spitze Kartoffelklöße, böhmische Knödel und fabelhafte Puddings. – Jahre später brachte mir Liegnitz neue Gaumenfreuden. In dieser kleinen niederschlesischen Stadt aß ich die ersten Möveneier, vom nahen Kunitzer See. Doch ebenso gut schmeckte mir die Knoblauchwurst des Fleischers in der Goldberger Straße, 20 Pfennig das Stück. Und in Liegnitz bewirteten Mutter und Großmutter die Verwandtschaft, auch uns Kinder, mit sagenhaft guten, buttrigen, zuckerbestreuten *Plinzen*, zu denen man Unmengen Kaffee trank.

Nun kann ich ja enthüllen, dass ich ein paar Jahre später Koch war. Das war bei Amerikanern, nach kurzer Kriegsgefangenschaft – wie ich dahin kam, erzähle ich noch – in Forst bei Bruchsal. Dort avancierte ich nach zwei Wochen als „Küchenhelfer" zum 2nd Cook, zweiter Koch in der K-Company. Zunächst öffnete ich nur die Büchsen und Kartons, aus denen dann der Erste Koch, Webster, also Webby genannt, das Kompanie-Essen zubereitete. Zum Frühstück durfte ich riesige Orangensaftbüchsen nicht nur öffnen, sondern auch einschenken. Und Flaschen mit flüssigem Ahornsyrup nebst Büchsen mit *Spam* (ziemlich fette Fleischmasse aus Schweineschulter und Schinken), das neben heißen *pancakes* mit dem Syrup übergossen wurde. Mittags kamen große Mengen Steak auf den Tisch, wovon vieles liegen blieb. Dazu Kartoffeln, oft schon als dicke Frites. – Mein Küchenjob dauerte nicht lange genug, um mir dauerhaft einzuprägen, was Webby so alles zustandebrachte, allmählich auch mit meiner Hilfe, denn ich lernte schnell von ihm. Nach wenigen Wochen erklärten mir er und sein Captain, die Kompanie werde nun nach Amerika zurückkehren. Da sie aber nichts Unnützes mit sich schleppen wollten, schenkten sie mir alles, was an Lebensmitteln, Gewürzen und Rauchwaren zurückbleiben sollte.

Sehr verwirrt schaffte ich das kisten- und kartonweise in mein „Quartier" bei einer Forster Familie, die mir Platz im Keller einräumte, aber vor dieser Unmenge so erschrak wie zunächst ich. Ich begriff gar nicht gleich, was für ein wertvolles Geschenk mir die Amis zurückgelassen hatten. Es war immerhin Schwarzmarktzeit. Dankbarer Abnehmer aller Gewürze wurde der Forster Fleischer, der mir Stoff für einen Anzug bezahlte und genug Geld für einen Schneider. So kam ich endlich wieder zu einem Zivil-Anzug – leider einem dunkelgrünem, aber gegen die verschlissene Ex-Luftwaffenuniform, die das Gefangenenlager überdauert hatte, ein Muster an Eleganz.

Dass ich da ein sehr schlechtes Geschäft gemacht hatte, merkte ich erst sehr viel später. Mein bisheriges Leben hatte mich nicht zum Feilschen erzogen, und auch nicht zu kaufmännischen Erwägungen. Es dauerte noch eine ganze Weile, bis Bremens Regierender Bürgermeister Hans Koschnik mich während eines gemeinsamen Marokkobesuches wegen meiner Feilschkunst auf dem Bazar von Casablanca bewunderte.

In den „Westzonen" fing allmählich wieder ein bescheidener Postdienst an, und so etablierte ich Kontakt mit Walter Pons, dem Pianisten und

Freund, den ich auf der Luftnachrichtenschule in Halle kennengelernt hatte. Er wohnte in Frankfurt-Höchst, spielte Klavier im amerikanischen Offiziersklub und forderte mich auf, zu kommen und als „drummer“ mit ihm zu spielen. Ich sei doch ein guter Schlagzeuger gewesen. Also erschien ich in meinem grünen Anzug, sonst mit wenig Gepäck, im 19. Oktober 1945 bei Walter in Höchst, in einem großen möblierten Zimmer bei der „Witwe Schön“.

Wir begaben uns sogleich auf die Suche nach einem Schlagzeug. Aber offensichtlich hatten Musikläden und Musiker in Frankfurt, die uns hätten helfen können, ihre Schätze gründlich versteckt. Dass die Amis gerne mitnahmen, was sie bei Deutschen entdeckten, wussten wir ja. Als ich in Kriegsgefangenschaft kam, in einem kleinen Dorf im Solinger Kessel, mussten wir, etwa dreißig von unserem Regiment Übriggebliebene, uns in Reihe aufstellen, und dann nahmen uns zwei oder drei amerikanische Soldaten nicht nur unsere kümmerlichen Waffen ab (hauptsächlich Pistolen und Maschinenpistolen), sondern auch gleich alle Armband- und sonstigen Uhren. So müssen sie es in vielen Orten gemacht haben. Frankfurter Schlagzeuger zeigten daher kein uneingeschränktes Vertrauen in die neue amerikanische Besatzung. Wir fanden kein Schlagzeug. Walter spielte weiter solo im amerikanischen Offiziersklub. Wenn wir „drums“ aufgetrieben hätten, wäre ich in einer Jazz-Karriere gelandet. Dass ich ein erstklassiger drummer sein würde, davon war ich überzeugt, und was ich im Radio und auf Platten von „Jazz Giants“ hörte, flößte mir keine Minderwertigkeitskomplexe ein. Aber es klappte nun einmal nicht. Eines Tages, steckte unser vormaliger „Kriegskamerad“ Dicky den Kopf durch die Tür, alias RICHARD V. FRANKENBERG aus derselben Rekrutenkompanie wie ich, der irgendwann in englische Kriegsgefangenschaft gelangt und schließlich im deutschen Dienst der BBC gelandet war. Nun kam er auf der Rückreise nach seiner Heimatstadt Tübingen aus London, was wir ehrfürchtig bewunderten. Seiner Lockung mit der Nachrichtenagentur in Tübingen konnte ich nicht widerstehen. Die Jazzkarriere war ja nicht in Sicht.

London Exklusiv

Meine Londoner Tätigkeit stand unter guten Sternen. Ich sprach gut englisch, mit leicht amerikanischem Akzent, der dort kaum auffiel. Mein amerikanisches Agenturtraining war für Recherchen eine wertvolle Vorbereitung. Die Zeit von 1949 an erwies sich für einen deutschen Korrespondenten in London als besonders ergiebig. Die langsame, aber sichere Rückkehr der Westdeutschen in das internationale Konzert, das Rückgewinnen ihrer Souveränität waren in der Hauptstadt einer der wichtigsten Besatzungsmächte große Themen, mit denen ich als Korrespondent (die WELT nannte mich in altdeutscher Manier lange Zeit „Berichterstatter") guten Platz im Blatt bekam. Einige *scoops*, also Exklusivmeldungen von Belang, die man vor der Konkurrenz allein hatte, stärkten meinen Ruf – besonders nützlich für einen so jungen Korrespondenten. In meiner Londoner Zeit gelangen mir zwei besondere Scoops von internationaler Bedeutung. Ich bereitete als erster die WELT-Leser auf die amtliche Diskussion über die Wiederbewaffnung vor. Ebenfalls als erster konnte ich die Kontaktaufnahme des Jüdischen Weltkongresses zu ADENAUER (oder umgekehrt) melden, die dann zum deutsch-israelischen Wiedergutmachungs-Abkommen führte und, so kurz nach Krieg und Holocaust, besonders sensationell wirkte. Die Wiederbewaffnung hatte man ja seit Ausbruch des Kalten Krieges erwartet.

Bei beiden Exklusivmeldungen hatte ich freilich das Pech, dass die Redaktion in Hamburg meine Berichte verstümmelte. Doch meine Londoner Kollegen täuschten sich nicht; viele erkundigten sich bei mir, schrieben von mir ab und gaben zu, den Tipp von mir gehabt zu haben. Die Kontaktaufnahme zwischen Nahum Goldmann und Konrad Adenauer hätte ich vermutlich nicht bemerkt, wenn nicht zwei günstige Umstände zusammengetroffen wären. Adenauer war Ende 1951 in London angesagt. Meine guten Kontakte zur deutschen Vertretung (damals noch keine Botschaft, sondern Generalkonsulat) verschafften mir das genaue Programm. Für irgend eine Stunde stand da ein Treffen mit „Goldmann". Mit diesem Namen konnte ich, ein 26jähriger, international weitgehend ungebildeter Nachwuchs-Journalist, nichts anfangen. Aber ich hatte einen Mitarbeiter im Londoner Büro, Wilhelm Sternfeld. Das war ein Exil-Schriftsteller, inzwischen 63 Jahre alt und nicht in den besten Verhältnissen, der während des Krieges als Verwalter des „Chech Trust Fund" vielen deutschen Emigranten geholfen hatte. Eines Tages hatte sich Bernhard Menne dankbar zeigen wollen und ihm die Assistentenstellung im Londoner Büro verschafft, für Sternfeld eine wesentliche Verbesserung. Er schien zufrieden und half mir sehr. Ich zeigte ihm Adenauers Programm, und bei Ansicht des Namens Goldmann stutzte er. „Das ist doch der Vorsitzende des World Jewish Congress." Durch Sternfelds Verbindungen konnten wir in New York zurückfragen. Jawohl, er war es, er wollte mit Adenauer über Wiedergutmachung sprechen. Der weitere Verlauf ist bekannt. Die WELT-Zentralredaktion freilich unter ihrem damaligen Chef, einem Mann der alten Garde, verkürzte meine Meldung so, dass nur sehr Eingeweihte erkennen konnten, was sich da anbahnte. Der Kollege Ekkehart Genz hielt für die wichtigere Nachricht, dass Adenauer vom englischen König empfangen wurde. Solcher Protokollhörigkeit im Journalismus ist schon manche wichtigere Geschichte zum Opfer gefallen.

Die Zeitung machte damals merkwürdige Wandlungen in ihrer Spitze durch. Der erste Chefredakteur unter der britischen Kontrolle, Rudolf Küstermaier, wanderte sehr bald nach Israel aus. Sein Nachfolger, Paul Bourdin, vertrug sich nicht lange genug mit den Engländern und nicht besser mit der deutschen Redaktion. Dann regierte ein

Triumvirat, dessen dominierende Figur, Adalbert Worliczek, vormals sehr konservativer Journalist in Prag, möglichst wenig „Linkes“ im Blatt dulden wollte. 1951 gab es in England, ausgelöst von Labour-Abgeordneten, eine *Peace with China*-Bewegung. Diese Abgeordneten waren besorgt über die Verbindung der USA zur geflohenen Kuo Min-Tang unter Tschiang Kai-schek auf Formosa, heute Taiwan, und über aggressive amerikanische Äußerungen gegen Mao Tse-tung, der gerade den gewaltigen chinesischen Bürgerkrieg gewonnen hatte. Diese Abgeordneten – so mein Bericht – „halten einen Krieg gegen China für unmoralisch, da sie glauben, dass Pekings Handlungen berechtigt oder verständlich seien“. Worliczek darauf: „Eine solche Formulierung darf die WELT nicht veröffentlichen, denn ein solcher Satz ist durch die Wirklichkeit nicht begründet. Allerdings, in der deutschen kommunistischen Presse wäre eine solche Formulierung durchaus am Platze.“ Er habe der Redaktion „ernsthafte Vorhaltungen“ machen müssen, weil sie „völlig unopportune Formulierungen, die sich in Ihrem Manuskript fanden, durchgehen ließ.“

Erstes Londoner Passbild

Unopportun – da war ich weit weg von meiner amerikanischen Erziehung zur Wiedergabe dessen, was passierte, ob es einem passte oder nicht. Und Worliczek monierte auch: „Aus manchen Ihrer Artikel kann der Leser die Folgerung ziehen, dass die englische Politik schwach, defätistisch, von kommunistischen Elementen durchsetzt ist, voll von Aversionen gegen Deutschland. Das aber ist doch nicht die Linie, die die WELT vertritt ...“ Also ließ er Berichte von mir umschreiben, in seinen Worten „erhebliche Korrekturen vornehmen.“ Wenn Worliczek länger bei der WELT geblieben wäre, hätte sich da zweifellos eine Explosion angebahnt. Der letzte seiner Eingriffe war, in einer Kurz-Serie von zwei Artikeln über die Vorgeschichte des britisch-persischen Ölkonflikts, der durch die Verstaatlichung der britischen BP durch den Iran entstanden war, die Ankündigung des zweiten Teils streichen zu lassen. Der wurde dann noch einige Tage verschoben. Die Hinweise auf das britische Sündenregister in Persien, auch nur die Ankündigung, waren WORLICZEK unangenehm. Aber meine Londoner Korrespondentenzeit wurde durch solche Episoden nicht sehr beeinträchtigt.

Die WELT hatte seltsamerweise einen Aspekt meiner bisherigen Laufbahn übernommen. Ich kam ja von einer Nachrichtenagentur, also ließ sie mich wie eine Agentur arbeiten. Normalerweise beschäftigt sich der Korrespondent eines großen Blattes mit der für seine Leserschaft wichtigsten Story des Tages, für die er selbst zu recherchieren hat. Über die Stimmungen im Gastland muss er ständig auf dem Laufenden sein, was nicht nur Kontakt mit möglichst vielen Leuten nötig macht, sondern auch ausgedehnte Lektüre. In London erschienen damals an die 20 Tageszeitungen. Ich sah jeden Morgen alle durch, und dann gab es noch wichtige Wochenblätter, an der Spitze der „Economist", aber auch ein halbes Dutzend weiterer mit interessanten, oft prominenten Stimmen, und stets fand sich in dem einen oder anderen Blatt auch eine neue Nachricht von Interesse für uns. So war man durchaus voll beschäftigt. Doch die WELT erwartete von mir auch die Routine-Berichterstattung über minder belangvolle Ereignisse, die Redaktionen normalerweise von den Nachrichtenagenturen nahmen, die sie ja schließlich teuer bezahlten, wir auch. Ich musste eine Menge von Randereignissen „melden" (lächerliches, aber typisches Beispiel: britisch-kubanisches Handelsabkommen), über die ich natürlich nur mit unvernünftig großem Aufwand hätte besser Bescheid wissen können als Reuters, UP, AP oder dpa. Dennoch erledigte ich auch so etwas so gut wie möglich. Hinzu kam, dass die WELT die Dienste der TIMES, des „Observer" und der Kemsley-Presse abonniert hatte: Auf meinem Schreibtisch im TIMES-Büro häuften sich täglich Stapel von Druckfahnen mit meist langatmigen Berichten über Ereignisse, britische und ausländische, die das Londoner Büro auch noch ausschlachten sollte.

Meiner Jugend, meinem Enthusiasmus und meiner zunehmenden Erfahrung schreibe ich zu, dass ich das meiste bewältigte und dabei nicht der Routine der immer gleichen Agenturformulierungen verfiel. Ich arbeitete mich mehr und mehr in britische Politik und Geschichte ein. Die anglo-persische Ölkrise weckte in mir den Wunsch, mehr über diese und andere Ereignisse und Verhältnisse der Kolonialzeit zu wissen. Das damals begonnene Studium dieses Themas hat dann rund zwanzig Jahre später zu meiner *Geschichte des Kolonialismus* geführt.

Meine Londoner Tätigkeit war natürlich beherrscht von den großen Themen des Verhältnisses zwischen Deutschen und Alliierten, besonders der beharrlichen Politik KONRAD ADENAUERS, die Rückkehr zur Gleichberechtigung zu schaffen. In diese Zeit fielen ja auch Verkündung und Verhandlungen über den SCHUMAN-PLAN, also den Kern der späteren europäischen Union, und die Vorbereitung der deutschen Wiederbewaffnung. Britische Wahlen führten zur Ablösung Labours und der Rückkehr WINSTON CHURCHILLS ins Amt des Premierministers, dann kam der Korea-Krieg. Der Posten des Korrespondenten in London, der Stadt, die damals noch als ein Zentrum der Weltpolitik auftrat, war keine Ruhekur, und die brauchte ich auch nicht.

Am 1. Januar 1952 war ich eigentlich in Paris fällig, als dortiger Korrespondent der WELT, doch da kam ein Ereignis dazwischen, wie es seriöse Journalisten damals kaum interessierte, weil es nach der Organisation der meisten Zeitungen zum „Vermischten" zählte: ein Schiffsunglück, bei dem nicht einmal jemand umkam. Doch es entwickelte sich zu einer Story, die in der ganzen Welt für Aufsehen sorgte. Das wurde zum letzten Akt meiner Tätigkeit in England.

Der amerikanische Frachter „Flying Enterprise" war auf dem Atlantik, schon ziemlich nahe der englischen Küste, im Sturm leckgeschlagen. Sein dänischer Kapitän, KURT CARLSEN, hatte 40 Besatzungsmitglieder und 10 Passagiere retten lassen, war aber an Bord geblieben, weil er Schiff und Ladung nicht preisgeben wollte, solange auch nur die geringste Aussicht auf Rettung bestand. Ein britischer Schlepper, die „Turmoil", konnte das schief im Wasser liegende Schiff schließlich zwar in Schlepp nehmen, aber Sturm, schwere See und immer mehr in das Schiff eindringendes Wasser behinderten das Abschleppen. Schließlich riss das Seil, ein neues konnte die „Turmoil" trotz aller Versuche bei dem gewaltigen Wellengang nicht anbringen. Einem Maat der „Turmoil" gelang dabei, die „Flying Enterprise" zu entern, aber viel helfen konnte er nicht mehr. Nach insgesamt 14 Tagen Havarie sank das Schiff. CARLSEN und der Maat KENNETH DANCY, die sich zum Schluss oben am Schornstein festgeklammert hatten, sprangen in die See und wurden vier Minuten später von der „Turmoil" aus dem Wasser gezogen. Etwa eine halbe Stunde später verschwand die „Flying Enterprise" in denFluten.

Das verzweifelte Ausharren ihres Kapitäns hatten Zeitungen und Radiostationen der ganzen Welt tagelang mit Anteilnahme und großem Aufwand verfolgt, ein Heer von Journalisten lagerte im Hafen und Seebadeort Falmouth, der das Ziel des Abschleppens sein sollte. Die amerikanische Marine hatte einen Zerstörer in die Nähe der „Flying Enterprise" geschickt, der unter Umständen ebenfalls rettend eingreifen sollte. Mir kam meine Funker-Vergangenheit zugute. Ich hatte für fünf Pfund einen Marinewellen-Empfänger gemietet und in mein Hotelzimmer gebracht. Ich fand rechtzeitig die Wellenlänge, auf der der amerikanische Zerstörer im Sprechfunk über die Lage berichtete. Einige US-Navy-Offiziere und Angehörige der amerikanischen Botschaft, die ebenso wie die Presse im Hotel auf die weiteren Entwicklungen warteten, lud ich in mein Zimmer ein, und so hörten sie mit mir vor dem Journalistenkorps die letzten Minuten und das Ende des CARLSEN-ABENTEUERS.

Was waren das für Zeiten, dachte ich, als ich vor kurzem in alten Unterlagen meine Spesenabrechnung für die Berichterstattung aus Falmouth fand: für drei Nächte im besten Hotel zahlte ich 4 Pfund 10 Shilling, umgerechnet etwa 53 Mark, für ein Doppelzimmer, das heute im selben Hotel 145 Pfund kosten würde, etwa 230 Euro – pro Nacht!

Hamburger

Da (fast) alles schon dagewesen ist, kann auch der Hamburger mitnichten die Originalität beanspruchen, die ihm anscheinend zu Anfang zugesprochen wurde, weder für das Prinzip noch für sein Maß noch für seinen Inhalt, sprich Belag.

Prinzip: Die *Klappstulle*, um etwas anderes handelt es sich ja nicht, lässt sich Jahrhunderte zurückverfolgen. Das Butterbrot bis ins 14. Jahrhundert, wenn auch wohl noch nicht zusammengeklappt. Doch das war nur eine Frage kurzer Zeit. Keineswegs nur im brotbeflissenen oder -besessenen Deutschland, sondern, um nur ein weiteres Beispiel zu nennen, auch in England. Doch da brauchten weder die Briten noch wir den Earl of Sandwich, den angeblichen Erfinder des *Sandwich*. Für die englische Arbeiterschaft bestritt ihr mit Marmelade bestrichenes Brot ganze Mahlzeiten. Die deutschen Brotscheiben waren dunkler. Was dazwischen war, hing mit dem jeweiligen Lebensstandard zusammen.

Als Schulkind habe ich Klappstullen in die Schule mitbekommen, die ich wiedertraf, sozusagen, als ich mit Erntearbeit bei Bauern oder auch auf Gütern mein Taschengeld aufbesserte. Da erschien zur Mittagspause jemand vom Hof und schleppte Klappstullen an (nebst anderem, aber hauptsächlich eben Brot). War das Feld weiter vom Hof entfernt, lag der Mittagsvorrat verpackt auf dem von Pferden gezogenen Ackerwagen, mit dem wir dahin gefahren wurden. Wenn die Stullen aus Brot waren, das die Bäuerin selbst gebacken hatte, wie damals die Regel war, waren sie ungleich größer als unsere Schulbrote. Sie kamen von riesigen runden Laiben.

Als ich 1948 zum ersten Mal nach London kam, hatte niemand von McDonald's gehört, aber den Begriff *Hamburger* gab es längst. Er signalisierte in vielen Imbiss-Kiosken (einem besonders großen am Leicester Square), dass zwischen den Brotscheiben eine ziemlich dicke Bulette liegen würde. Man konnte wählen, ob man sein Weißbrot getoastet haben wollte oder nicht, dunkles Brot gab es nicht. Ketchup-Flaschen standen auch schon herum. Weitaus riesiger war das Angebot an belegten Broten in sogenannten *Sandwich Stalls*, dreieckig geschnittene Klappbrote mit höchst mannigfaltigem Belag. Dessen Vielfalt imponierte mir durch die Kombinationslust sowohl der Zurechtmacher als natürlich auch der Esser. Käse, Schinken, Hühnerfleisch, Salami, Roastbeef, Lachs, Thunfisch, Ei und vieles andere war fast immer von Salatblättern, Tomaten- und/oder Gurkenscheiben umgeben, und fast immer auf etwas gekratzter Butter, wenn es nicht doch Margarine war. Da gab es auch schon „Dreidecker", die aber wegen der enormen Pressfähigkeit der Weißbrotscheiben nicht besonders dick erschienen.

Als McDonald's und andere Ketten wesentlich Gehäufteres anboten – auch ihre weichen Brötchenscheiben ließen sich gut zusammendrücken – waren sie damit natürlich auch nicht die ersten. Ich erinnere gut, wie wir Kinder von unseren mütterlichen Großeltern und den Eltern Anfang der dreißiger Jahre nahe Böhmisch-Leipa in immer dasselbe Ausflugslokal geführt wurden. Weil es dort berühmte riesige belegte Brote gab, wirkte es als ein großer Magnet für Menschen der ganzen Gegend. Zwischen riesigen hellen Graubrotscheiben, meist drei, lagen Berge von Belag, mit Vorliebe Fleisch, Eier und Käse mit viel Garnitur. Ein solches belegtes Brot galt als ausreichende Mahlzeit, was man von einem der heutigen „Dreidecker" kaum sagen kann.

DER Restaurantführer: Alexander Kohn-Brandenburg

In Frankreich kulminierte, was ich meine Lehre in Raffinesse und Delikatesse(n) nennen würde. Die Standardkost deutscher Durchschnittslokale konnte mich dann nicht mehr so recht befriedigen.

Ein ganz wichtiger Einfluss war für mich ein Mann, dem ich in keinem günstigeren Moment hätte begegnen können: ganz früh in meiner Zeit in Paris, die ja ohnehin der Auslöser für so vieles Wichtige in meiner Laufbahn war. ALEXANDER KOHN-BRANDENBURG arbeitete Anfang der fünfziger Jahre, als ich Pariser Korrespondent für die Hamburger WELT wurde, als Presseattaché an der deutschen Botschaft in Paris. Botschafter WILHELM HAUSENSTEIN, ein Mann hoher literarischer Kultur und daher eine denkbar glückliche Personalentscheidung des Bonner Außenministeriums, hatte weniger mit gastronomischer Kultur im Sinn. Das schadete ihm in der verfressenen französischen Hauptstadt bei seinen auf Essgenuss versessenen Kollegen keineswegs so sehr, wie man hätte vermuten können: Er hatte ja Kohn-Brandenburg.

Es gab anscheinend überhaupt keine Entscheidung in der deutschen Botschaft, wo zu welchem Anlass gegessen werden sollte oder könnte, die nicht in Wirklichkeit Kohn-Brandenburg getroffen hätte. HAUSENSTEIN fragte ihn stets, wenn dieser in Paris besonders wichtige, schwerwiegende Entschluss zu fassen war. So wie Kohn-Brandenburg kannte offenbar niemand die guten und die besten Lokale. Woher? Das war der Witz der Branche. Ob er selbst gern darüber sprach, erinnere ich nicht mehr. Er war im Krieg in Paris stationiert gewesen wie einige berühmtere Leute, etwa Ernst Jünger oder der General HANS SPEIDEL, hoch über ihnen, wenn auch nicht hierarchisch: Er gehörte zur Fliegerabwehr. Sein Dienstplatz war oft der Eiffelturm, von dem aus er den Luftraum beobachtete, um rechtzeitig vor alliierten Luftangriffen warnen zu können. Da hockte er natürlich nicht immer, und zu anderen Zeiten erlaubte ihm sein Sonderstatus als Besatzer, sich im wahrsten Sinne des Wortes gewaltige Erfahrungen mit Lokalen zu erwerben.

Als ich ihn traf, war sein Ruf als unübertrefflicher Kenner so gefestigt, dass niemand, der ihn einlud, gewagt haben würde, selbst ein Lokal vorzuschlagen. Kohn-Brandenburg bestimmte, wohin gegangen wurde. Mir ist nicht bekannt, dass es jemals für den Einlader enttäuschend gewesen wäre. Zu den Gastgebern gehörten einige in Paris akkreditierte Journalisten, auch deutsche, selbst wenn deren Blätter damals mit Spesen enorm geizten. Die deutsche Botschaft war in der Zeit der sich anbahnenden deutsch-französischen Aussöhnung eine zu wichtige Informationsquelle, um nicht besonders gepflegt zu werden.

So verdanke ich Kohn-Brandenburg hochergötzliche Stunden. Unvergessen ist mir unser erster gemeinsamer Ausflug, in ein luxuriöses Lokal namens „Les Tilleuls", an der Seine etwas außerhalb von Paris in Louveciennes. Es hatte keinen Michelin-Stern, sondern Kohn-Brandenburgs Vertrauen, dem wir uns schnell anschlossen, jedenfalls aber herrliche Weißweine. Man saß im Sommer draußen auf dem grünen Terrassen-Abhang am Flussufer, Kohn-Brandenburg suchte Speisen und Getränke aus, nur vom besten. Unsere Tätigkeit bewirkte, dass es immer Mittagessen waren, wofür es kaum einen schöneren Platz geben konnte als diesen. Die Weine, die er aussuchte, kannte ich als frisch nach Frankreich gezogener junger Korrespondent natürlich noch gar nicht, aber ich merkte sie mir schnell. Wir pflegten diesen und andere Mittagstische ziemlich euphorisch zu verlassen, wie sich denken lässt.

Als Kohn-Brandenburgs Pariser Zeit vorbei war, wechselte er nach Bonn in die „Baracke". Er war SPD-Mann und wurde Berater von Fritz Erler, später in der Abteilung für Internationales zuständig für West- und Südeuropa. Er ist 1977 gestorben. Ich denke oft an ihn.

Feuerwurst

Lammwürstchen haben bei uns keine Tradition. Die europäische Wurstvorliebe bedienen viel Schwein und wenig Rind. Dabei müssten gegen die spät entstandene *Currywurst*, die jeder wahre Curryfreund verachten muss, das in Nordafrika und ganz früher auch in Spanien beheimatete wirklich scharf gewürzte gebratene Lammwürstchen erfolgreich konkurrieren können. Das ist freilich ziemlich klein und vielleicht für europäische Vielfraße schon deswegen zu unpraktisch. Das ist die *Merguez*.

Scharf gewürzt, wie gesagt, geradezu durchtränkt mit *Harissa*, jener nordafrikanischen Paste aus vielen roten Chilis und Pfeffer, die manche dortige Gerichte, etwa *Couscous*, auf der Zunge brennen lässt wie indische Scharfmacher, hatte Merguez besonders die französischen Kolonisten in Algerien gewonnen. Sie aßen das Würstchen gern als Aperitifbeigabe – zweifellos hat es sehr zur Anhebung von Pastis- und Bier-Umsatz beigetragen. Die Araber, von jeglichem Alkohol freigehalten, bauten lieber Couscous um die Merguez herum. Elendiglich verarmt unter der französischen Herrschaft, konnten sie sich nicht oft und nicht viel Fleisch leisten.

Als die Franzosen aus Algerien abzogen, nahmen sie die Vorliebe und das Rezept für Merguez mit. Heute gibt es kaum einen französischen Ort, in dem nicht mindestens ein Metzger die dunkelroten Würstchen verkauft. Freilich sind sie weit weniger scharf als das Original, und mehr und mehr wurde dem Lamm auch Rindfleisch beigemischt, immer öfter besteht es dort sogar nur noch aus Rindfleisch, und da kein religiöses Tabu besteht, ist auch schon schweinerne Merguez aufgetaucht. Aber der wahre Merguez-Freund, und natürlich Nordafrika, hält am Lammhack fest, und an Harissa.

Bald nach meiner Übersiedlung nach Paris Anfang 1952 lernte ich dort Merguez in nordafrikanischen Lokalen kennen, hauptsächlich im Quartier La Huchette neben Saint-Germain-des-Prés. Damals wiesen mich drei Kollegen, bald Freunde, in die Pariser gastronomischen Reichtümer ein: Harold King, Frankreich-Chef der britischen Nachrichtenagentur Reuters, Spezialist für Französisch-Bodenständiges mit viel Beaujolais, Werner Karsunky von der deutschen dpa mit größerer Unternehmungslust zum exotischen Experiment, und Kamalesh Banerji aus Kalkutta, Korrespondent der dortigen „Patrikka“ und für mich ein besonders guter Führer und Begleiter durch asiatische und nordafrikanische Bereiche, auch politische.

Damals war Frankreich fast auf dem Höhepunkt seiner blutigen Auseinandersetzungen mit den Kolonien, die es weiter beherrschen wollte. Die in Paris zahlreich versammelten Journalisten aus europäischen Ländern, darunter viele deutsche, interessierten sich aber weit mehr für europäische Politik, französisch-deutsche Beziehungen und die NATO. Banerjis ungenierte und gezielte Fragen nach Nordafrika und Indochina auf den Pressekonferenzen des Außenmisteriums am Quai d'Orsay empfanden die meisten europäischen Korrespondenten als abwegig und naiv. Entkolonialisierung oder nicht – das schien vielen „weißen“ Kollegen kein Thema zu sein. Sie hielten die Unabhängigkeitsbewegungen in Nordafrika, wie schon vorher die in Indochina, die bereits erfolgreich kämpfte, für Banditenhaufen, was klar machte, wo ihre Sympathien lagen.

Natürlich kümmerte ich mich als Korrespondent der damals hoch angesehenen Hamburger WELT auch um Europäisches und die NATO. Ich gehörte zu den Gegnern der sogenannten EVG (Europäische Verteidigungsgemeinschaft), in deren Rahmen Westdeutschland wiederbewaffnet werden sollte. Mit meiner damaligen Redaktion und manchen Kollegen war ich der Ansicht, dass sie die Spaltung Europas zementieren würde, während wir für Entspannung und Annäherung zwischen den Blöcken argumentierten in der Annahme, dass die Teilung Deutschlands nur so überwunden werden könnte. Das glaubte ganz deutlich auch Egon Bahr, den ich als „Tagesspiegel"-Korrespondent in Hamburg kennengelernt hatte. Inzwischen leitete er den RIAS in Berlin. Auch ich berichtete damals aus Paris für den RIAS in der sonntäglichen „europäischen Stunde".

Die Geschichte der EVG war kein Ruhmesblatt westeuropäischer Diplomatie, schon gar nicht der deutschen und auch der amerikanischen. Schließlich handelte es sich darum, den Franzosen nur wenige Jahre nach dem zweiten Weltkrieg, der Frankreich eine harte deutsche Besatzung gebracht hatte, die Zustimmung zur Wiederbewaffnung der gleichen Deutschen zu entlocken. Amerikanern und Briten erschien sie im Kalten Krieg gegen die Sowjets als notwendig. Die Mehrheit des französischen Parlamentes hatte deutlich keine Lust dazu. In den instabilen politischen Verhältnissen der „Vierten Republik" blieben französische Regierungen nie lange im Amt, und die aufeinanderfolgenden Kabinette aus dem pro-EVG-Lager wagten nicht, den fertigen EVG-Vertrag der „Assemblée Nationale" zur Billigung vorzulegen. Sie waren überzeugt, dass das Parlament nicht zustimmen würde, und wenig geneigt, über dieses Problem zu stürzen.

Den französischen Europäern gereichte zum Nachteil, dass sie anderweitig schwer belastet waren. Ihre Hauptpartei, die katholische MRP Robert Schumans, schien wegen seiner Initiative zur französisch-deutschen Aussöhnung schließlich in Deutschland beliebter zu sein als in Frankreich. Sie und die „Widerstandsunion" René Plevens, der die EVG vorgeschlagen hatte (lange hieß das „Pleven-Plan"), trugen die Hauptverantwortung für den aussichtslosen Kolonialkrieg in Indochina und für das Festhalten an französischer Herrschaft in Nordafrika, mit entsprechender Einbuße an Prestige und Rückhalt.

Der in dieser Hinsicht unbelastete „radikalsozialistische“ Ministerpräsident PIERRE MENDÈS-FRANCE versuchte 1954, in einer Konferenz der Regierungschefs in Brüssel Kompromisse durchzusetzen, die den Vertrag dem französischen Parlament akzeptabler machen würden, damit endlich eine positive Entscheidung falle. Aber er scheiterte nicht nur an der Unnachgiebigkeit Bundeskanzler KONRAD ADENAUERS, sondern besonders an den Intrigen seiner französischen, nunmehr oppositionellen Gegner. Die wollten den deutschen und anderen Konferenzteilnehmern weismachen, dass MENDÈS-FRANCE über die Stimmung der Nationalversammlung nicht Bescheid wisse. ADENAUER und seine Berater glaubten das gern und waren daher nicht geneigt, Kompromissen zuzustimmen.

Damals war die deutsche Presse in außenpolitischen Fragen der Regierung ADENAUER weitgehend hörig. So begegnete das französische Zögern, der französische Widerstand gegen die deutsche Wiederbewaffnung (der bald danach unter dem amerikanischen Druck aufgegeben wurde) in der Bundesrepublik großem Unverständnis, allenfalls einer herablassenden Verachtung der französischen Zustände. Uns Korrespondenten in Paris fiel die Einsicht in die Beweggründe der Franzosen leichter. Nur ein paar Tage vor der entscheidenden Abstimmung in der Nationalversammlung hatte sich die französische Hauptstadt in einen wahren Feiertaumel gestürzt. Auf den Champs Elysées, der Place de la Concorde und anderen Plätzen waren rot ausgeschlagene Tribünen aufgebaut. Die Wahrzeichen der Stadt wurden abends noch eindrucksvoller beleuchtet als sonst an den Wochenenden. Der Triumphbogen erstrahlte in blauweißrotem Scheinwerferlicht, am Tage zogen Truppenparaden durch die Straßen, abends versetzten Feuerwerke und öffentliche Bälle Paris in eine Art 14. Juli-Stimmung. Aber gefeiert wurde nicht der Sturm auf die Bastille als Auftakt zur Revolution von 1789, seither Nationalfeiertag, sondern tagelang die zehnte Wiederkehr des Aufstandes gegen die deutsche Besatzung des bereits von alliierten Truppen umzingelten Paris. Das war der Auftakt für die Befreiung von den Deutschen gewesen. Am 25. August 1944 war General CHARLES DE GAULLE in der französischen Hauptstadt eingezogen.

Ich sagte damals im Berliner RIAS: „Während Sie in Ihren Zeitungen vom Hin und Her um die EVG lasen, erblickten die französischen Zeitungsleser nur eine Spalte weiter neben den EVG-Berichten die großen Photos von den Befreiungsfeierlichkeiten, die historischen Rückblicke auf den Einzug General DE GAULLES und anderer Vertreter des Freien Frankreich, die vor zehn Jahren in ihre Hauptstadt zurückkehrten. Dieses Zusammentreffen illustriert wohl hervorragend das französische Dilemma, und wer es an Ort und Stelle miterlebt, wundert sich etwas weniger über das lange Zögern der französischen Volksvertreter. Er lernt auch mehr als anderswo schätzen, was es bedeutet, dass sich der Gedanke der deutsch-französischen Verständigung und Zusammenarbeit hierzulande schon so weit durchgesetzt hat." Am 30. August weigerte sich die Nationalversammlung endgültig, über den EVG-Vertrag auch nur abzustimmen. Das erledigte ihn. Zu dieser Abstimmung war auch EGON BAHR nach Paris gekommen.

In diesen Tagen spielte sich auf anderer Ebene nicht weniger große Politik ab, die freilich von der Presse weit weniger beachtet wurde, besonders von der deutschen. Das waren Frankreichs erste Schritte zur Entkolonialisierung, die MENDÈS-FRANCE nach der Beendigung des Indochinakrieges auch für Nordafrika eingeleitet hatte. Das französische Parlament billigte die von ihm verkündete Autonomie des bisherigen Protektorats Tunesien und ebenfalls die Absicht, eine liberalere Politik auch für Marokko einzuleiten. Dies war für viele das bedeutendere und jedenfalls erfreulichere Ereignis.

Ich hatte von Anfang meiner Pariser Zeit als Korrespondent, von Januar 1952 an, aufmerksam die Nordafrikapolitik verfolgt, der ich einige meiner frühesten Artikel widmete. Schon im Mai 1952 schrieb ich in der WELT: „Wenn nicht beizeiten etwas getan wird, lässt sich auch für Algerien eine Explosion mit beinahe mathematischer Sicherheit vorausberechnen." Getan wurde nichts oder nur Falsches – Algerien galt damals

als ruhig. Die Explosion kam zweieinhalb Jahre später, am 1. November 1954. Am Ende des mehr als siebenjährigen Krieges mit mehr als einer Million algerischen Opfern mussten die Franzosen abziehen.

Es war für den wirklich Interessierten nicht schwer, in Paris an nützliche Informationen zu gelangen. Die Blätter der französischen Linken waren voll von Berichten über Tunesien, Algerien und Marokko, und Menschen aus diesen Ländern lebten in Paris genug. Außerdem gehörten zu den in Paris akkreditierten Journalisten nicht wenige aus asiatischen Ländern, die sich sehr viel interessierter mit der Kolonialproblematik beschäftigten als ihre europäischen Kollegen. Das „französische" Afrika „südlich der Sahara" war ja damals ebenfalls noch unter Kolonialherrschaft, bis DE GAULLE kam. Der Inder KAMALESH BANERJI war für mich ein guter Kontaktmacher zu Arabern in Paris, die für die Unabhängigkeit ihrer Länder arbeiteten.

Nicht weniger als das politische Schicksal der Araber interessierte mich freilich ihr Essen. Meine journalistische Tätigkeit in London hatte mich schon in den Jahren davor auf den Geschmack an exotischer Küche gebracht, dort hauptsächlich chinesischer und indischer. Mit dem Umzug nach Paris entdeckte ich also die arabische, überwiegend die nordafrikanische, die in der französischen Hauptstadt mit vielen Restaurants vertreten war. Meine ersten Studienobjekte, nicht sehr mühsame, wurden Couscous und Merguez, ein frühes Lieblingsgetränk der süße grüne Tee mit Minze, den besonders Marokkaner anboten.

Aber die Merguez hatten es mir besonders angetan. Als EGON BAHR eines Abends während der EVG-Debatten der Nationalversammlung essen gehen wollte, schlug ich ihm Arabisches vor; wir landeten bei einem Pariser Tunesier und aßen Merguez. Ich habe die gar nicht so scharf in Erinnerung, aber Egon schienen sie sich richtig eingebrannt zu haben. Noch 45 Jahre später sprach er im Fernsehen beeindruckt von den „Feuerwürsten", zu denen ich ihn geführt hätte.

Doch ich erinnere andere, weit schärfere, die sich mir ebenso nachhaltig eingeprägt haben. Die aß ich eineinhalb Jahre später – nein: verschluckte ich beim ersten Mal nur mühsam und nach Luft schnappend – eines Februar-Montags zu abendlicher Aperitifstunde in Algier im „Aletti". An der Bar des damals feinsten großen Innenstadthotels hatte sich eine Schar französischer Offiziere, Kolonialbeamter und Politiker nebst französischen und ausländischen Journalisten versammelt, und auch einige arabische Würdenträger waren anwesend, Vertreter der von den Franzosen streng kontrollierten algerischen Provinzialversammlung. Ziemlich viele Leute also mit entsprechendem Lärm, aber die Bar war groß genug, der Nachschub an Merguez und den löschenden Getränken, überwiegend Bier und Pastis, ebenfalls. Hier befand ich mich, was unsereiner selten genug erlebte, auf Einladung der französischen Regierung, die sich freilich damit arg verspekuliert hatte.

Der damalige Regierungschef Guy Mollet, ein Sozialist, hatte nur eine Woche nach seinem Amtsantritt Algier besucht, um den Algerienfranzosen eine liberalere Algerienpolitik zu verkünden und einen neuen Algerienminister (mit Residenz in Algier) vorzustellen. Doch die Algerienfranzosen, die ihre Herrschaft bedroht fühlten, waren aufgebracht und machten unmissverständlich gegen Mollet Front. Besonders wegen des neuen Ministers, des 80jährigen Generals Georges Catroux, der eine große Rolle bei der Liberalisierung der französischen Marokkopolitik gespielt hatte. Die Algerienfranzosen lehnten ihn als „Liquidator" des Kolonialreiches ab.

Früh am Morgen des 6. Februar 1956 hatte bei mir das Telephon geklingelt. Das Regierungsbüro für ausländische Journalisten fragte an, ob ich mit einem Militärflugzeug fliegen wolle, ebenso wie andere Journalisten, um über Mollets Reise direkt berichten zu können. Natürlich! Zwei Stunden später war ich am Flugplatz, mit zwei Dutzend Kollegen aus aller Welt. Nach einer Weile startete unsere Maschine, in der es schnell immer kälter wurde – keine Heizung! – so dass alle Gespräche verstummten und wir immer tiefer in unsere Mäntel krochen. Für Algier war uns zwar Sonne und Wärme versprochen worden (Durchschnittstemperatur im Februar 16 Grad), aber wir kamen ja aus dem Pariser Winter.

Nach der Landung wurden wir in einen Bus verfrachtet und rollten Richtung Algier-Innenstadt, zum Kriegerdenkmal nicht weit vom Generalgouvernement. Vom Flughafen sind es etwa 20 Kilometer. Wir fuhren zunächst durch Straßen , in denen wir nur Polizei und Militär sahen. Alles war eindrucksvoll bewacht und abgesperrt. Kein Baum, an dem nicht ein *Tirailleur* mit seinem Gewehr gestanden hätte, kein Gehöft ohne ein Kontingent sprungbereiter Truppe, keine Kreuzung, an der nicht Gendarmen und republikanische Garden, oft auch Panzerwagen den Eindruck alarmierter Besatzung ausstrahlten. Aber entlang dem trübseligen, durch Brachland, Fabrikgelände und Armenviertel führenden Anmarschweg war niemand, der sich für unseren Bus interessiert hätte. Auch der bald nach uns gelandete MOLLET fuhr mit seiner Autokolonne da störungsfrei durch. Freilich grüßten ihn von vielen Hauswänden große Plakate: „Nieder mit GEORGES CATROUX!". Über die Stimmung der Algerienfranzosen konnte sich niemand täuschen.

In der Stadtmitte hatten sich viele Menschen versammelt, und als MOLLETS Kolonne erschien, begann ein gewaltiges Schrei- und Pfeifkonzert. Fast so laut wurde bald, je weiter wir kamen, auch unser Pressebus begrüßt. Schließlich wurden wir vor dem Aufgang zum Ehrenmal, dem „Monument aux Morts" ausgeladen. Da war gar nicht so viel Platz für uns. Nun warteten wir wie die Menschen, die gegen die absperrenden Polizisten drängten, auf den Regierungschef. Die offizielle Karawane zwängte sich durch immer engere Straßen, in denen die Menge tobte. Schließlich mussten die Gendarmen, von Rufen wie „Gestapo! Verräter!" überschüttet, jeden Meter der Anfahrt mühsam freimachen.

Als MOLLET dann kam, schwoll das Geheul noch weiter an, als man für möglich gehalten hätte. Die absperrenden Soldaten hielten immer mühsamer stand. Sehr bleich verließ der Ministerpräsident das Auto und stieg mit seiner Begleitung die Stufen zum Kriegerdenkmal herauf, nunmehr unter einem Hagel von Holzstücken, Steinen, herausgerissenen Pflanzenstrünken und schließlich sogar Tränengasbomben. Kaum hatte er das Ehrenmal wieder verlassen, durchbrachen Demonstranten die Absperrung und zertrampelten den von ihm niedergelegten Kranz.

Schließlich gelangte MOLLET zum Gouverneurspalast. Die Menge tobte noch Stunden weiter, auch am nächsten Tag war es in Algier kaum ruhiger, und in Paris erklärte General CATROUX seinen Verzicht auf das Amt. Der Regierungschef fügte sich weitgehend den Forderungen der Algerienfranzosen, von Gleichberechtigung der arabischen Bevölkerungsmehrheit war nicht mehr die Rede, der französischen Armee in Algerien versprach er Verstärkung, der Kampf gegen die „Rebellen" würde an Härte noch zunehmen. Aber gegen eine „Guerilla"-Bewegung, die sich auf ein Volk stützen konnte, wie nach einiger Zeit und nicht zuletzt dank der französischen Repression die algerische Unabhängigkeitsbewegung, war nichts zu machen. Das hatte schon vorher der Indochinakrieg gezeigt.

Die große Mehrheit der Algerier, die nicht nur in Algier überwiegend in miserablen Umständen lebte, hatte nur kurz auf eine politische Besserung durch GUY MOLLET gehofft und war schnell in ihre schweigende Ablehnung der französischen Herrschaft zurückgefallen. Die Enttäuschung über MOLLETS Haltung hatte auch auf Algerier übergegriffen, die bis dahin Frankreich treu gewesen waren. Das zeigten sehr deutlich arabische Abgeordnete der Provinzversammlung von Frankreichs Gnaden. Einer davon war auch abends zur Aperitifstunde im „Aletti" erschienen. Er erklärte den sich um ihn drängenden Journalisten, nun gebe es keine „gemäßigten Nationalisten" mehr. Nun könne Frankreich nur noch mit der Unabhängigkeitsbewegung verhandeln.

Die Algerier auf der Straße sprachen nicht mit fremden Europäern, so gern wir Journalisten manche von ihnen befragt haben würden. Die misstrauische Ablehnung gegen jedwedes französische Gefolge bezog uns mit ein. Mein Glück war der indische, dunkelhäutige Kollege BANERJI. Er hatte keine Mühe, Kontakt zu bekommen. Als wir von unserem am Stadtrand gelegenen Hotel mit der Straßenbahn in die Stadt fuhren, zunächst als einzige Fahrgäste, kam der Schaffner strahlend auf

BANERJI zu. „Nehru“, rief er und drückte dem Inder einen ganzen Block mit Fahrkarten in die Hand. Nehru und Nasser waren die Männer, auf deren Einfluss die kolonialisierte Welt große Hoffnungen setzte.

Aber natürlich konnten BANERJI und ich von keinem Algerier hören, was wir nicht längst wussten: zwischen die Befreiungsbewegung und die Bevölkerung würden die Franzosen keinen Keil mehr treiben können. Ein paar Jahre später, eine Million algerischer Toter später, gab es das unabhängige Algerien. Die Algerienfranzosen, fast eine Million, wanderten nach Frankreich aus, zurück.

Dieser bitteren Geschichte, an der es nichts zu beschönigen gibt, verdankt Frankreich interessante Bereicherungen. Zum „Kolonialwerk“ im muslimischen Gebiet hatten ausgedehnte Weinplantagen gehört, überwiegend lausiger Qualität. Aber in Frankreich unternahmen Algerienfranzosen mit dem Elan des Neuaufbaus (und entsprechender Unterstützung der Regierung) wesentlich erfolgreicheren Weinbau. Sie halfen gerade diejenigen südfranzösischen Weingebiete zu entwickeln, die bis dahin auch nicht gerade den besten Ruf gehabt hatten, nun aber immer bessere Qualitäten hervorbringen.

Und ganz Frankreich, keineswegs nur in den südlichen Gebieten, in denen sich die Algerienfranzosen bevorzugt ansiedelten, hat seither als Zusatz zu seiner vertrauten Nahrung auch arabische Würstchen: eben die Merguez. Aber wie gesagt habe ich in vielen Kostproben seither feststellen müssen, dass sie außerhalb Nordafrikas immer milder wurden und damit Wesentliches verloren haben.

Auf und Ab in Paris

Mein Wechsel nach Frankreich, so vorteilhaft er sich auf Dauer erwies, war zunächst sehr überschattet von Geldsorgen. Deren Wurzel war die Finanzkrise, in der die WELT steckte und die sich ständig verschärfte.

Die Zeitung hatte zunächst in der britischen Besatzungszone, für die sie ja auf Wunsch und als Gründung der Besatzungsbehörden existierte, eine überragende Stellung nach Ausstattung und Auflage, ebenso wie die „Neue Zeitung" der Amerikaner in der amerikanischen Zone. Die Auflage betrug zeitweise mehr als eine Million, gedruckt und vertrieben wurde von den drei Standorten Hamburg, Essen und Berlin.

Als 1949 der Lizenzierungszwang für die deutsche Presse fiel, konnten viele „Altverleger" ihre Blätter neu herausbringen und, besonders wenn sie schon zur Weimarer Zeit gut eingeführt waren, in ihren Stammorten wieder Fuß fassen. Das nagte natürlich an der Auflage der WELT, für die ihre englische Beschaffenheit nun nur noch sehr bedingt ein Vorteil war. In dem Maße, in dem viele Deutsche ja keineswegs durch den verlorenen Krieg zu „Weltbürgern" und toleranten Internationalisten geworden waren, sondern ihre traditionellen völkischen Abneigungen behalten hatten, wurde es ein Nachteil. Ein umso größerer, als die Alliierten den Deutschen eine ganze Reihe von Beschränkungen und wirtschaftlichen Sanktionen auferlegt hatten, von denen die Demontagen für Reparationen, die erst Ende 1950 eingestellt wurden, am schwersten wogen. Ein großer Teil der betroffenen Industrien, deren Arbeiter ihre Arbeitsplätze verloren, lag im Verbreitungsgebiet der WELT. Das schadete ihrer Auflage natürlich noch mehr, weil das Blatt ja, anders als die übrige deutsche Presse, nicht mit Kritik gegen seine englischen Eigner zu Felde ziehen konnte. Anderseits fiel die Auflage nicht so sehr, wie man unter diesen Umständen befürchten konnte – die Zeitung galt weiterhin als gutes und wichtiges Nachrichtenblatt, dessen Informationsteil dem der anderen Zeitungen weit überlegen war.

Doch kam zu den Schwächen durch diese äußeren Umstände hinzu, dass die Führungsspitze der Zeitung solchen widrigen Verhältnissen nicht gewachsen war. Die kontrollierenden Briten hatten zwar das Blatt als erstklassige Nachrichtenzeitung des angloamerikanischen Stils prägen können, aber vom Verlagsgeschäft verstanden sie offensichtlich so gut wie nichts, und die dafür Zuständigen, an der Spitze der schottische Oberst STEEL MCRITCHIE, auch nichts vom journalistischen Gewerbe und seinen Zwängen, so dass sie außerstande waren, die finanziellen Mittel richtig für redaktionelle Erfordernisse einzusetzen. Unglücklicherweise waren die von ihnen berufenen Deutschen, die im Verlag die führenden Positionen bekommen hatten und mehr und mehr selbständig verwalteten, nicht sehr viel fähiger. Auch die Redaktionsspitze zeigte erhebliche Schwächen, die immer deutlicher wurden, als die britischen redaktionellen *Controller* ab 1950, 1951 den Deutschen mehr Verantwortung überließen

Die spärliche Erfahrung mit Zeitungen, die besonders MCRITCHIE kennzeichnete, illustrierte schlagend ein Briefwechsel noch in meiner Londoner Zeit. Da meinte er, ein Korrespondent brauche keine örtlichen Zeitungen und Zeitschriften zu abonnieren, sondern könne sie in öffentlichen Lesehallen und Bibliotheken lesen. Die deutschen Verlagsleiter, aber auch die Chefredaktion hatten weder die Erfahrung noch den Mut, solcher Narretei zu widersprechen.

Fehlleistungen ungleich größerer Bedeutung ergaben sich aus den drei Druckorten. Bei der Millionenauflage waren sie wohl berechtigt, um Zeit bei der Auslieferung zu gewinnen. Einen Fuß in Berlin brauchte die

WELT ohnehin, um nicht auf Transport durch die „Zone“, die DDR angewiesen zu sein. Aber als die Auflage schrumpfte, mit ihr die Einnahmen, wurde diese Aufteilung reichlich teuer. Grotesk schien auf den ersten Blick, dass die WELT in Hamburg zur Miete saß und druckte, im alten Broschek-Haus, ihr aber das Druck- und Verlagshaus in Essen gehörte. So veranstaltete sie schließlich eine äußerst verrückte Operation: Verlagsleitung und Teile der Redaktion, darunter die Chefredaktion und die für die Nachrichten wichtige Zentralredaktion, zogen nach Essen um, aber andere wichtige Teile blieben in Hamburg, wo auch weiter gedruckt wurde. Die Texte wurden, wie vorher auch, per Telex über Postleitungen geschrieben, auch nach Berlin, was nicht billig war.

So, wie die britische Zone damals aussah, bedeutete das den Umzug von der Hauptstadt in die Provinz, in der sich schon längst gute Zeitungen tummelten. Die psychologischen Wirkungen auf die nach Essen verfrachteten Redakteure und ihre Familien waren denkbar schlecht, den in Hamburg zurückgebliebenen ging es nicht viel besser. Die Übermittlungstechnik war bei weitem nicht so entwickelt wie heute. Es gab Pannen über Pannen. Die ersten Seiten der drei räumlich getrennten Ausgaben waren oft geradezu drollig verschieden. Die Arbeitsmoral der Redaktion, die ohnehin schon durch scharfe Sparmaßnahmen beeinträchtigt war, sank immer mehr. Die Verlagsleitung, noch immer teils gedeckt, teils angefeuert von dem sich Sprichwort-gemäß verhaltenden Schotten, suchte die Lage durch weitere rigorose Sparverfügungen zu wenden.

Besonders heikel schien den „Verlegern“, dass die Auslandskorrespondenten der für ihren Nachrichtenteil angesehenen Zeitung ihre Informationen möglichst schnell an die Redaktion durchgeben mussten, damit sie auch am nächsten Morgen im Blatt zu finden waren. Damals hatten wir dafür nur das Telephon, keineswegs mit Selbstwahl, sondern über Fernämter. Das bedeutete Anfang der fünfziger Jahre oft endlose Wartezeiten. Noch heute blättere ich mit grimmigem Amüsement in den schriftlichen Ermahnungen aus Hamburg und Essen, Telephonkosten zu sparen. Den Minutenpreis konnte ich schlecht ändern, die Schreibgeschwindigkeit der Diktataufnahme ebenso wenig. Was die Redaktion bestellte oder ich für berichtenswert hielt, lieferte ich – alle paar Tage mit Gezeter über die Kosten belohnt. Die Chefredaktion war jahrelang zu schwach, um gegenüber dem Verlag die Partei ihrer Informanten zu ergreifen. Der hielt auch nicht für nötig, die Korrespondenten über die Finanzkrise zu informieren – das hätten wir sehr wohl verstanden.

Schließlich, reichlich spät, zogen die Verlags-Weisen die Konsequenzen aus dem Unheil, das sie mit dem Umzug nach Essen angerichtet hatten. Redaktion und Verlag kehrten nach Hamburg zurück.

Damals waren die Briten der Sache längst überdrüssig. Sie wollten das Blatt loswerden und suchten einen deutschen Käufer. Es gab Bewerber: Finanzgruppen, Verlage, die Gewerkschaften. Doch es dauerte seltsam lange, bis eine Entscheidung fiel, ein Zuschlag kam. Obwohl man seit Mitte 1952 verhandelte, dauerte es bis Juli 1953. Der glückliche Gewinner war Axel Springer. Und dann kam heraus, warum es so lange gedauert hatte. Der WELT-Verlagsleiter Heinrich Schulte hatte von Anfang an nur an Springer verkaufen wollen, wie er hinterher selbst zugab. Sein Kontaktmann war Springers Zehn-Prozent-Partner Voss. Das durfte natürlich nicht zu früh bekannt werden, und es bedurfte beachtlicher Diplomatie, um andere, nicht weniger ernste und logischere Bewerber auszumanövrieren. Schulte schaffte es schließlich und erhielt dafür einen Vertrag, der ihn zum unabsetzbaren Geschäftsführer des WELT-Verlages machte.

So viel Rücksicht, wie Schulte für sich selbst aushandelte, kannte er anderen Mitarbeitern gegenüber nicht. Die Ära Springer begann mit Kündigungen, die Schulte verantwortete und die zum Teil nur schamlos genannt werden konnten. Beispielsweise die des Chefredakteurs Albert Komma, der in den letzten selbständigen WELT-Jahren wenigstens einige Ruhe in die Redaktion gebracht hatte. Oder die des Londoner Korrespondenten Dr. Hans Scherer. Dass der mich eigentlich aus London verdrängt hatte, war mir ja eher zum Glück gediehen, und wir hielten durch all die merkwürdigen WELT-Jahre hindurch freundschaftlichen Kontakt. Gottlob dauerte es nicht lange, bis SCHERER Presse-Attaché der deutschen Botschaft in London wurde.

Mein Beginn in Paris überwältigte mich zunächst durch die Kosten, durch die in Frankreich herrschende Inflation. In London hatte ich den Korrespondenten des israelischen Blattes „Haboker", den ich seit der Episode Adenauer-Goldmann ganz gut kannte, um eine Empfehlung gebeten. Er empfahl eine gutbürgerliche Familienpension ganz nahe am Etoile. Da zogen wir also zunächst hin. Es bedeutete, dass wir pro Tag rund 28 Mark für Halbpension zahlten, und das war viel zu viel für mein Gehalt. Susanne fuhr zu ihrer Familie nach Deutschland; ich suchte etwas Billigeres. Da war zunächst das Hotel St. Honoré für 28,40, nunmehr für zwei winzige dunkle Zimmer, aber ich brauchte ja einen Arbeitsraum. Dann fand ich eine spärlich möblierte Wohnung (ein kleines und ein großes Zimmer, Bad- und Küchenbenutzung) für insgesamt 540 Mark im Monat. Als dort ständig die Miete erhöht wurde, zogen wir in ein Gartenhaus in Passy für 480 Mark, in eine winzige Etage, die wir wenigstens allein bewohnten. Küche und Bad waren ein Raum, nicht etwa besonders groß. Die magere Einsparung wurde reichlich wettgemacht durch einen gebraucht gekauften VW, der uns ganz entgegen seinem Ruf eine solche Fülle von Pannen, also von in Frankreich besonders teuren Reparaturen bescherte, dass ein neuer sehr viel billiger gewesen wäre. Aber den konnte ich erst im nächsten Jahr bezahlen, und ein Auto war bei den Pariser Entfernungen und für die Berichterstattung generell unverzichtbar. Angstschlotternd, aber erfolgreich machte ich eine Fahrprüfung kreuz und quer über die schon damals schrecklich befahrene Place de l' Etoile und bin seither stolz auf meinen Pariser Führerschein.

Ebenso überwältigend wie die Inflation erschien mir die französische Bürokratie. Nicht nur war jede An- und Ummeldung mit mehr Formularen verbunden als anderswo. Am seltsamsten kam mir das *Certificat du domicile* vor: Der in jedem Haus vorhandene *Concierge* musste immer wieder schriftlich bestätigen, dass wir dort wohnten. Ohne diese Be-

Mitglied der SHAPE Correspondents Association. (2. v. l.). Rechts daneben: Freund Werner Karsunky, dpa-Korrespondent, später dpa-Bürochef in Bonn

scheinigung hätte man bei Meldeämtern und anderen Behörden gar nicht erst zu erscheinen brauchen. Und erst die Devisen-Bürokratie! Zugegeben, Anfang der 50er Jahre waren die meisten europäischen Länder in größten Devisen-Verlegenheiten. Als ich im August 1952 für einen Tag nach Holland fahren musste, wechselte ich (mit viel Papierkram) bei meiner Pariser Bank 30 Gulden ein. Für die brauchte ich eine Ausfuhr-Erlaubnis (die habe ich noch), die auf einen Monat befristet und nur für eine einzige Reise gültig war. Eventuell nicht verbrauchtes Geld konnte man nur an der Grenze oder gegen Vorlage des Passes bei einer Bank zurückwechseln – „innerhalb von acht Tagen", hieß es streng auf dem Formular.

Nun ging also schnell die Arbeit los. Frankreich war damals das Land unaufhörlicher Regierungskrisen, es begann von den Wirren der Entkolonialisierung erschüttert zu werden, gleichzeitig betrieben seine Regierungen eine Aussöhnung mit Deutschland. Aber sie wollten auch das Saargebiet unter ihrer Kontrolle behalten. Sie sperrten sich, als der Kalte Krieg Amerikaner und Briten dazu gebracht hatte, die Deutschen als wieder bewaffnete Verbündete akzeptieren zu wollen, gegen die integrierte Europäische Verteidigungsgemeinschaft, ohne sich auf Dauer durchsetzen zu können. ROBERT SCHUMAN, der katholische Außen-

Urlaub in Frankreich. Am Hafen von Sète

minister, und KONRAD ADENAUER legten damals Grundlagen für unser gutes Verhältnis späterer Zeiten. Die NATO, die Paris als europäischen Sitz auserkoren hatte, und ihr militärisches Hauptquartier für Europa, SHAPE, nicht weit von da, sorgten für viel weiteren Berichtsstoff. Sehr schnell nach meinem Beginn schilderte ich für WELT-Leser die nordafrikanische Problematik, die Schwierigkeiten der Franzosen mit den Unabhängigkeitsbewegungen in Tunesien, Marokko und Algerien – und der französische Indochinakrieg war ja schon im Gange. Damals war ich freilich noch so jung im Gewerbe und in dieser Thematik, dass ich – aus späterer Sicht – viel zu viele überflüssige Erwägungen über angebliche sowjetische Chancen und Einflüsse in diesen Zonen einfügte. Die von unseren Regierungen kräftig geförderte Angewohnheit, solche Probleme in die allgemeine Auseinandersetzung zwischen der Sowjetunion und dem Westen einzuordnen, wirkte zunächst auch auf mich. Immerhin habe ich diese Scheuklappen wohl früher abgeschüttelt als viele meiner Kollegen, soweit sie sich überhaupt um Kolonialprobleme kümmerten (siehe Kapitel „Feuerwurst“). Zu meinen ersten großen Reportagen außerhalb von Paris gehörte Anfang 1953 eine Fahrt ins Elsass im Zusammenhang mit dem Oradour-Prozess. Zu der deutschen Einheit, die das Massaker beging, hatten auch zwangsverpflichtete Elsässer gehört, und das Elsass rebellierte dagegen, dass auch ihnen der Prozess gemacht werden sollte.

Meine materiellen Verhältnisse und damit meine Bewegungsfreiheit als Korrespondent verbesserten sich, als mich der „Wiener Kurier" im November 1952 zu seinem Korrespondenten machte (dort schrieb ich unter Pseudonym), und Anfang 1954 forderte mich der RIAS in Berlin zur regelmäßigen Mitarbeit an der sonntäglichen Sendung „Europäische Stunde" auf. Das erleichterte mir, sehr nützliche Kontakte mit amerikanischen und britischen Journalisten zu knüpfen, die von ihren Redaktionen weit besser bezahlt wurden als unsereiner. Die angloamerikanischen Journalisten, die es sich leisten konnten oder wollten, trafen sich fast täglich an der Bar des Hotels „Crillon" am Place de la Concorde, hauptsächlich zur Zeit des Mittags-Aperitifs. Das war ja nun wirklich eine der teuersten Bars von Paris. Ähnlich zentral gelegene Plätze – auf der anderen Seite vom „Concorde" lagen die Nationalversammlung und das Außenministerium – hätten sich leicht ausmachen lassen. Aber das „Crillon" war bei Kriegsende das Hauptquartier der Alliierten gewesen. Dorthin gingen die Journalisten der Siegermächte täglich zur Pressekonferenz, und als das Hauptquartier verschwand, blieben doch das „Crillon" mit seiner Bar und die Gewohnheit des Aperitifs. Begreiflicherweise tauchten dort in den ersten Nachkriegsjahren keine deutschen Journalisten auf. Aber die Bar war eine faszinierende, wichtige, wenn auch angloamerikanisch beeinflusste Nachrichtenbörse geblieben. Dort versammelten sich täglich zwischen 12.30 und 13.30 Uhr englische und amerikanische Zeitungs- und Agenturstars wie HAROLD KING, der Reuters-Chef für Frankreich, ART BUCHWALD, den man heute niemandem vorzustellen braucht und über dessen Witze wir uns schon damals oft verschluckten, SIDNEY SMITH, ich glaube vom Londoner Evening Standard, jemand vom Daily Express und einige andere, deren Namen mir entfallen sind – und oft auch ein Deutscher: ich. Anderen deutschen Kollegen mochte ich diesen Treff anpreisen, so sehr ich konnte – sie kamen nicht. Für mich hingegen war er geradezu logisch, denn ich war ja als ehemaliger Londoner Korrespondent nach Paris gekommen und fühlte mich lange im Englischen wohler als mit Französisch, und die Namen der Kollegen von dort waren mir von ihren Zeitungen her wohlbekannt.

Dass die deutschen Kollegen nicht kamen, hatte wohl noch weitere Gründe außer den hohen Preisen des Crillon, in dem ein Aperitif damals etwa acht Mark kostete. Der Umgang mit angloamerikanischen Kollegen war ihnen nicht vertraut und deutlich nicht geheuer. Das Kriegsende lag kaum ein Jahrzehnt zurück. Vielleicht fühlten sie sich noch in der Rolle von Gegnern. Die meisten sprachen sowieso kein Englisch. Übrigens bestand auch eine deutliche Kluft zwischen deutschen Korrespondenten, die schon als Emigranten in Frankreich gewesen waren und sich also mit „Alliierten" hätten wohler fühlen können, was sie aber nicht taten, und jenen, die aus der „neuen" Bundesrepublik nach Paris gekommen waren. Einige Emigranten betrachteten diese mit deutlichem Misstrauen, sogar mit Ablehnung – waren nicht vielleicht doch auch Nazis unter ihnen? Für den einen oder den anderen ließ sich das durchaus bejahen, so rigoros der Journalisten-Nachwuchs in der Bundesrepublik in den ersten Nachkriegsjahren auch „gesiebt" worden war. Die Emigranten waren wiederum vielleicht mit ihrem Gastland zu sehr verbandelt, was kritische, neutrale Distanz, also objektive Berichterstattung schwierig machte. Schließlich hatten die „Alteingesessenen" schwere Zeiten hinter sich oder lebten immer noch in schwachen wirtschaftlichen Verhältnissen und mochten auf die „Neuen" berechtigten Neid verspüren. Jedenfalls gab es nur wenige private Kontakte zwischen den Lagern, trotz der gemeinsamen beruflichen Interessen. Ich hingegen erfreute mich zweier aus diesem Rahmen fallender Freundschaften. Die eine verband mich mit dem Emigranten und inzwischen Total-Pariser Fred Simson, der während meiner Londoner Zeit Pariser Korrespondent der WELT gewesen war. Die andere galt dem Frankreich-Chef von Reuters, Harold King, einem der Angesehensten im angloamerikanischen Pressekorps.

Harold King und seine Frau, Irene Codrianu

Fred Simson hatte allen Grund gehabt, meinen Umzug von London nach Paris mit Missfallen zu sehen. Das kostete ihn ja einen guten Posten. Gottlob schrieb er auch noch für Schweizer Zeitungen und hatte eine deutsche Wiedergutmachungspension. Er wusste, dass ich mich gegen meine Versetzung nach Paris sehr gewehrt hatte. Zwei Mitglieder unserer dreiköpfigen Chefredaktion wollten den dritten loswerden, und der wollte als Abfindung den Londoner Korrespondentenposten. Dagegen konnte ich nichts machen. Ich versuchte, andere Zeitungen zu finden, die mich als ihren Londoner Mann beschäftigen würden, fand aber nicht genug, um davon leben zu können. Simson wusste das und hat mich mit imponierender Herzlichkeit in Paris aufgenommen. Zwischen uns entwickelte sich erst hier eine regelrechte Freundschaft, die meine Pariser Zeit lange überdauerte. Ich vergalt ihm seine Loyalität später mit Aufträgen für das Fernsehen; er war sehr begabt dafür.

Harold King hatte ich immer wieder bei wichtigen Veranstaltungen getroffen. Er ging unermüdlich in Spätsitzungen der Nationalversammlung, zu Pressekonferenzen aller Art, belagerte Kandidaten auf den Posten des Regierungschefs (damals wechselte in Frankreich die Regierung alle paar Monate), und obwohl er doch ein stattliches Büro mit vielen Mitarbeitern befehligte, schien er weniger Kommandeur und

Organisierer zu sein als lieber mitarbeiten zu wollen. So begegneten wir uns ständig bei der Arbeit und wurden Freunde, bis zu seinem Tod, da war er schon weit über achtzig. Verheiratet war er mit der rumänischen Bildhauerin Irene Codrianu, einer Schülerin Constantin Brancusis. Ich bin stolz auf einen von ihr geschaffenen herrlichen Torso, den mir Harold nach Irenes viel zu frühem Tod geschenkt hat.

Harold war im 2. Weltkrieg Reuters Moskauer Korrespondent gewesen und dadurch berühmt geworden. Da er vorher lange in Paris gelebt hatte, war nur logisch, dass ihn die Chefs der Agentur zum Direktor für Frankreich machten. Er bewies sechsten Sinn, als er nach Charles de Gaulles Rückzug von der Politik nach Colombey-les-deux-Eglises den Kontakt zum General nicht abreißen ließ. Er besuchte ihn im Gegenteil regelmäßig und oft, was seine Journalistenkollegen in Paris für sinnlos hielten. Sie verspotteten ihn eher deswegen. Aber als de Gaulle wieder an die Macht kam, hatte er King schätzen gelernt und seine Loyalität nicht vergessen. Jahrelang war King nun der Journalist, der am besten über Handlungen und Pläne des französischen Staatschefs informiert war.

Harold King verdankte ich nicht nur viele politische Kontakte und Erfahrungen, sondern auch Einsichten in die französische Gastronomie. Fast könnte ich sagen, dass er auf diesem Gebiet eine ähnlich große Rolle für mich spielte wie Alexander Kohn-Brandenburg. Er kannte eine Unzahl vortrefflicher Adressen, aber hauptsächlich von Bars und von eher deftigen Lokalen der Michelin-Ein-Stern-Kategorie, in denen er, was immer er an Gutem aß, mit viel Beaujolais begleitete.

Fünf Jahre nach meiner Ankunft in Paris brauchten Susanne und ich eine größere und praktischere Wohnung und kauften uns in ein fast fertiges Appartementhaus am östlichen Stadtrand ein. Zu unserem Pech blieb es noch lange nur „fast fertig". Wir waren einem Architektenunternehmen aufgesessen, das entweder nur unfähig oder auch kriminell war. Das ergab immer neue finanzielle Belastungen, und meine Arbeitskraft litt sehr unter den vielen praktischen Problemen, die das

Leben in einem unfertigen Rohbau am Stadtrand und die ständigen Bemühungen um Handwerker und Lieferanten mit sich brachten. So war ich durchaus zufrieden, als mich die WELT 1957 nach Hamburg zurückholte.

Sellerie- und andere Grenzen

Die Grenzen zwischen nationalen Geschmacksvorlieben erkennt, wer reist. Das haben sich in der zweiten Hälfte des 20. Jahrhunderts Millionen von Deutschen angewöhnt. So erlebten sie, was ihre Koch- und Genusslehren von den französischen, spanischen, italienischen und österreichischen trennt.

Ich staunte sehr über den Unterschied zwischen dem Salat *Roter Beete* deutscher und französischer Art. Deutsch: in Scheiben geschnitten, süßsäuerlich angemacht, wie überhaupt Essig bei deutschen Salaten, besonders in Norddeutschland, eine traditionelle Hauptrolle spielte und vermutlich ein Hauptgrund war, warum Jüngere nicht gern Salat aßen. In Frankreich stattdessen: nicht in Scheiben geschnitten, sondern in Würfel oder Stifte, und nicht sauer, sondern milde, allenfalls mit einigen Zitronenspritzern und ein bisschen mehr Öl. Keine Aggressivität, sondern angenehmer Eigengeschmack der roten Rübe. Unserer Versorgungsform „essfertig“ in Konservenbüchsen entsprach in Frankreich die Verpackung in Plastikbeuteln ganzer, allenfalls schon geschälter, jedenfalls gekochter Rüben, leicht zu schneiden und beliebig anzumachen. Sogar sauer, wenn gewünscht.

Noch krasser war der Unterschied bei Sellerie. Den kannte ich in Deutschland gekocht und in Scheiben geschnitten wie die Roten Beete, aber weniger sauer und so gut wie gar nicht weiter angemacht. In Frankreich hingegen geradezu grundsätzlich roh und in Streifen, fast immer mehr oder minder leicht angemacht mit einer Sauce aus Joghurt bis hin zur Majonnaise. Ebenso wie die Rote-Beete-Würfel ein beliebtes Vorgericht, meist zusammen mit anderen *Crudités* (Rohkost), wie man sie bei uns nicht gewohnt war.

Grüne Bohnen hatten, als ich noch ein Kind war, zu meinen Lieblingsgerichten gehört, als „Schnippelbohnen" oder größere, meist mit Kartoffeln in etwas Mehl- oder Sahnesauce mit Speck, oder auch nur so als Begleitung zu Fleisch mit dessen Sauce. Als wir das erste Mal in Paris von Nachbarn zum Essen eingeladen waren, staunte ich nicht schlecht über einen großen Topf junger, langer, gekochter Bohnen – es war ein Gang nach dem Fleisch, zu dem wir außer Brot nichts gegessen hatten – aus dem es ungewohnt, aber sehr angenehm roch. Unsere Gastgeberin, Madame Bournizeau, hatte die Bohnen in viel frischer Butter geschwenkt und dann mit einer Presse massenhaft Knoblauch darüber gedrückt, massenhaft jedenfalls für meine bisherigen Erfahrungen. In dem lebhaften freundschaftlichen Verkehr, der sich bald zwischen Bournizeaus und uns entspann mit wechselseitigen Essenseinladungen, gab es (in der passenden Saison) bei Bournizeaus für uns kein Essen ohne diese Bohnen, mit wachsender Dosis Knoblauch. Ich fand das von Mal zu Mal besser.

Im Gegensatz zu meiner deutschen Gewohnheit bekam ich fast überall, auch in Lokalen, den Hauptgang ohne Beilagen (vom stets vorhandenen Brot abgesehen) und das Gemüse als Extragang hinterher. Das ist heute nicht mehr überall so, sondern eher wie bei uns. Einen Salat gab es damals ganz automatisch, ohne dass man danach fragen musste, meist nach den warmen Gängen vor dem Käse. Auf den Käse folgte stets der süße Nachtisch. In Deutschland war das meist umgekehrt.

Weitere Unterschiede: das erhebliche Angebot an Innereien, die die Franzosen vertilgten – Kutteln (*Tripes*), Bries, Rinderherz, Nieren, Leber, Kalbs-und Ochsenkopf, Gehirn. Kaum ein Lokal, das nicht mindestens eines oder zwei davon auf der Speisenkarte anbot, Gerichte, vor denen vielen meiner Landsleute grauste, vielleicht, weil zu unserer Nahrung in Kantinen und populären Lokalen früher ständig klein gehackte Lunge gehörte, ohne jeden Pfiff zurechtgemacht und nie gut gewürzt. Nieren kannte ich schon gut, fast immer klein geschnippelt und meist brenzligen Geschmacks. Die Franzosen verstanden sich wohl besser darauf, den Nieren durch ausgiebiges Wässern ihren penetranten Geschmack zu nehmen, den sie ihrer ursprünglichen Bestimmung verdanken. Und in Frankreich erst lernte ich das große Vergnügen kennen, das eine Niere in ihrem Fettmantel bereiten kann.

Ein Hauptunterschied war sicherlich die Hochachtung, die Lamm- oder Kalbsbries genoss, jene Milchdrüse, die sich beim Heranwachsen des Tieres bis zum Verschwinden zurückbildet. Für Bries waren sich die feinsten und teuersten Lokale nicht zu schade. Im Gegenteil: sie glänzten damit in immer neuen Zubereitungen.

Als nicht so weit verbreitet, aber doch vorhanden, lernte ich die mir von Deutschland her total unbekannten Rinder- und Hammelhoden kennen. In Paris war das die berühmte Spezialität eines rumänischen Lokales nahe der Porte St. Martin. Der deutsche Freund, der es mir zeigte, wand sich sehr, um nicht aussprechen zu müssen, um welche Spezialität es sich da handelte. Franzosen kannten weniger Hemmungen, und natürlich war es auf der Speisenkarte unverblümt verzeichnet, jeden Tag. Später entdeckte ich das Gericht auch anderswo, aber nicht sehr oft. Geschmeckt hat es bei dem Rumänen wie ein etwas zu weich geratenes, weißes Kalbsschnitzel. Es wurde auch ähnlich zubereitet und mit ähnlichen Beilagen serviert.

Als mir einer meiner Mentoren in einem Pariser Lokal voller Stolz einen Braten mit süßer Sauce zeigte – kein indochinesisches oder chinesisches Lokal, sondern ein ganz französisches – war ich weit weniger beeindruckt. Braten mit Rosinensauce war die vor dem Kriege in der Verwandtschaft berühmte Spezialität meiner Tante v. Jouanne in Danzig gewesen.

Was Franzosen anders essen – dazu gehörte auch, dass sie Wildbraten, Hirsch, Reh oder anderes, nicht wie wir mit Preiselbeeren oder Johannisbeergelee aßen, sondern fast immer mit *Maronencreme*. Die lernte ich in Frankreich überhaupt erst kennen. Sie war weit weniger süß, oft überhaupt nicht. Die Beeren und Gelees in Deutschland sollten früher wohl den strengen *haut goût* mildern, den Wild durch zu langes Abhängen bekommen hatte. Meine Mutter befestigte Hasen oder Fasanen außen am Fensterkreuz, natürlich nur in der kalten Jahreszeit. Die Tiere hatte nicht mein Vater erlegt, sondern jagende Onkels schickten sie uns von ihren Landgütern. Eine Woche oder länger hängen lassen war keine Seltenheit, und die Verwesung, die dabei einsetzte und voranschritt, war willkommen. Mir schmeckte solches Wild nicht sehr, mochte auch noch so viel Sahnesauce und Gelee dabei sein. Ähnlich streng schmeckt in Schottland oft *Grouse* (Waldhuhn); offenbar essen die Briten es so am liebsten. In Frankreich aber fand ich Wild aller Art weit milder, also wohl kürzer abgehangen, und dann brauchte das Maronenpüree kein so kräftiges Gegengewicht zu sein wie bei uns die Marmelade.

Ein besonders gewichtiger Unterschied, der viel zur Überlegenheit der französischen Küche über andere, damals auch der deutschen, beitrug, war der großzügige Umgang mit Trüffeln. Ihnen verdanken Saucen oft besonders hervorragenden Geschmack, aber auch in Stücken, gar als Ganzes bereichern sie die Gastronomie außerordentlich. Noch Jahrzehnte später wunderte ich mich in deutschen Lokalen über die schwarzen Punkte und Stückchen in Saucen, die eine Verwendung von Trüffeln vortäuschen sollten, aber aus industriell gefertigter Masse stammten und keinerlei Trüffelgeschmack bewirken konnten. Inzwischen hat sich die Trüffel auch in der deutschen gehobenen Gastronomie den Platz zurückerobert, den sie im 19. Jahrhundert und bis zur Nazizeit schon gehabt hatte.

Verblüffend fand ich in Frankreich von Anfang an die Unmenge von *Foie gras*, Stopflebern von Gänsen und Enten und die aus ihnen zubereiteten Produkte – *Terrines, Patés* und dergleichen, meistens in Gläsern oder Büchsen. Kein nennenswertes Lokal, das sie nicht unter den Vorgerichten anbot, kaum eine Familie, in der sie nicht wenigstens ins Weihnachts- oder Silvestermenü gehörten. Viele Bauern lebten davon, die Vögel zu mästen, damals, in den frühen fünfziger Jahren auch noch im Elsass, wo Foie gras anscheinend zum ersten Mal fabriziert worden ist. Sie gehört so untrennbar zur französischen Nahrung, dass alle Angriffe gegen die angebliche Tierquälerei, als die echte und angebliche Tierschützer das Stopfen hinstellen, ohne Resonanz verpufft sind. In kulinarischen Werken wurde ausführlich darüber diskutiert, ob Foie gras am Anfang eines Menüs zu stehen habe (wie fast immer praktiziert) oder erst in der Mitte; da gibt es auch eine Kollision beim Ringen um den ersten Platz mit den Austern.

In einem Schweizer Lokal habe ich vor ein paar Jahren Foie gras bekommen, die ausdrücklich als „nicht von gestopften Tieren" bezeichnet wurde und ebenso gut schmeckte wie die „echte". Was immer da das Verfahren sein mag – es hat sich offensichtlich noch nirgendwo durchgesetzt und auch die angeblichen Tierschützer nicht interessiert.

Als mich Mitte der fünfziger Jahre meine Mutter in Paris besuchte und ich sie in ein bekanntes Lokal führte, wo wir zum Auftakt Foie gras aßen, sagte sie: „Schmeckt ganz wie Landleberwurst." Das hätte den Küchenchef sicher gekränkt, und zahlreiche Züchter ebenfalls. Aber mir war klar, an was sie dachte. Unsere Verwandten Bergmann, Großbauern in Wernigerode, waren in der Verwandtschaft berühmt wegen ihrer Leberwurst, die auch ich als fabelhaft erinnere. Leider gibt es diesen Hof nicht mehr. Wer weiß, was bei einer Blindverkostung zum Vergleich mit Foie gras herausgekommen wäre.

So gern ich in Deutschland schon immer Kartoffeln gegessen hatte – in Frankreich entdeckte ich den *Gratin*, der mir ein Höhepunkt der Kartoffelkunst zu sein schien. Dafür konnten die Franzosen freilich nicht mit unserem Reichtum an Kartoffelklößen konkurrieren, weder privat noch in Restaurants.

Überdeutlich zeigte sich in jenen Tagen bei Tisch ein geradezu weltanschaulicher Unterschied zwischen Deutschen und Franzosen. „Was auf den Tisch kommt, wird gegessen!" hörte ich als Kind, sobald ich überhaupt zur Familientafel zugelassen worden war. Teller mussten unbedingt leer gegessen werden. Zwar kann ich mir nicht vorstellen, dass alle Deutschen so erzogen waren. Aber als ich Mitte des vergangenen Jahrhunderts nach Frankreich kam, wirkten sie so, jedenfalls diejenigen, die man in französischen Lokalen beobachten konnte. Dort führte es, nicht ohne Komik, zu Missverständnissen, die durch die unterschiedliche Mahl-Traditionen sehr verstärkt wurden.

Kaum saß man am Tisch, stellte ein Kellner einen vollen Brotkorb hin. Die wenigsten Deutschen aßen zu Hause zu ihren Gerichten Brot, anders als die Franzosen. Aber die *Baguette*-Scheiben schmeckten ja ungewohnt gut und waren (meist) schön knusprig, und das lobenswerte französische Verfahren, Bestelltes eben erst nach der Bestellung zuzubereiten, sorgte für Wartezeit. Deutsche Gäste wurden bald daran erkannt, dass ihre Brotkörbe ganz schnell leer wurden, meist noch vor Eintreffen des Vorgerichts. Wer sich so wenig beherrschen konnte, war natürlich schon ziemlich satt, bevor das Hauptgericht erschien.

Das ergab Groteskes gegen Ende der Mahlzeit. Zur anderen Tradition gehörte ja auch der fast zwangsläufige Abschluss einer französischen Hauptmahlzeit mit Käse vor dem Dessert. Da stellten die Kellner ein kleines, in teureren Lokalen großes *Plateau* mit einer Auswahl von Käse hin. Ein Franzose hätte sich zwei, drei Stückchen abgeschnitten. Der deutsche Gast der fünfziger Jahre versuchte, auch wenn er schon reichlich gegessen hatte, von jedem der verschiedenen Käse zu probieren, und ein kleineres Plateau aß er gern leer. Wer konnte den Wirten verdenken, dass sie die bisher zu einem Preis angebotene Käseauswahl immer kleiner und/oder immer teurer machten? Und immer mehr von ihnen gingen dazu über, dem Gast nicht mehr Selbstbedienung zu erlauben, sondern die Kellner zuteilen zu lassen. Manche gingen auch dazu über, Käse nach Gewicht zu berechnen, mit vor- und nachher Wiegen des Plateau.

Ähnlich wie Brot und Käse war auch Wein *à discretion*, also nach Belieben (wenn auch zu einem Festpreis) ein starker Magnet für Deutsche. In Paris wurde nicht weit vom Bahnhof St. Lazare „La Table du Roy" ein Mekka für deutsche Geschäftsreisende, schon mittags. In dem keineswegs billigen gutbürgerlichen Lokal standen Magnumflaschen mit Rot-, Weiß- und Roséwein zur beliebigen Selbstbedienung herum. Viele deutsche Besucher hatten, wenn sie weggingen, rötere Gesichter und lautere Stimmen, als für Geschäftsbesuche wirklich tunlich gewesen wäre.

Noch einen beachtlichen Unterschied erinnere ich. LOTHAR RÜHL vom SPIEGEL und Militza, seine damalige Freundin und spätere Frau, hatten einen Ausflug nach Bougival gemacht, das mit seinen Nachbarorten bei uns allen, Korrespondenten und ihren Freunden, ein beliebtes Ziel an der Seine westlich Paris war. Da lagen einige besonders schöne und einige (nicht notwendigerweise dieselben) gute Lokale. Nicht weit davon, in Marly-le-Roi, befand sich SHAPE, das militärische NATO-Hauptquartier für Europa. Wenn wir schon einmal beruflich dort waren und nicht mit einem SHAPE-Offizier in der dortigen Messe aßen, ließen wir uns gern nach Bougival verschlagen.

So also war RÜHL eines Tages mit Militza nach Bougival gefahren, dann hatten sie Lokale besichtigt. Eines der schönsten war eigentlich ein Garten. Alle Welt aß draußen, umgeben von einem niedrigen Holzzaun mit einer Tür. Aber als sie die öffneten, rief ihnen jemand von einem nahen Tisch zu: „Kommen Sie bloß nicht rein. Hier ist es furchtbar!“ Also ließen sie es, und wir alle bewunderten dieses französische Publikum, das nicht nur selbst gut essen, sondern auch andere Leute vor schlechtem Essen bewahren wollte.

Sterne

Als ich 1956 zum ersten Mal nach Lyon kam, galt es schon lange als die Hauptstadt französischen Essens, obwohl Paris weit mehr gute Lokale bot. Damals lebte noch die erste und bis heute einzige Küchenchefin mit drei „Michelin"-Sternen, die „Mère" Brazier in ihrem Lokal am Col de la Luère in den Bergen etwas außerhalb von Lyon. Zu der Zeit hatten in ganz Frankreich nur elf Lokale drei Sterne, die höchste Wertung des ältesten Restaurantführers. Wegen Eugénie Brazier nach Lyon zu fahren – der „Michelin" findet bekanntlich, dass alle Drei-Sterne-Restaurants eine Extra-Reise wert sind – hätte mir meine Redaktion nicht gestattet. Mein beruflicher Reisegrund war der Parteikongress der „Radikalsozialisten", jene gänzlich irreführend benannte eher rechtsliberale Partei, der Pierre Mendès-France angehörte. Der hatte in nur wenigen Monaten Amtszeit als Premierminister nach der Entscheidung über die „Europa-Armee" und die Aufnahme Westdeutschlands in die NATO den Indochinakrieg beendet und damit einen wichtigen Beitrag zur Entkolonialisierung geleistet, doch dann hatte ihn die Nationalversammlung gestürzt.

Nun, auf dem Kongress in Lyon, wollte er die Partei der Radikalen, in der auch viele seiner parlamentarischen Gegner saßen, in die Hand bekommen. Die Stadt Lyon galt als Hochburg der Partei. Ihr Bürgermeister (und Parlamentsabgeordneter) war der greise Edouard Herriot, dessen Unterstützung Mendès-France viel verdankte.

Ich hatte gerade ein neues Auto, eine Simca Aronde, das mir nach dem VW als ausgesprochenes Luxusgefährt vorkam, und war die Strecke von Paris nach Lyon einen Tag vor dem Kongress gefahren. Die Mittelmeer-Autobahn gab es noch nicht, aber die Nationalstraße N 6 war fast durchweg breit und ziemlich leer, nur in Ortschaften oft mit Nadelöhr. Mitte der fünfziger Jahre hatte die Motorisierung Frankreichs noch nicht die spätere Dichte erreicht. Ich kam am frühen Abend in meinem Hotel an, keines der feinsten, aber komfortabel genug mit viel schmiedeeisernen Verzierungen, packte flüchtig aus, ließ mir vom Empfang den Weg zum Col de la Luère erklären, eilte zurück zum Auto und startete von neuem. Der Weg zog sich sehr hin – erst Geschlängel durch die Stadt, dann eine mir endlos vorkommende Straße mit unaufhörlichen Kurven bergauf. Ich fuhr und fuhr, bis ich weit oben an einem ziemlich großen Platz ankam, an dessen Ende ein breites, flaches Gebäude stand. Das musste es sein. Inzwischen war es recht dunkel geworden. Ein Schild sah ich nicht. Aus dem Haus schien nur schwaches Licht. Unschlüssig blieb ich einen Moment vor der Tür, aber fragen musste ich ja nun. Also klopfte ich. Sogleich ging über mir eine helle Lampe an, die Tür sprang auf, noch mehr Licht flutete nach draußen, vor mir stand ein dunkel gekleideter Kellner. Ich war richtig. Er hieß mich würdevoll willkommen und führte mich in einen großen Speisesaal mit vielen gedeckten Tischen; da saß niemand. „Bin ich der einzige Gast?", fragte ich ungläubig, es sei doch nicht Ruhetag? Aber nein, sagte er, die Leute aus Lyon kämen immer ziemlich spät, und mittags sei es voll gewesen. Er führte mich an einen Tisch, überreichte mir eine ziemlich kleine Karte, bei weitem nicht so riesig, wie es später weithin in Mode kam. Sie enthielt zwei Menüs, ich wählte das kleinere, für 3.250 Francs, was damals rund 39 DM entsprach, für 1956 eine teure Mahlzeit. Zum Auftakt eine halbe Flasche Mâcon als Aperitif; *Mâcon* und *Julienas* waren im „Michelin" als besonders empfohlene Weine des Hauses angegeben. Er stellte mir einen mächtigen Korb mit Baguettestücken hin, einen Napf Butter: Das Fest konnte beginnen, ganz für mich allein.

Während der Autofahrt nach Lyon hatte ich nur gehalten, um zu tanken, und in Erwartung des Abends nichts gegessen. Nun hatte ich entsprechend großen Hunger und langte zum Brot, sehr schön knuspriges, mit der köstlichen Butter. Das Menü eröffnete ein nicht kleiner Salat um einen Artischockenboden herum, und dieser war mit Trüffelstückchen und gehackten Nüssen gefüllt. Das hatte ich noch nie gegessen. Aber noch mehr imponierten mir die folgenden Gänge. Als erstes die *Quenelles au gratin*, zwei oder drei ziemlich große Hechtklößchen in einer hellen, sahnigen Sauce, eine berühmte Spezialität Lyons, aber auch der „Mère Brazier". Der Ober schöpfte das aus einer großen Schüssel auf meinen Teller; den „Teller-Service", bei dem alles schon auf dem Teller angeordnet kommt, gab es damals nicht. Es schmeckte himmlisch, die Klöße auch allein wunderbar, aber erst mit der Sauce, die deutlich viel Butter und ebenso viel *Crème fraîche* enthielt … ich ließ nichts übrig und tunkte auch den Rest der Sauce mit Brot auf. Erfreut, vielleicht auch nur amüsiert trat er herbei und fragte, ob ich vielleicht noch ein wenig mehr wolle. Dreißigjährig und stets großen Appetits, wie ich damals war, und so fabelhaft, wie das geschmeckt hatte, sagte ich natürlich nicht nein. Aus einer wieder vollen Schüssel schöpfte er mir abermals zwei *Quenelles* und eine große Kelle von der Sauce.

Damit war auch mein Wein alle. Vorsichtig bestellte ich eine nächste halbe Flasche, und dann ließ er mich mit meinem Vergnügen wieder allein. Außer diesem Ober bekam ich niemanden zu Gesicht. Inzwischen war es etwa neun Uhr, ich immer noch einziger Gast. Das störte mich keineswegs. Wenn es auch stimmt, dass eine gute Mahlzeit zu zweit oder mehreren großes Vergnügen macht, so habe ich doch oft gefunden, dass der Genuss des allein Tafelnden nicht geringer zu sein braucht. Die von mir vertilgten weiteren Hechtklöße in ihrer reichlichen Sauce verstärkten meine gute Laune.

Nun war, nach der üblichen Pause, die bestellte Poularde fällig, wohl nur eine halbe, aus der Bresse, die ohnehin besonders große und fette Hühner liefert. Mein Menü enthielt nicht die berühmte *demi-deuil*

(Halbtrauer) mit großen Trüffelscheiben unter der Haut, die ein lustiges Muster ergeben, vor der aber das größere Menü der Mère Brazier *Foie gras im Artischockenboden* und dann noch eine halbe Languste vorsah. Das schien mir denn doch zu viel. Mein Menü bescherte mir stattdessen gegrilltes Huhn mit leicht panierter Haut, was unglaubliche Knusprigkeit ergab. Das Fleisch war zart und saftig, den vorausgegangenen *Quenelles* ebenbürtig. Dazu gab es ganz kleine knusprig geschmorte Kartoffeln in viel Butter und provençalische Tomaten. Der Ober erschien mit einer Saucière voller Béarnaise, aber dieses Huhn aß ich lieber trocken. Ich war inzwischen zu Rotwein übergegangen, mein Brotteller frisch aufgefüllt.

Dann sah das Menü Käse vor – der Ober kam mit einem flachen Korb und empfahl mehrere von den zahlreichen Sorten, aber an die erinnere ich mich nicht. Wohl aber an den riesigen Vanille-Eisblock in Form eines großen langen Kuchens, den er dann zum Dessert brachte und der noch überhaupt nicht angerührt war. Den brauche er doch für mich nicht anzuschneiden, wollte ich abwehren, aber der Ober meinte, das Eis sei da, um dem Gast Vergnügen zu machen, legte mir eine fast tellergroße dicke Scheibe auf und übergoss sie mit einer großen Menge warmer Schokoladensauce. Als ich damit fertig war, glaubte er seinen Pappenheimer nun längst zu kennen, verkündete „da ist noch mehr Eis" und platzierte mir fast so viel wie beim ersten Mal auf den Teller. Dann noch Kaffee, Gebäck, Konfekt, Cognac …

Es lässt sich vorstellen, wie satt und euphorisch ich dieses Haus verließ. Nach der „Mère" zu fragen, war ich nicht mehr geistesgegenwärtig genug gewesen. Später erfuhr ich ohnehin, sie habe für Journalisten nichts übrig, und ich hatte dem Ober ja erzählt, weswegen ich nach Lyon gekommen war. Ich rollte, leichtsinnig wie damals viele Franzosen und ohne Erfahrung mit alkoholisierter Motorisierung, beschwingt die Kurvenstraße hinunter, fand mein Hotel und fiel zufrieden ins Bett.

Leider konnte ich trotz der erworbenen Bettschwere nicht so gut schlafen wie erhofft, denn bald wurde ich geweckt durch Stöhnen und weibliches Geschrei, das durch die abgeschlossene Tür des Nebenzimmers drang. Ich dachte zunächst an eine schmerzgeplagte Frau und überlegte, ob ich nicht den Empfang wegen eines Arztes alarmieren sollte, aber dann wurde mir klar, dass es sich wohl um Lustgeräusche handelte.

Am nächsten Morgen begann der Kongress. In den Vorhallen des Tagungsgebäudes versammelten sich auch viele meiner Kollegen aus Paris. Schon am Eingang zur Pressetribüne hing ein großes Schild: „Die Damen und Herren Journalisten werden gebeten, sich gegen 12.45 Uhr auf dem Parkplatz einzufinden." Ich hatte keine große Lust, weil ich die Mittagspause lieber für Notizen und die Vorbereitung meines ersten Berichtes verwendet hätte, ließ mich aber doch von Kollegen zum Mitkommen überreden. Wir füllten in der Tat zwei oder drei Autobusse – der Kongress mit MENDÈS-FRANCE war eine Presse-Attraktion. Als wir in eine sehr gewundene Straße einbogen und bergauf fuhren, kam mir der Weg bekannt vor. Tatsächlich: wir hielten vor der „MÈRE BRAZIER", füllten einen großen Saal, Präsident-Bürgermeister HERRIOT präsidierte und beehrte uns mit einer Ansprache – und dann aß ich mit einer Ausnahme das Menü vom Vorabend. Dieses Mal mit dem berühmten Huhn *demi-deuil.* Da war auch „mein Ober" und zwinkerte mir zu. An Wein und am Ende an Cognac wurde nicht gespart, und als die Busse uns wieder bergab Richtung Kongressgebäude transportierten, schliefen die meisten von uns während der Fahrt ein.

Der Kongress nahm seinen Verlauf, er sollte ja zwei oder drei Tage dauern. Am Abend verabredeten sich viele der Journalisten in mehr oder minder berühmte Lokale zum Essen. Reuters Frankreich-Chef HAROLD KING und ich fanden jedoch, zweimal so zu essen wie schon mittags sei übertrieben, und beschlossen, lieber einen Bar-Bummel zu machen. KING war nicht zum ersten Mal in Lyon und kannte sich gut aus. Noch ziemlich zeitig am Abend landeten wir in einer kleinen Bar (französischen Stils, also mehr ein Café mit Tresen) in einer stillen schmalen Seitenstraße, standen an der Theke, unterhielten uns gut bei Kings Lieblings-Scotch und beglückwünschten uns, nicht schon wieder so schwer essen zu müssen, wie es in Lyon eigentlich fast Pflicht war, ob das jeweilige Lokal Sterne hatte oder nicht. Außer uns stand nur ein weiterer Mann in der Bar, es war ja Essenszeit, das Publikum also wohl in richtigen Restaurants. Mit KING, dem Älteren, der zahllose Geschichten zu erzählen hatte und mich mit Frankreich viel vertrauter gemacht hat als alle Franzosen, die ich kennenlernte, gab es nie Mangel an Gesprächsthemen.

Gegen neun verschwand der Barmann von seinem Platz hinter der Theke durch eine Tür, wenigstens hatte er unsere Gläser gerade wieder nachgefüllt. Als er wiederkam, trug er ein mächtiges Tablett, voll mit Lachsbroten. Es waren für französische (und auch englische) Verhältnisse ungewöhnliche, nämlich offene, wodurch sie viel appetitlicher aussahen. Er stellte sie vor den anderen Mann, einige Meter weiter, der bis dahin Zeitung gelesen hatte.

Der Anblick war äußerst verlockend. KING und ich fanden, dass wir sehr gut eine Unterlage für weitere Whiskies brauchen könnten, und eigentlich verspürten wir nun sogar so etwas wie Hunger. Der Barmann war durchaus bereit, uns ein gleiches Pracht-Tablett herzurichten – aber er habe kein Brot mehr. Doch könne er sich welches im Restaurant besorgen, ein paar Meter weiter auf der anderen Seite der Straße. Dazu ermunterten wir ihn sehr und verpflichteten uns, bis zu seiner Rückkehr als Bar-Wächter aufzupassen. Natürlich kam niemand, außer ihm selbst, der nun zwei Baguettes unter dem Arm hatte. Dort sei Hochbetrieb, berichtete er, lauter Leute vom Kongress der Radikalen.

Nun erwachte aber doch unser berufliches Interesse. Damit er nicht umsonst gegangen sei, bestellten wir jeder zwei Lachsbrote, baten ihn aber, noch einmal hinzugehen, wo er das Lokal doch kenne, und nach Plätzen für uns beide zu fragen. Was er tat. Die Plätze gab es gerade noch. So betrachteten wir unseren (sehr guten) Räucherlachs als erstes Vorgericht, unseren Scotch, bei weitem nicht den ersten, als Aperitif, und nachdem wir freundlich-reichlich gezahlt hatten, gingen auch wir schräg über die Straße.

In dem Lokal, einem breiten, handtuchförmigen hinter verhängten Fenstern zur Straße, wurden wir mit großem Hallo begrüßt. KING, seit 1926 in Paris mit Unterbrechung des 2. Weltkrieges, war unter französischen Politikern bekannt wie ein bunter Hund. Dass ich in seiner Begleitung kam, bedeutete für mich ebenso freundlichen Empfang. Wir quetschten uns um den Tisch herum auf die beiden noch freien Plätze.Ich hatte das Glück, neben MAURICE BOURGÈS-MAUNOURY zu sitzen, der vormals Innenminister gewesen war (und ein Jahr später für kurze Zeit Ministerpräsident wurde). Ich, ein Deutscher – das schien weder ihn noch sonst irgendjemanden in der Runde zu stören. Inzwischen war mein Französisch längst gut genug auch für ausgedehnte Unterhaltungen.

Die Leute am Tisch wären keine Franzosen gewesen, wenn nicht, nach obligatorischer Erörterung des Kongresses und der Zukunftschancen von PIERRE MENDÈS-FRANCE, das Gespräch sich auch ebenso intensiv ums Essen gedreht hätte, das hier und das anderswo. Ich fragte meinen Nachbarn nach der MÈRE BRAZIER. „Da sind wir nie hingegangen", sagte er, „da aßen ja die Nazigenerale". Besatzungszeit. Die war ja nur ein Jahrzehnt her. „Sie hätte ja nicht aufzuhalten brauchen." Das Lokal, in dem wir jetzt saßen, habe hingegen auch das Vertrauen der Résistance gehabt. Also ging das Essensvergnügen doch nicht über alles.

Zu meinem Schrecken wurde KING und mir von Anfang an – die anderen schienen noch nicht viel weiter zu sein – das fast gleiche Menü serviert wie mir nun schon zweimal bei der „MÈRE BRAZIER". Nur, dass es anstelle der Poularde hier Perlhuhn gab. Fluten von Beaujolais, hier heute Abend deutlich das Standardgetränk – die Beaujolaismode kam in Paris erst viel später auf, und im Ausland noch einmal Jahre später –, halfen uns, alles mit Anstand herunter zu spülen. Doch dachte ich nun reuig an unseren vielen Aperitif-Whisky.

Sehr spät kehrten wir in unsere Hotels zurück. Wieder war nichts mit ungestörtem Schlaf. Von der Lust im Nebenzimmer hörte ich nichts mehr, dafür wachte ich ziemlich bald auf mit deutlichen Signalen aus meinem Bauch, dass zum dritten Mal hintereinander deftigste, wenn auch fabelhaft schmeckende Lyoner Kost, eingeleitet mit Räucherlachs und umrahmt von viel Whisky und viel Beaujolais, nun doch zu viel gewesen war.

Die Vormittagssitzung des Kongresses verschlief ich. Als ich mittags eintraf – mit dem festen Entschluss, nichts zu essen, sah ich nicht nur wieder das Schild mit dem Hinweis an „Mesdames et Messieurs les Journalistes“, dass die Busse um 12.45 Uhr fahren würden, sondern auch den lieben Kollegen Sampieri. Ich gestand ihm auf seine Frage, ich fühlte mich lausig. Ja, Lyon! meinte er und zog eine Schachtel aus der Tasche. „Hier – die brauche ich nicht mehr. Nimm zwei, und in zwei Stunden noch einmal zwei. Dann bist Du wieder in Ordnung.“ Das konnte ich nicht ablehnen. Die Pillen hatten einen ausgesprochen lächerlichen Namen, an den ich mich vergeblich zu erinnern versuche, jedenfalls war er ganz realitätsbezogen. Und die Vorhersage stimmte. Am späten Nachmittag war ich beschwerdefrei. Abends entzog ich mich dennoch den Lockungen des verblüffend frischen King und begnügte mich mit einer altmodisch französischen Baguette mit Käse in einer Bar nahe dem Hotel. Am nächsten Morgen war ich topfrisch, was umso wichtiger war, als ja nun die Entscheidung über Mendès-France als neuen Parteichef fallen sollte. Er gewann.

Als ich die Pressetribüne betrat, erhob sich eine Kollegin und kam auf mich zu. „Sie sollen so tolle Pillen haben …“ Kaum hatte ich ihr die gebührende Ration gegeben, erschien ein Kollege, und dann noch einer, und nach kurzer Zeit war ich all die Tabletten los. Wahrscheinlich habe ich deswegen den Namen nicht behalten können.

Am späten Nachmittag war alles vorbei. Noch im Kongressgebäude kam ein junger Mann auf mich zu und fragte, ob ich am nächsten Morgen mit dem Wagen nach Paris zurückfahren würde, und wenn ja, ob ich ihn mitnehmen könne. Er war deutscher Politikstudent. Ich nahm ihn mit. Unterwegs lud ich ihn zum Essen ein. Aber mit Lyon konnte das nicht mithalten, bei weitem nicht, und ich genierte mich beinahe. Viele Jahre später schickte er mir seine Doktorarbeit. Es war der nachmalige Minister für wirtschaftliche Zusammenarbeit im Kabinett KOHL, JÜRGEN WARNKE.

Der Streit zwischen „Feinschmeckern", ob die höchsten Weihen des „Guide Michelin" wirklich richtig verteilt sind, ist alt. Ebenso alt ist wohl die Feststellung, dass auch den besten Köchen Pannen passieren, die an der Berechtigung gastronomischer Lorbeeren zweifeln lassen. Solche Zweifel löste in mir der Besuch in einem weiteren Drei-Sterne-Lokal aus, dieses Mal in Paris, das ebenso berühmt war wie die „Mère Brazier".

Zu den besonders genussversessenen und darin sachverständigen, erfahrenen Amerikanern in Paris gehörten in der Zeit zwischen dem Ersten und dem Zweiten Weltkrieg WAVERLEY ROOT und A. J. LIEBLING. LIEBLING, Journalist und später regelmäßiger Autor für den berühmten „New Yorker", erarbeitete sich schon aus Geldmangel in Paris zunächst mehr die bescheideneren Seiten der Stadt, auch ihrer Gastronomie. Normale französische Familienküche war ja immerhin die Basis für die große Gastronomie. „Wer in der Jugend reich ist, wird fast zwangsläufig bei Tisch ein Dilettant", sagte er. „Nicht weil alle Millionäre dumm sind, sondern weil sie nicht gezwungen sind, zu experimentieren."

LIEBLING galt als sehr verfressen. Seine Glanzzeit als viel essender und schreibender Restaurantkenner kam nach dem zweiten Weltkrieg. ROOT schrieb schon länger über Essen. In seiner Pariser Zeit arbeitete er als Redakteur bei der Pariser Ausgabe der „Chicago Tribune".

ROOT, der im Lauf der Zeit auch Wälzer über Lebensmittel veröffentlichte, darunter „The Food of France", hielt in Paris „Lapérouse" (3 „Michelin"-Sterne) für ein besonders gutes Restaurant. Da stieß er bei LIEBLING auf großen Widerspruch. „Da überdeckt seine Erinnerung sein Verständnis für die Gegenwart", tadelte LIEBLING in seinem 1959 erschienenen „Between Meals". „Als ich zuletzt da war, waren nicht einmal die Eier in Gelee ein Erfolg – harte Dotter in geschmacklosem Aspik, obwohl jeder respektable *Charcutier* ein ordentliches *Oeuf en gelée*, innen flüssig und mit Geschmack, machen kann. Und die Aal-Matelote (Fischsuppe) war nicht so gut, wie Sie sie sonntags bei jeder Fischertaverne entlang eines Flusses bekommen würden. Deprimierende Tatsache: sie war schlecht."

So sehr nun wiederum ich LIEBLINGS Fassungsvermögen bewundere, so sehr misstraue ich seinem Urteil – er meinte ja zum Beispiel, dass Cognac im Vergleich zu Calvados frühreif und flach sei. Aber in Sachen „Lapérouse" hatte er recht. Damals hatten übrigens nur vier Pariser Lokale solches Prestige (die anderen: „Maxim's", „Tour d' Argent" und „Grand Véfour").

Stolz, aber gespannt und neugierig, war ich dort eines Abends mit Susanne erschienen. Wir stiegen am Quai des Grands Augustins, Nummer 54, eine ziemlich enge Treppe nach oben, wo es freundlich illuminiert und einladend aussah, wurden zum bestellten Tisch geführt und bewunderten eine Mischung von freundlich-altmodischer Einrichtung, feinen Gedecken und umständlicher Bedienung. Wir bestellten das uns besonders attraktiv erscheinende Hauptgericht *Gratin von Langustinen* „Georgette".

In dem stillen Raum, in dem wir und andere andächtig an unseren Tischen saßen, hörte ich plötzlich ein seltsames leises Mahlgeräusch. Es dauerte eine Weile, bis mir klar wurde, woher es kam und was es war: Susannes Langustinen waren sandig, so dass ihre Zähne knirschten, aber sie mochte sich nichts anmerken lassen und kaute tapfer weiter. Da hatte sie nicht mit meinem durch die überraschende Enttäuschung angestachelten Temperament gerechnet. Ich winkte dem Oberkellner. „Hören Sie was?"… „Nein, mein Herr". … „Müssten Sie aber. Meine Frau hat Langustinen voller Sand, nicht gut gewaschen …" Das Schüsselchen verschwand blitzschnell. Ich war teils wütend wegen der Enttäuschung, teils zufrieden mit mir wegen meiner Beschwerde im Drei-Sterne-Tempel; das wagten nicht viele, und gar noch Deutsche, die deutlich als solche erkennbar waren. Doch Susanne war umso weniger zufrieden, als es nun ewig zu dauern schien, bis Ersatz kam, der in der Tat nicht knirschte. Ihre Laune hatte ich gründlich verdorben, und daher meine auch. Vielleicht haben wir damals zum ersten Mal gemerkt, dass wir nicht so recht zueinander passten. Aber das zu bewirken, konnte kaum die Aufgabe eines Drei-Sterne-Restaurants sein, das doch nur Vergnügen auslösen soll.

Es ist vielleicht verständlich, dass ich nicht sehr lange danach eine müde Genugtuung verspürte, als „Lapérouse“ den dritten Stern verlor. Ein paar Jahre später verschwand es ganz aus dem „Michelin“. Heute existiert es wieder, aber ohne den Ruf von damals.

Wer an französischer Küche interessiert ist, muss Lyon kennen. Das nächste berühmte Lokal, das ich dort besuchte, war „Mère Guy“, zwei Sterne im „Michelin“. Dort erschien ich 1970 mit meinem damals sechzehnjährigen Sohn Alexander, der von allen und schließlich sich selbst nur Ali genannt wurde und wird. Er hat meinen Appetit geerbt.

Also saßen wir da und aßen ein Lyon-übliches Menü: nach reichlichem Vorgericht die Quenelles und wohl auch das Huhn. Was immer es war – die Saucen waren wirkliche Kalorienbomben, und wir erreichten den Punkt, von dem an es nicht mehr weiter ging. „Ich kann nicht mehr“, sagte Ali, ein Satz, den ich noch nie von ihm gehört hatte, aber gerade ebenfalls sagen wollte. Das war ich auch von mir nicht gewöhnt.

Ich habe mich gefragt, ob man ein Restaurant wirklich loben kann, wenn es zwei so essfreudige, kapazitätsstarke Menschen wie Ali und mich binnen kurzer Zeit so übersättigt. Aber die „Mère Guy“ (inzwischen war es ein Koch) behielt ihren Glanz noch eine ganze Weile. Ein paar Jahre später war ich mit Anna zum Kongress des internationalen PEN in Lyon. Ein Damenprogramm beinhaltete einen Kochkurs – bei „Mère Guy“. Von da kam sie zurück mit einer Geschichte, über die wir noch heute lachen. Am Kursus nahmen zwei Japaner teil. Als das gemeinsam zubereitete Mahl fertig war und gemeinsam genossen werden

Mit Paul Bocuse

sollte, zog einer der beiden ein Fläschchen mit Sojasauce hervor, schüttelte sie und schüttete sie, auch bei seinem Landsmann, über die delikate Kost des berühmten Lyoner Chefs, dem sein Verdruss trotz aller Höflichkeitsbemühung deutlich anzumerken war.

Im Jahr 1973 erschien ich dann in Lyon schon in sozusagen offizieller Mission: nun war ich der Mann von „essen & trinken". Da führte natürlich kein Weg mehr an PAUL BOCUSE vorbei, Schüler der MÈRE BRAZIER und des nicht weniger berühmten FERNAND POINT im nahen Vienne, dessen Lokal ich während der gleichen Reise aufsuchte. POINT freilich war schon längst gestorben, sein Lokal hatte die drei Sterne behalten.

BOCUSE also, drei Sterne. Das war eine jener Gelegenheiten, wo ich allein zu genießen hatte und gedachte, denn ich war nicht in Begleitung. Ich genoss es so, fühlte mich so wohl und wurde auch so verwöhnt, wie fast zwei Jahrzehnte davor bei der „MÈRE BRAZIER".

Dass ich mich einem großen Chef näherte, machten schon bei der Anfahrt Schilder an der Straße deutlich. „PAUL BOCUSE 4 km" war das erste. Dann jeden Kilometer ein weiteres. Dann: „BOCUSE: nächste Brücke links". Und vor dieser Brücke (der Einfahrt in seine Heimatstadt Collonges) prangte sein Name sogar auf einem richtigen offiziellen Schild, wie ein Ort.

Leider goss es in Strömen, so dass der schöne Garten nicht benutzbar war. Ein Kellner mit großem roten Schirm brachte mich vom Auto ins Haus, und von da an entwickelte sich alles perfekt. Ein freundlicher Maître d' Hôtel versorgte mich mit der Speisen- und der Weinkarte und überließ mich einem sehr kompetenten Ober, der nur einmal fragen gehen musste – als ich wissen wollte, was bei einem *Juliénas* „Cave des 3 Paul" bedeute (drei Restaurateure der Gegend mit dem gleichen Vornamen). Als Auftakt stellte mir der Kellner, „um Ihnen die Zeit zu vertreiben, einige hübsche kleine Krebse" hin, kalte, ein halbes Dutzend, die sich leicht von ihrer Schale trennen ließen. Frischer, leichter *Pouilly Fuissé Bocuse* 1971 passte großartig, aber meine vorsichtige Auftaktbestellung von einer halben Flasche war natürlich zu bescheiden. Bald brauchte ich eine weitere. Aber bevor es zum Fischgang kam, erschien als wirkliches Vorgericht Melone, ziemlich klein und grün, mit einer gewaltigen Menge guter Erdbeeren.

Weit riesiger war dann der Seewolf (*Loup en croute farci*, mit *Sauce Choron*), in gewaltiger, sattbrauner knuspriger Kruste, der beim Aufschneiden dampfende Fisch bedeckt mit vielen Kräutern. Er schmeckte so gut und würzig, dass ich froh war, nur wenig von der (hervorragenden) Sauce genommen zu haben. Vergnügt aß ich die gesamte flache Hälfte und um ein Haar auch das meiste der Kruste, aber das sogleich ergangene Angebot einer zweiten, gleich großen Portion wagte ich denn doch nicht anzunehmen. Nach dem unglaublichen Fisch verblasste *Entenfilet mit grünem Pfeffer* ein bisschen. Riesiges Käse-Angebot (perfekte Reife!) und dann geradezu ungeheure Dessert-Auswahl. Zum Kaffee dann noch einmal sechzehn *Petits fours* auf einem silbernen Tablett. Wohlgefüllt und hoch zufrieden besichtigte ich auf Einladung des Oberkellners den Weinkeller – ein gewaltiger, mit Klimaanlage, die für jede Reihe der verschiedenen Sorten anders eingestellt war.

Erst als ich schon wieder im Auto nach Lyon saß, fiel mir auf, dass ich den berühmten Chef gar nicht gesehen hatte. Aber das war leicht nachzuholen. Ich bin im Lauf der Jahre immer wieder mal nach Lyon gekommen, auch zu Bocuse, und war in der Regel äußerst zufrieden. Schon bei meinem zweiten Besuch jedoch ging viel schief, hauptsächlich durch Koordinationsmängel des Service. Doch es gab auch graugebratene Tournedos und versalzene Ente. Das veröffentlichte ich – wie mein Lob zuvor –, Bocuse schrieb einen freundlich-entschuldigenden Brief, und beim nächsten Mal war alles wieder in Ordnung. In der Folgezeit erlebte ich Schwankungen der Qualität, war aber meist sehr zufrieden. Allerdings verblüffte mich 1980, gemeinsam mit Jürgen Schmidt, den Weinkeller nicht mehr klimatisiert vorzufinden. Offenbar hatte ein Sparprogramm begonnen, Rotweine kamen in der Tat mehrmals zu warm auf den Tisch. Die früher so gewaltige Auswahl an Käse und Desserts ist im Lauf der Zeit stark geschrumpft, leider auch die Qualität. Später machte ich auch in anderen so berühmten Häusern die Erfahrung, dass sie ihr in den siebziger Jahren ostentativ extravagantes Angebot an beidem eingeschränkt hatten. Vermutlich rechnete es sich nicht mehr, trotz recht hoher Preise. Extravagant fanden wir Bocuse Orgelsammlung (Rummel-Orgeln), die in einem Riesensaal untergebracht war.

Einmal waren Anna und ich sehr verblüfft, bei Bocuse zwei Tische von uns entfernt ein Paar mit einem weißen Pudel Platz nehmen zu sehen, der ebenfalls einen Stuhl bekam; der Ober legte eine Decke darauf. Der Hund aß auch von einem Teller – was, konnten wir nicht erkennen.

Bocuse, dem von Kritikern gern Herabgesetzten, verdanke ich die Empfehlung eines der besten Köche überhaupt, des leider früh verstorbenen Alain Chapel in Mionnay, 20 Kilometer von Lyon Richtung Bresse. „Der kocht besser als ich“, hatte Bocuse uneigennützig gesagt. Das mag nicht für alle Gerichte dieses talentierten, um nicht zu sagen genialen Koches gegolten haben, der es mit den heute berühmtesten leicht hätte aufnehmen können. Einige von Chapels Gerichten – bescheiden wie er war, geradezu schüchtern, hätte er den Ausdruck „Kreationen“ als Angeberei empfunden – wurden damals nirgendwo übertroffen. Heute versucht es schon niemand mehr.

Als ich im Sommer 1973 zum ersten Mal bei ihm erschien, hieß das Restaurant noch „Chez la Mère Charles“; er hatte den Familienbetrieb 1970 übernommen und ihm erst später, schon im Besitz der drei „Michelin“-Sterne, seinen eigenen Namen gegeben. Sein Stargericht von Anfang an: Pudding (*gâteau*, aber ich fände die Übersetzung „Kuchen“ irreführend) aus hellen Lebern von Bresse-Poularden in Krebssauce mit Krebsschwänzen, nach einem Rezept eines Advokaten im 19. Jahrhundert, Lucien Tendret. Es sah fast wie *Crème caramel* aus, etwas dunkler, hatte einen intensiven Lebergeschmack, eine köstliche, braune, nicht gerade leichte Sauce und ein paar Trüffelscheiben. Ohne Saucenlöffel gar nicht zu bewältigen. Ein zweites wunderbares Chapel-Gericht, wie ich es ebenfalls bei seinesgleichen nie so gelungen gefunden habe: die *Tourte chaude de lapéreau* – heiße Pastete aus Wildkaninchen (ich biss prompt auf ein Schrotkorn). Knusprige Kruste, kräftiger Wildgeschmack, saftiges Fleisch, hervorragende Farce, wunderbare dunkle Weinsauce …

Eines möchte ich noch aufzählen, weil viele feine Lokale so viel Aufmerksamkeit und Können auch ihren *Amuse gueules* widmen, den Appetithappen, die als „Gruss aus der Küche“ zu Anfang aufgetragen werden. Lange, bevor das in Mode kam, hat Chapel seine Gäste schon mit winzigen Vor-Menüs dieser Art beeindruckt. Hier mein Erlebnis aus dem Jahr 1980: Zunächst, schon immer die Spezialität, eine Unmenge knusprig fritierter Gründlinge mit ebenfalls fritierter Petersilie, daneben Crevetten. Das zusammen mit dem erstklassigen Weißwein hätte reichlich genügt. Aber als ich zu der Andeutung, so könne es noch weitergehen, genickt hatte, erschien (auf der Theke, aber man konnte auch an einem sehr niedrigen Tisch im Bar-Raum sitzen, fast nach arabischer Art) köstliches Taubengelee, dann Filets von Rouget, ein kleiner, aber sensationell gewürzter Hummersalat – der Kluge hielt dann inne, denn das wahre Essen im Speisesaal sollte ja erst noch beginnen …

Nicht weit von da, in einem weiteren der angesehensten Restaurants, erlebte ich noch LOUIS THOMASI, eine der Legenden in der französischen Gastronomie. Sommelier eines der berühmtesten Lokale zu sein, FERNAND POINTS „Pyramide" in Vienne nahe Lyon, eines der ersten vom „Michelin" mit drei Sternen ausgezeichneten, machte ihn zur Institution. Da POINT sehr auf erstklassigen Keller geachtet hatte, Spirituosen inklusive, interessierte mich in der „Pyramide" der Cognac-Schatz fast mehr als das Essen.

Als ich das erste Mal erschien, 1973, war POINT schon achtzehn Jahre tot. Seine Frau „MADO" regierte. THOMASI war noch da, wie auch der alte Maître d' Hôtel, Monsieur VINCENT. Da saßen wir – BARBARA und JÜRGEN SCHMIDT und ich – in so zauberhaft sommerlicher Atmosphäre draußen unter einem riesigen Ahorn, dass wir noch lange dachten, ein so schönes Lokal gebe es nicht zum zweiten Mal. THOMASI redete mir den weißen *Hermitage* vom Norden der Rhône aus, weil ich ihn doch überall bekommen könne, und empfahl stattdessen *Château Grillet*, den das Restaurant fast ganz allein abnehme; ein schöner frischer (1971) für damals 50 Francs. Immer wieder erwies sich THOMASI als fabelhafter Weinberater. Als Cognac nach dem Essen bot er den alten *Grande Champagne* von MARCEL RAGNAUD, den ich schon bei HAEBERLIN in Illhaeusern kennengelernt hatte – immer eine außerordentlich gute Wahl.

Vier Jahre später mit ANNA DÜNNEBIER, Juni 1977. THOMASI erinnerte sich gut; ich hatte ihm nach dem ersten Besuch zwei Weinthermometer geschickt. Diesmal zeigte er mir den Keller. Ich war ganz sprachlos vor der Fülle ehrwürdiger Jahrgangs-Cognacs mit weit zurückliegenden Daten. Ich weiß nicht, mit welchem davon ich nun oben anfing – wohl wieder der gute alte von MARCEL RAGNAUD, aber dann kamen zwei Schätze aus dem noch mehr verehrten Haus GASTON BRIAND, einen aus den zwanziger Jahren, dann 1906 *Grande Fine Champagne* (46%). Doch als er dieses Glas einschenkte (reichlich, wie in großen französischen Restaurants stets üblich), meinte er: „Voilà. Aber nun haben Sie genug. Mehr gibt es heute nicht." Er hatte Recht und war, wie ich fand, auch damit durchaus in der Rolle des guten Sommeliers.

Damals war THOMASI längst pensioniert gewesen, nach mehr als vierzig Jahren im Hause. Doch das hatte er, nach so langer Zeit unter fröhlichen Gästen, nicht lange ausgehalten. Er war wiedergekommen, und MADO POINT hatte ihn wieder genommen. Sie wusste, was sie und die Gäste an ihm hatten. Als guter Sommelier kostete er von jeder geöffneten Flasche, bevor er den Gästen einschenkte. Doch fiel uns auf, dass er nach einer Weile die Runde von Neuem machte. So kam er auch wieder an unseren Tisch und fragte: „Habe ich Ihren Wein schon gekostet?" Ja, doch, sagten wir amüsiert, und er ging zufrieden weiter. Hoffentlich war er wirklich zufrieden.

Das nächste Mal aßen JÜRGEN SCHMIDT, der dort Fotos machen wollte, und ich in der Pyramide im Oktober 1980 mittags. Diesmal brachte uns THOMASI als besten Cognac wieder die 1906 *Grande Fine Champagne* GASTON BRIAND (46%). Aber den Kellerschlüssel hatte er von MADO holen müssen – er hatte ihn nicht mehr. Beim nächsten Mal schien er dann doch arg wackelig. Nun kostete er die Weine nicht mehr, und als wir vorsichtig nach dem Cognac im Keller fragten, sagte er, Madame, die den Schlüssel habe, sei schon zum Friseur gegangen.

Das Flüsschen Ill würde wohl außerhalb seiner elsässischen Heimat niemand kennen, wenn die „Auberge" an seinem linken Ufer, nahe Colmar, es nicht in weiter Welt berühmt gemacht hätte. Hauptsächlich natürlich, weil PAUL HAEBERLIN so wunderbar kochte und sein zwei Jahre jüngerer Bruder JEAN-PIERRE, der eigentlich Maler werden wollte und die Kunstakademie besucht hatte, ein so großer Einrichtungskünstler war. Die beiden machten aus der früheren Fischkneipe ein immer schöneres und immer besseres Restaurant, heute eines der schönsten in dieser Liga der Besten. Es liegt zauberhaft an dem Flüsschen, auf dem sich immer ein paar Kähne wiegen. Entlang des Ufers sind unter den riesigen alten Weiden wunderschöne Plätze für Aperitif oder Kaffee. Auch fürs Essen, dachte ich ganz harmlos, als ich das erste Mal bei schönstem Som-

Zwischen Marc und Paul Haeberlin…

merwetter dort saß. Aber da hatte ich nicht mit Pauls Standard gerechnet, den mir Jean-Pierre als Saal- und Empfangschef sogleich erläuterte: Er wolle seine kunstvollen Saucen doch nicht der Gefahr aussetzen, dass Blätter von den Bäumen in sie fielen, oder gar Insekten auf ihnen landeten. Gegessen werde nur drinnen.

In diesem schon damals prächtigen Anwesen fand ich verblüffend und angenehm, dass als erster Wein zum Aperitif oder zum Vorgericht, wenn man nicht selbst einen bestimmten Wunsch äußerte, stets die preiswerteste Flasche vom Anfang der Weinkarte angeboten wurde, immer ein sehr vortrefflicher Elsässer, meist Silvaner oder Muskat. Aber die Weinauswahl ist riesig, beim Sommelier-Weltmeister Serge Dubs in besten Händen. Jean-Pierre Haeberlin machte sich sehr um meine Cognac-Bildung verdient, indem er mir gleich beim ersten Mal auf meine Bitte nach etwas anderem als den bekannten Marken, so gut ihre Spitzen auch seien, einen mir bis dahin unbekannten „RAGNAUD" einschenkte und mich damit auf eine richtige Spur brachte.

PAUL HAEBERLIN, der schaffte, Menschen aus Frankreich, Deutschland und der Schweiz in ziemlich gleichen Anteilen zu Stammgästen der „Auberge de l' Ill" zu machen, nebst einer stattlichen belgischen Gästeschar, war für mich der europäischste unter den großen Köchen des 20. Jahrhunderts. Er hat ganz wesentlich zum Aufschwung der mitteleuropäischen Küche der vergangenen Jahrzehnte beigetragen. Er war viel mehr Traditionalist, als dass er Moden folgte. Manche regionale Gerichte hat er geradezu vor dem Verschwinden gerettet. Sein berühmtes erstes war die *Schneckenmousseline*, dann kam das *Soufflé von Lachs*, und mehr. Sein Sohn MARC setzt die gute Tradition sehr fähig und auch mit neuen Impulsen fort.

Falscher Lachs oder: von Springer zu Augstein

Als ich Rudolf Augstein kennenlernte, Ende 1948, saß der SPIEGEL noch in Hannover, in einem Hochhaus, aber nicht sehr fürstlichen Verhältnissen. Was ich dort wollte, außer Guten Tag sagen, hing wohl mit meiner Fahrt nach Bayern zusammen, wo ich im Auftrag der WELT, seit Ende 1947 arbeitete, über separatistische Bestrebungen in Bayern recherchierte. Da ergab sich aber nicht genug, um eine große Geschichte daraus zu machen.

Meinen zweiten Kontakt mit dem SPIEGEL hatte ich bald danach, als ich Londoner Korrespondent der WELT geworden war. Der dortige SPIEGEL-Korrespondent, H. G. Alexander, ein vortrefflicher Journalist, wollte Urlaub nehmen und trug mir seine Vertretung an. Ich stimmte begeistert zu, da die WELT mich so miserabel bezahlte. Ich schrieb einige vom SPIEGEL angeforderte Berichte und war vergnügt, meine Kasse aufbessern zu können.

Während der SPIEGEL damals durchaus seriöse Mitarbeiter hatte, Alexander war ein gutes Beispiel, wirkte er doch durch viele mehr kesse als zuverlässige Berichte und durch die von ihm besonders gepflegte eher wurstig-saloppe SPIEGEL-Sprache keineswegs auf breite Kreise vertrauenerweckend. Er nahm wöchentlich in vieler Hinsicht vorweg, was dann Jahre später unter Führung der BILD-Zeitung schlechter Boulevard-Stil wurde, was immer das traditionell verwendete Wort „Boulevard" bedeuten mochte.

AUGSTEINS tauchten in den fünfziger Jahren einmal zu einem lustigen Abend bei Paczenskys in Paris auf, dann dauerte es eine Weile bis zu wesentlicherem Kontakt. Susannes Schulfreundin TONI (Antonia) HILKE war inzwischen mit dem Unterhaltungschef des NDR-Fernsehens, HENRI REGNIER, verheiratet. Sie hatten ein wunderschönes altes dänisches Haus auf der Insel Fanö, mit vielen Butzenscheiben. Ich habe noch ein Photo, wie ich beim Anstrich helfe. In diesem Häuschen versammelten sich zu Sylvester 1959 drei Paare: REGNIERS, AUGSTEINS und PACZENSKYS. AUGSTEIN und mich hatten zwei Entwicklungen füreinander interessant gemacht, ganz abgesehen von den bestehenden freundlichen Beziehungen. AUGSTEIN hatte einen Zeitungstitel gekauft und dachte über die Herausgabe einer Wochenzeitung nach. Ich war damals vor dem Ende meiner Zeit bei der WELT.

Das Blatt hatte mich 1957 nach Hamburg zurückgeholt, als Leiter des außenpolitischen Ressorts. Die neue Aufgabe hatte ich im Herbst aufgenommen, in einer denkbar günstigen Konstellation. Mein Kollege für die Innenpolitik war KURT BECKER (Jahre später Pressesprecher von Bundeskanzler HELMUT SCHMIDT), mit dem neuen Chefredakteur HANS ZEHRER verstand ich mich gut, noch besser nach einer Weile mit PAUL SETHE, der von der „Frankfurter Allgemeinen" zur WELT gekommen war und als Senior über dem gesamten politischen Bereich schwebte. JOACHIM BESSER, bis vor kurzem Sport-Chef, war nun Chefreporter geworden, und wir freundeten uns schnell an.

Ich lernte JOACHIM BESSER während gemeinsamer Tätigkeit enger kennen und besonders schätzen, hauptsächlich bei einer der interessantesten großen politisch-diplomatischen Konferenzen der Nachkriegszeit, der (wie es schien) schier endlosen Genfer Außenministerkonferenz des Jahres 1959. Da vertraten wir die WELT und hatten trotz all unserer Vorbehalte gegen die Politik KONRAD ADENAUERS hervorragende Beziehungen zur bundesdeutschen Delegation, auch zu Außenminister HEINRICH VON BRENTANO, seinem Pressesprecher KARL-GÜNTHER VON HASE und dem Bundes-Presse-„Chef" FELIX VON

ECKARDT. Chefs waren sie ja alle nicht; sie hatten der Presse keine Weisungen zu geben und vertraten ausschließlich den jeweiligen Standpunkt ihrer Herren. Besonders gut verstanden wir uns mit Ministerialdirektor FERDINAND DUCKWITZ, der es geschafft hatte, VON BRENTANO zu einer etwas flexibleren Ostpolitik zu überreden. DUCKWITZ war für frühere Feindmächte unangreifbar – ihm verdankte man in Dänemark die Rettung von tausenden von Juden.

So konnten wir unsere Redaktion in Hamburg gut unterrichten. Ich hatte überdies den Vorteil enger Kontakte, oft Zusammenarbeit mit gegenseitiger Information mit den Welt-Nachrichtenagenturen Reuters und United Press.

Just in diesem Jahr, 1959, wollte Verleger AXEL SPRINGER den Kurs der WELT um 180 Grad drehen. Aus einer liberalen Zeitung, die sich für Kontakte mit dem Osten einsetzte, um im Dialog die Chancen einer Wiedervereinigung zu fördern, gedachte SPRINGER ein Kampfblatt gegen Ostberlin und Moskau zu machen, ähnlich der von ihm schon so eingestimmten BILD-Zeitung. Seine eigene Wende hatte ein Moskau-Besuch bewirkt, der eine gewaltige Fehlspekulation des „Großverlegers" gewesen war. Es lohnt, die Episode zu erzählen, weil sie heute kaum noch erinnert wird.

SPRINGER wollte CHRUSCHTSCHOW klarmachen, dass er der Wiedervereinigung der beiden deutschen Hälften zustimmen müsse. Als Chef eines bedeutenden Presse-Imperiums hatte er vom sowjetischen Botschafter die Zusage erhalten, dass der Kreml-Chef ihn auch empfangen würde. So flog er nach Moskau, um ihm ins Gewissen zu reden. Er nahm HANS ZEHRER mit. Der begleitete ihn keineswegs gern. Er hatte in der WELT viel zu viele ironische Bemerkungen über SPRINGERS Vorstellungen gemacht, die er ganz offensichtlich verachtete. ZEHRER, PAUL SETHE, PACZENSKY und andere Redakteure und Mitarbeiter hatten ja praktisch EGON BAHRS und WILLY BRANDTS Politik des „Wandel durch Annäherung" vorweggenommen, die dann das „Zonen-Regime" allmählich aufgeweicht und 1989 die Wende gebracht hat.

In Moskau wurden SPRINGER und ZEHRER von den dortigen deutschen Korrespondenten, die CHRUSCHTSCHOWS Absichten und Stimmungen besser einschätzten, mit Hohn empfangen. Die Kreml-Audienz ließ auf sich warten. Tag für Tag harrte der Hamburger Verleger vergeblich des einladenden Signals. Der Spott des Moskauer Pressekorps wurde unüberhörbar. Nach einer Woche des Wartens riss SPRINGERS Geduldsfaden; er bestellte den Rückflug. Da kam endlich die Einladung in den Kreml. SPRINGER und ZEHRER dürften damals schon keine Illusionen mehr gehabt haben. Die Szene war auch denkbar ernüchternd. Weit davon entfernt, sich ausfragen, interviewen, belehren zu lassen, überreichte CHRUSCHTSCHOW den Hamburgern, schon fertig getippt, das „Interview", das SPRINGER doch erst zu führen gedachte. Es lief auf ein knallhartes Nein zu den Vorstellungen des Hamburgers hinaus.

Als der Großverleger wieder in Hamburg war, trommelte er zunächst die BILD-Chefs zusammen und verfügte, nun werde aus allen Rohren geschossen. In erster Linie nicht gegen CHRUSCHTSCHOW, sondern gegen Ostberlin, gegen WALTER ULBRICHT. Die WELT ließ er noch eine Weile in Ruhe, aber nicht lange. Unsere wesentlich differenziertere politische Linie passte nicht mehr in sein neues Weltbild, und allmählich konnte er sein Missfallen nicht mehr im Zaum halten. Wie sehr sogar sein Haushalt davon angesteckt wurde, konnten „führende" WELT-Redakteure schmecken, als sie zum ersten Mal ins luxuriöse Privathaus auf dem Falkenstein geladen wurden. Das Ziel der Veranstaltung war wohl, uns für seine Ansichten zu gewinnen, aber die Bewirtung verriet keine psychologische Bemühung. Die sogenannten Appetithappen, die da im Hause des Millionärs auf silbernen Tabletts herumgereicht wurden, waren mit falschem Lachs belegt, jener salzigen Meerlachs-Sorte aus Büchsen, wie sie in Supermärkten noch heute zu finden ist.

Nun begann SPRINGER, HANS ZEHRER mit immer neuen mündlichen und schriftlichen Hinweisen und Weisungen zu bombardieren, die schriftlichen auf kleinen Zetteln, gezeichnet AS. Es handelte sich um Kommentare zu Stellen in der WELT, die ihm missfielen, mehr und mehr davon, und die allmählich auf ZEHRER Eindruck machten, wie wir immer gleich danach in der Redaktionskonferenz merken konnten. Plötzlich argumentierte unser Chefredakteur auf eine Weise, die wir von ihm nicht gewohnt waren, und natürlich hatte sich bald herumgesprochen, was da im Gange war, ZEHRER berief sich nun auch plötzlich auf „Axel". Wir Redakteure beobachteten ebenso fasziniert wie missbilligend, wie ZEHRER, SPRINGERS sogenannter Freund und Mentor, im Laufe eines Jahres den wichtigsten außenpolitischen Ideen und Plänen abschwören musste, die er bis dahin publizistisch vertreten hatte – Ade Entspannungspolitik. Das Ideal wurde die aggressive anti-östliche Linie der BILD-Zeitung.

Das ging nicht ohne Diskussionen mit uns und nach einer Weile auch nicht mehr ohne Streit. Die Redaktionskonferenzen der WELT dauerten immer länger. ZEHRER auf der einen Seite, PAUL SETHE und ich auf der anderen, aber keineswegs allein, zur Redaktion gehörten ja auch GÖSTA VON UEXKÜLL und ERICH KUBY, um nur die beiden zu nennen. ZEHRER schien einsamer – auf seiner Seite erinnere ich hauptsächlich FERDINAND FRIED und WALTER GÖRLITZ, manchmal auch HEINZ PENZLIN und HARALD LÄUEN, aber sie sprangen ihm nur selten bei. Die meisten anderen schwiegen ganz. Ein Höhepunkt wurde erreicht, als ZEHRER wenige Tage, nachdem er den damals vieldiskutierten RAPACKI-Plan zur Neutralisierung Mitteleuropas in einem Leitartikel unterstützt hatte, einen weiteren Leitartikel entgegengesetzter Tendenz veröffentlichte. AS ließ grüßen, aber wir Opponenten in der WELT waren nicht zu überzeugen. Wir versuchten naiver Weise, ZEHRER in der täglichen Konferenz mürbe zu machen; es war ja deutlich, dass er sich längst nicht mehr wohl in seiner Haut fühlte. Es sprach sich herum, dass SPRINGER ihm erhebliche materielle Vergünstigungen einräumte. Von Vergnügen darüber war ZEHRER bei uns nichts anzumerken.

So mussten wir miterleben, wie sich ein bis dahin unpolitischer, seinen Zeitungen viel Spielraum gewährender Verleger in einen politischen Missionar verwandelte – und wie man eine Zeitung „gleichschaltet".

Über diese Entwicklung und die danach habe ich 1967 einen Bericht veröffentlicht, zunächst im Oktober in Wolf Schenkes „Neue Politik" (gibt es nicht mehr), der dann Anfang November in Eugen Kogons und Walter Dirks' „Frankfurter Hefte" (ebenfalls verschwunden) und Ende des Monats schließlich noch im SPIEGEL (48/67) nachgedruckt wurde. So vieles ist seither in Vergessenheit geraten, dass ich einiges daraus noch einmal zitieren will.

„Als die WELT aus englischer Kontrolle und Verwaltung in deutsche Hände gelegt wurde, war sie keine übermäßig erfolgreiche, aber doch eine sehr angesehene Zeitung, und eine der wenigen mit überregionaler Verbreitung. Die Branche war ziemlich einig, dass das Feuilleton der WELT nicht mit dem der „Neuen Zeitung" mitkam, ihr Wirtschaftsteil nicht mit dem der „Frankfurter Allgemeinen". Aber ihr Nachrichtenteil galt als führend und umfassend. Verschiedene Versuche, die Redaktion in ein gehorsames Instrument Kalter Krieger zu verwandeln – besonders unter der Federführung Paul Bourdins und Adalbert Worliczeks – hatte die Redaktion überstanden. Sie hatte dabei ein Gleichgewicht gefunden, in dem durchaus verschiedene Meinungen geduldet wurden. Als Springer 1953 die WELT kaufte, wurde er von der Redaktion als der Eindringling empfunden, der er war. Neuer Chefredakteur der WELT wurde Springers sogenannter Freund Hans Zehrer. Bei allen seinen Schwächen war Zehrer ein Herr mit großen Fähigkeiten und beträchtlichem Charme. Beides wandte er zu Beginn seiner WELT-Zeit gründlich an – und siehe da: die Springer-Ära schien sich ganz gut anzulassen. Hauptsächlich freilich, weil sich Springer damals nur sehr begrenzt für Politik, noch weniger für die WELT interessierte.

Was man über Springers Politik bisher gehört hatte, reduzierte sich auf wenige, wenn auch interessante Etappen:

Um eine britische Lizenz („Norddeutsche Hefte"), dann eine zweite („Hör Zu") zu bekommen, musste man auf die englischen Presse-Offiziere einen guten Eindruck machen, besonders natürlich einen anglophilen. Springer machte diesen Eindruck.

Um diverse Hilfestellungen Hamburger Behörden zu bekommen (wie bedeutsam eventuelle finanzielle Hilfe durch den Senat gewesen sein mag, mag der Senat sagen) durfte man nicht den Eindruck machen, man sei gegen Sozialdemokraten. SPRINGER machte diesen Eindruck nicht.

Um später die sehr notwendige Hilfestellung der Bundesregierung zum Kauf des WELT-Verlages mit seinen Objekten (WELT, WELT am SONNTAG, „Das Neue Blatt" und Groschenromane) zu bekommen, durfte man auf ADENAUER nicht den Eindruck machen, man sei gegen die CDU. SPRINGER machte ihn nicht.

SPRINGER gab sich liberal. Und so hatte auch HANS ZEHRERER für die WELT anfangs wohl keinen anderen Auftrag, als eine immer bessere Zeitung aus ihr zu machen. Was er tat.

Zwei wichtige Etappen in SPRINGERS Laufbahn hätten warnen müssen: seine Amerikafahrt und seine Russlandreise. In Amerika wurde Springer damals, so dachte er wenigstens, nicht mit den ihm zustehenden Ehren und der ihm gebührenden Aufmerksamkeit empfangen. Das Resultat konnten kurz danach Teilnehmer der Weihnachtsfeier des „Hamburger Abendblatts" vernehmen: SPRINGER hielt vor seinen Angestellten so antiamerikanische Reden, wie sie zehn Jahre später in seinem Hause ein Entlassungsgrund gewesen wären. Ein Glück für die NATO, die Amerikaner und die deutschen Verfechter westlicher Anlehnung, dass die entscheidendere Springer-Reise, die nach Moskau, später lag.

Unproblematischer als die WELT war für SPRINGER die WELT am SONNTAG. Deren Chefredakteur, BERNHARD MENNE, war vor dem Krieg Chefredakteur einer kommunistischen Zeitung („Rote Fahne") in Nordrhein-Westfalen gewesen, und Autor des besten Buches, das je über die KRUPPS geschrieben wurde. Im Krieg gelangte er nach England, und dort wurde er ein vielbewunderter Umerzieher deutscher Kriegsgefangener in englischen Lagern und ebenso erfolgreicher Ausbilder deutscher Nachkriegsjournalisten. Die britischen Zuständigen übertrugen ihm die Gründung und Leitung des WELT-Sonntagsblattes.

MENNE, dessen Charme alle ihm Anvertrauten gefangennahm, war auch in seiner Hamburger Zeit ein bedeutender Lehrer in Sachen demokratischen Journalismus. Wir, die Paczenskys, gewannen schnell ein freundschaftliches Verhältnis zu ihm. Aber auch MENNE hatte eine Vergangenheit, die ihn einholte.

Eines Tages im Sommer 1948 kam die Nachricht, dass ALFRIED KRUPP im Kriegsverbrecherprozess verurteilt worden sei. Unser englischer Controller kam und sagte zu MENNE: „Da haben Sie ja Ihren Aufmacher". Mennes Krupp-Buch war eben berühmt. Doch der antwortete – „Bei mir nicht, gerade nicht bei mir", und die Hauptstory der „WamS" war irgend etwas anderes. Edelmut? Großmut? Späte Einsicht?

Bald danach hatten wir selbst neue Einsicht. Chefreporter der „WamS" war damals KLAUS BESSER, Bruder Joachims. Zusammen mit seinem Freund und Kollegen DITTMAR fuhr er zu einer Reportage durch Westdeutschland, Thema: die Ostgeschäfte der westdeutschen Industrie. Die fanden trotz Verbotes in riesigem Ausmaß statt. BESSERS Serie in der „WamS" war ein großer Publikumserfolg. Doch um diese Zeit fuhr auch BERNHARD MENNE durch das Ruhrgebiet, wo man ihn wohl als den Mann der „Roten Fahne" erinnerte, und da bot er Frieden und Versöhnung an. Wie hätten die Unternehmen nicht zustimmen sollen? Die „WamS" erreichte ein Ukas des Chefredakteurs aus dem Westen, die Serie KLAUS BESSERS sei sofort abzubrechen. BESSER ließ sich das nicht gefallen, kündigte und verließ das Haus.

MENNE zeigte auch weiterhin, dass er seinen interessanten und kampfreichen Lebensweg nicht mit einem weiteren Kampf abschließen wollte. So setzte er sich nicht gegen SPRINGERS Schwenkung zum Kalten Krieg zur Wehr. Auch sehr viel später, als die „WamS" die Aufgabe erhalten zu haben schien, durch einen möglichst radikalen rechten Ton der „Deutschen Nationalzeitung" Leser abspenstig zu machen, wehrte sich MENNE nicht mehr.

Der Großverleger, dessen Angestellte und Anhänger ihn bald danach gegen die endlich erwachte Kritik mit dem Argument verteidigen wollten, Kritik an IHM sei Meinungsterror, ließ damals in der WELT einen Redakteur nach dem anderen mundtot machen. Es kam zu einem generellen Verbot, Kritik an der Politik westlicher Alliierter zu üben -sei es wegen Zypern, Nordafrika oder Quemoy und Formosa – „denn wir brauchen sie alle in Berlin." Es kam ein Verbot, Entspannungspläne zur Diskussion zu stellen. Es kam zum Verfälschen der Berichterstattung durch Weglassen, durch systematisches Aufblähen unwichtiger Dinge, durch „Herunterspielen" wichtiger Ereignisse. Als die „Spiegel"-Affaire losbrach (da war ich längst nicht mehr dabei, erfuhr aber immer noch genug aus der Redaktion), lautete die Weisung zunächst: Nicht mehr als dreißig Zeilen …

Hans Zehrer, der diese Dinge in der Redaktion begründen und verkünden musste, litt gelegentlich darunter – jedenfalls, solange sich Widerspruch regte. Schließlich wurde auch er, der „Freund", kaltgestellt. Das war ein sehr wesentlicher Einschnitt, denn nun konnte sich zeigen, wer an der traurigen Entwicklung schuld war, die die WELT genommen hatte: Zehrer oder der Konzernherr? Siehe da: unter Zehrers Nachfolgern hat sie sich eher noch verschlimmert.

Die, sagen wir „Innenpolitik" des Großverlegers traf überwiegend, aber nicht nur, Linke und Liberale. Davon konnte der Chefredakteur von „Christ und Welt", Giselher Wirsing, ein Lied singen. In den zwanziger Jahren war Hans Zehrer Anführer des „Tat-Kreises" gewesen, um die Jenaer Zeitschrift „Die Tat" gescharte „Rechts-Intellektuelle", die einen publizistischen Kampf gegen die Weimarer Demokratie führten. Die meisten Mitglieder dieser Gruppe haben sich später folgerichtig mit den Nazis eingelassen und für sie gearbeitet, wie beispielsweise Giselher Wirsing oder Ferdinand Fried (hieß eigentlich Friedrich Zimmermann). Nach der Hitler-Katastrophe schwiegen sie nicht etwa, beschämt über ihre Mitwirkung am deutschen Unglück. Mit frischer Kraft setzten sie den Kampf gegen „Linke" und Liberale auch in der Bundesrepublik fort. Kaum hatte Zehrer die WELT in die Hand bekommen, der ja auch irgendwo verkündet hatte, die Deutschen bräuchten ein neues Autoritätsgefühl, versammelten sich dort wieder alte „Tat"-Menschen: FRIED als Wirtschaftsexperte, GISELHER WIRSING und KLAUS MEHNERT als Weltreisende.

Schon in den fünfziger Jahren sah es einmal so aus, als werde die SPD an die Macht kommen. SPRINGERS Verhältnis zu ihr war damals schlecht. So wurde beschlossen, bessere Beziehungen anzustreben. Dazu musste „Ballast abgeworfen" werden. Das Los, Ballast zu sein, traf GISELHER WIRSING. Er erhielt noch eine letzte Kostenbeteiligung für eine Reportagereise nach Indien, dann war er aus den Listen der regelmäßigen Mitarbeiter des Springer-Hauses gestrichen. Ich habe nicht vergessen, mit welchem Vergnügen mir einer der Mitwirkenden bei dieser „Lösung", nämlich FERDINAND FRIED, bald danach davon erzählte. Es hätte ja anstatt WIRSING auch ihn treffen können .

Die SPRINGER-Verteidiger werden natürlich nur ungern darauf angesprochen, dass die Entwicklung ihres Konzerns und ihres Herrn ganz anders war, als sie es darstellten. Nicht er war jemals Opfer irgendwelcher Kampagnen, irgendwelchen „Meinungsterrors" – er selbst hat ihn vielmehr regelmäßig gegen Andersdenkende geübt und betreiben lassen. Jeder Branchenkundige in Hamburg wusste ja auch, dass der WELT-Verlagsleiter HEINRICH SCHULTE seine Herzkrankheit, der er schließlich erlag, den Selbstvorwürfen verdankte, mit denen er sich jahrelang zermarterte. SCHULTE war für den Verkauf des Verlages an SPRINGER verantwortlich. Jahre vor seinem Tod hat er mir gesagt, er habe damals den größten Fehler seines Lebens begangen, weil er versäumt habe, einige wichtige Sicherungen für die Unabhängigkeit der WELT-Redaktion auch vom neuen Besitzer einzubauen. Für sich selbst hatte er nichts versäumt. Als Heinrich SCHULTE starb, war in der Springerschen Todesanzeige der Name SPRINGER größer gedruckt als der des Toten, und Springer sprach dort von „den Blättern, deren Leitung ich ihm übertragen hatte." Die Branche staunte über diese Verdrehung, denn SPRINGER hatte den WELT-Verlag nur mit dem unabsetzbaren Verlagsleiter SCHULTE an der Spitze bekommen können. Ihm hatte er nichts zu übertragen.

Jüngeren deutschen Generationen hat SPRINGERS BILD-Zeitung überhaupt erst beigebracht, was Presse-Hetze ist. Für typische Rufmord-Fälle brauchte man nicht nur an einige besonders berüchtigte Affären zu denken – was gab es für Kampagnen gegen Botschafter KROLL, gegen Präsident KENNEDY, gegen Justizminister STAMMBERGER, Außenminister SCHRÖDER, SEBASTIAN HAFFNER, meine Wenigkeit („Der Spitzbart muss weg!"), gegen GÜNTER GRASS, die Berliner Studenten und gegen viele andere, gegen das Erste Fernsehen, gegen das Zweite ... Nach der Methode ‚Haltet den Dieb!' und in einer beeindruckenden Umkehrung der Verhältnisse sollte nun, so konnten wir wenigstens bei SPRINGER lesen, der arme Konzernherr das ‚Opfer einer Hetze' sein."

Soweit Auszüge aus meinem damaligen Artikel. Man kann sich denken, mit welchem Staunen ich 35 Jahre später in der FAZ in einer Hymne auf Springers Witwe las: „Dass Zeitungen kein Produkt wie jedes andere, sondern eine geistige Ware sind – wie es AXEL SPRINGER mit seiner Hochachtung vor den Redakteuren vorgelebt hat ..." (Michael Inacker, 11. 10. 1902)

Nach dieser notwendigen Abschweifung zurück zu jenem Sylvester des Jahres 1959, auf Fanö im Haus der REGNIERS. Ich erzählte von den Spannungen in der WELT, die ja nun eigentlich schon ihrem Ende entgegengingen: ich sah mich in Kürze kündigen und glaubte, dass mehrere prominente WELT-Leute das ebenfalls tun würden. Da passte natürlich recht gut, dass sich AUGSTEIN fragte, was er mit dem neugekauften Titel „Deutsche Allgemeine Zeitung" tun sollte. Eine Tageszeitung – das war die DAZ in der Weimarer Republik gewesen – kam aus Kostengründen nicht in Frage. Wochenblatt? Er machte ja schon eins. Aber deutlich war ihm der eher windige Ruf des SPIEGEL unangenehm. Er sehnte sich nach etwas Seriöserem. Also seriöse Wochenzeitung? Dafür sprach auch noch, dass AUGSTEIN die ZEIT, die damals stagnierte, langweilig fand. Da konnte ich nur zustimmen. In der ZEIT saßen damals außerdem noch einige sehr rechtslastige Herausgeber und Redakteure. In dieser Situation war natürlich die Möglichkeit, eventuell schlagartig an eine gute Mannschaft heranzukommen, für AUGSTEIN ein hochinteressanter Aspekt. Die potentiell Abtrünnigen der WELT genossen durchweg großes Ansehen.

Feiertags bei Freunden … die einschlägigen Getränke dürften unsere Phantasie und unseren Schwung sehr angekurbelt haben. Just in der Sylvesternacht waren AUGSTEIN und ich wohl nicht die höflichsten Gäste und Freunde, sondern aus dem allgemeinen Gespräch ausgeschieden. Wir saßen mit einigen großen Bogen Papier vor uns am Esstisch und entwarfen eine Wochenzeitung. Das neue Jahr hatte längst angefangen, als wir unseren Erst-Entwurf ganz zufrieden beiseiteschoben: ein 24-seitiges Blatt, von dem wir überzeugt waren, dass es die ZEIT ausstechen würde.

Es war durchaus zur rechten Zeit. Bald nach unserer Rückkehr aus dem Urlaub im neuen Jahr spitzte sich die Lage in der WELT weiter zu. Zum ersten Mal passierte mir, dass ich einen Leitartikel, den ich vereinbarungsgemäß geschrieben hatte, am nächsten Morgen vergeblich im Blatt suchte. HANS ZEHRER, der einige seiner redaktionellen Debattengegner mit wachsendem Misstrauen betrachtete, war spät abends noch einmal in der Redaktion erschienen, hatte die Fahnen meines Artikels gelesen und dann lieber einen eigenen Artikel in Satz und Druck gegeben. Mein Thema war CHRUSCHTSCHOWS Ankündigung der sowjetischen Umrüstung auf Raketenwaffen und die Selbstschwächung der NATO gewesen. Zwei Jahre vorher hätten meine Formulierungen von ZEHRER selbst stammen können. Aber CHRUSCHTSCHOW war nun ein Reizthema.

Das bewog mich zur Kündigung, die ZEHRER jovial und vielleicht auch erleichtert entgegennahm. Ich hörte Ende Januar 1960 auf, nach zwölf Jahren WELT. Meine letzten beiden Leitartikel behandelten DE GAULLE und die französische Putschstimmung in Algerien. Da wusste es auch ZEHRER nicht besser.

Fast gleichzeitig verließen die WELT PAUL SETHE, der als Senior der politischen Redaktion und langjähriger Kritiker der ADENAUERSCHEN Politik (was ihn schon seine Herausgeberstellung bei der „Frankfurter Allgemeinen“ gekostet hatte) wohl in der Bundesrepublik prominenter war als Hans Zehrer, Kurt Becker und ich, die Ressortchefs für Innen- und Außenpolitik, die Redakteure Gösta von Üxkuell und Walter Leo und der Chef des Sportressorts, Horst Peets. Erich Kuby, der als freier Mitarbeiter tätig gewesen war, hatte das schon eingestellt. Joachim Besser, der Chefreporter, wollte uns folgen, bearbeitete damals aber von New York aus amerikanische Themen und konnte sich erst nach einigen Monaten aus seinem Vertrag lösen.

Ich schloss schon am 10. Februar 1960 einen Vertrag mit Augstein, in dem es hieß: „Sie sind mit der Vorbereitung einer wöchentlich erscheinenden Zeitung beauftragt, in der Sie Mitglied der die Redaktion leitenden Körperschaft sein werden." So natürlich auch Paul Sethe, den wir als Senior akzeptierten, und Kurt Becker und, sobald er frei sein würde, Joachim Besser. Als Verlagsleiter des neuen Objektes hatte Augstein auf meine Empfehlung hin Rolf Poppe eingestellt, der früher in der WELT außenpolitischer Redakteur in meinem Ressort, später Korrespondent in Peking gewesen war (die Chinesen duldeten ihn aber nicht lange), dann hatte er im Springer Verlag Management gelernt. Er entwickelte sich schnell zu einer Bereicherung für das SPIEGEL-Haus, wurde dort schließlich erfolgreicher Verlagsleiter, später Vorstandsmitglied von Gruner + Jahr. Er beendete seine Laufbahn als Chef von VWD, der einzig zählenden Wirtschaftsnachrichtenagentur der Bundesrepublik.

Das Unternehmen „DAZ" stand unter keinem guten Stern. Schon Mitte Februar kam es in der ersten Planungskonferenz zu einer Sethe und mich verblüffenden Verstimmung. In unseren Vorbesprechungen hatten wir klar vereinbart, dass Augstein Verleger und vielleicht Herausgeber sein, aber sich nach der Anlaufphase nicht in das redaktionelle Geschäft einmischen würde. Dafür waren wir anderen eine viel zu selbständige, unabhängige und auch erfahrene Riege. Nun kündigte Augstein an, dass er zu zukünftigen Sitzungen Hans Detlev Becker mitbringen wolle, den SPIEGEL-Verlagsdirektor. Sethe und ich reagierten misstrauisch und eher negativ. Wir stimmten schließlich für die Vorbereitungszeit zu, nicht

DEUTSCHE ALLGEMEINE ZEITUNG

Nr. X HAMBURG Freitag, 31. Februar 1960

Willy Brandt besiegt Erhard im Rennen nach Bonn

VON ARMIN ROHLER

So weich ist der Westen

VON Dr. H. SPORK

DAZ -Layout-Entwurf. Texte sind nur Schriftmuster.

aber für später, weil, wie SETHE im Sitzungsprotokoll schrieb, später „sich das Redaktionskollegium in seiner Entschlussfreiheit als eine unabhängige Gemeinschaft beeinträchtigt fühlen könnte." AUGSTEIN erklärte, eventuellen Widerstand des Kollegiums respektieren zu wollen, er hoffe aber, es werde eine solche Zusammenarbeit selbst schließlich für fruchtbar halten. Doch zwei Tage später schrieb er uns, er behalte sich vor, seinen Standpunkt auf der nächsten Sitzung zu modifizieren. BECKER müsse als Mitglied der Geschäftsführung „jederzeit Zutritt zu den Redaktionskonferenzen haben." Das war kein gutes Omen. Wir hatten uns ja nicht umsonst völlige Unabhängigkeit vom SPIEGEL ausbedungen. AUGSTEIN respektierten wir als bedeutenden Kommentator. Den SPIEGEL selbst hielten wir in Nichts für ein Vorbild für das, was wir vorhatten, und eine für uns nützliche Kompetenz BECKERS sahen wir nicht. Der Streit um Becker vergiftete von nun an die Atmosphäre.

Das bremste nicht unsere Vorbereitungen. Wir sichteten Bewerbungen, denn das Projekt hatte sich herumgesprochen, wir warben renommierte Journalisten aus anderen Redaktionen ab, entwarfen mit Hilfe des Chef-Layouters der „Sunday Times" ein Layout. Wir hätten uns denken können, dass Hans Detlev Becker es nach Strich und Faden kritisierte, ebenso wie meine Vorstellungen von Inhalt und Gliederung des angestrebten Blattes. Das war aber nur eine Misslichkeit. Kurt Becker trennte sich wieder von uns und akzeptierte eine Offerte der WELT, dort stellvertretender Chefredakteur zu werden. Er ging aber nicht, ohne Sethe und mir beizubringen, was offenbar manche in Hamburg schon wussten: John Jahr, mit 50 Prozent Augsteins Mitgesellschafter im SPIEGEL, hatte die Partnerschaft aufgekündigt und verlangt, seinen Anteil ausbezahlt zu bekommen. Augstein habe ihm vorenthalten, dass er die DAZ gründen wolle, also wünsche er nicht, dass sein Geld dazu mitverwendet würde. Das war die Katastrophe. Eine Neugründung kostete viele Millionen. John Jahr auszuzahlen, kostete eher mehr. Beides zusammen hatte Augstein nicht. Er war zu stolz, es uns zu sagen, er hatte uns ja nicht einmal von der Trennung informiert. Aber Rolf Poppe, inzwischen eingearbeitet in die Finanzen des SPIEGEL, rechnete es mir vor.

Um diese Zeit trug sich auch Alfred Neven DuMont, Verleger des „Kölner Stadt-Anzeiger", mit Gründungsgedanken: ein Wochenmagazin namens „Moment". Poppe und ich meinten, Augstein solle ein Zusammengehen mit Neven versuchen – zwei so potente Verlage müssten es wohl schaffen. Augstein hatte wenig Lust. Aber eines Tages fand doch die Konferenz statt, auf der die beiden einander sondieren sollten. Aus Köln kamen Neven, sein Verlagsleiter und der damalige Redaktionschef des „Stadt-Anzeiger", Rudolf Rohlinger. Zu den Hamburgern gehörten Augstein, Poppe, Sethe und ich. Es verlief so, dass man sich wundern konnte, warum die beiden Verleger sich überhaupt getroffen hatten. Augstein konnte Neven nicht leiden und wollte sich über Nichts verbindlich äußern. Umgekehrt war es nicht anders. Nach der Verabschiedung hörte man kaum noch voneinander.

Rolf Poppe war vielleicht klarer als Augstein, dass etwas unternommen werden müsste, um unser Projekt auf stabile Füße zu stellen.

Er animierte mich, mit ihm eine Rundreise zu einigen potenten Verlagen zu machen, die vielleicht für eine Beteiligung gewonnen werden könnten. So lernte ich interessante Verlegerpersönlichkeiten kennen, besonders die von der WAZ. Aber Geldzusagen brachten wir nicht nach Hause. Zu allem Überfluss machte nun die SPIEGEL-Redaktion ihrem Chef klar, dass sie nichts davon halte, das durch sie verdiente Geld in ein anderes Blatt verschwinden zu sehen.

Mir scheint sicher, dass unser Projekt zu diesem Zeitpunkt schon begraben war. Es war leicht zu erklären und einzusehen. AUGSTEIN aber suchte einen geradezu lächerlichen gesichtswahrenden Weg: er versuchte SETHE und mich gegeneinander auszuspielen und schob die Schuld am Scheitern des Projekts, das er gar nicht finanzieren konnte, Spannungen innerhalb des „DAZ"-Gremiums und besonders mir zu. Am 25. Juli 1960 verlangte er, wir sollten ihn für die ersten 15 Monate nach Erscheinen als Chefredakteur anerkennen – von der kollektiven Chefredaktion verspreche er sich nichts mehr. Aber das war ein Scheingefecht. Die Würfel waren gefallen. AUGSTEIN wollte sich das Engagement nicht mehr leisten – nach POPPES Ansicht hätte er es vielleicht mit Ach und Krach gekonnt, aber nur auf Kosten seines eigenen Lebenstandards.

Eine Reihe guter Journalisten, die wir aus ihren Stellungen herausgeholt hatten, mussten sich betrogen fühlen. Natürlich kamen nicht alle auf ihre alten Plätze zurück. Ich hatte Mühe, AUGSTEIN klar zu machen, dass er sie entschädigen müsse, was er zunächst nicht einsehen wollte.

Am Samstag, den 30. Juli 1960 holte ich JOACHIM BESSER und seine Frau mit dem Auto vom Schiff ab, ich weiß nicht mehr, ob in Cuxhaven oder Bremerhafen. Es war eine trübe Fahrt. Als die beiden in New York an Bord gingen, konnte sich Joachim noch für den Ko-Chefredakteur eines neuen Blattes halten. Nach der Landung mussten sie von mir hören, dass dieses Blatt nicht erscheinen würde.

Mein Vater

Es kann sicher nicht schaden, wenn ich nun erst einmal ein bisschen von meiner ferneren Vergangenheit erzähle.

Mein kleiner Zweig der Familie Paczensky war dem plumpen Charme der Nazis nicht erlegen. Mein Vater und die wenigen Onkels und Vettern, mit denen er Kontakt hielt, waren Monarchisten – mein Vater schrieb jedes Jahr an den abgetakelten Kaiser Wilhelm II. einen, wie mir später schien, zu devoten Geburtstags-Gratulationsbrief nach Doorn. Er und die nächsten Verwandten verachteten Hitler, leider zunächst aus den falschen Gründen: „ein Maurer!". Er war ihnen zu proletarisch. Wie konnte Ferdinand v. Paczensky u. Tenczin da in Hitlers Luftwaffe dienen? Die Geschichte ist ebenso traurig wie einfach. Er war im ersten Weltkrieg ein begeisterter Flieger gewesen, einmal abgeschossen; damals konnte man das noch überleben. Die schuldige Schrapnellkugel bewahrte er auf einem Gestell auf seinem Schreibtisch auf. Er war Berufsoffizier wie rund zwei Jahrhunderte lang alle meine direkten männlichen Vorfahren, Sohn eines Generals, der es nur deswegen nicht noch höher gebracht hatte, weil er sich Ende des 19. Jahrhundertes als Oberst scheiden ließ. Das war unmöglich, er wurde pensioniert und verdankte, dass seine Karriere dann doch noch ein bisschen weiterging, dem ersten Weltkrieg; da wurde er Stadtkommandant von Breslau. Seinem Sohn konnte er den Übergang von der Infanterie in die neu entstandene Fliegertruppe erleichtern, und dort geriet „Ferdi" in für damalige Verhältnisse illustre Gesellschaft. Zu seinen Flieger-Kameraden gehörten Manfred Freiherr von Richthofen, Ernst Udet und einige andere, die ihm und sehr viel später teilweise sogar mir sehr nützlich sein sollten. Als der Erste Weltkrieg vorbei war, musste Deutschland seine Heere auflösen, erlaubt wurde ihm eine Gesamtstärke von 100 000 Mann. Das war das Ende der Berufsträume tausender Berufsoffiziere, die man verachten mag, wenn man nicht bedenkt, wie andere Zeiten es waren und dass die Deutschen ihr Militär Jahrhunderte hindurch so wichtig genommen hatten. Bei dieser Schrumpfung beschlossen die unverheirateten Offiziere – so erzählte es mein Vater, so war es hoffentlich und so tat jedenfalls er es –, die verbleibenden Offiziersstellen Verheirateten zu überlassen, und begaben sich in ein für die meisten aussichtsloses Berufsleben, auf das sie nichts vorbereitet hatte. Da war jemand aus einer Familie ländlicher Herkunft wohl im Vorteil. Mein Vater fand schließlich eine Stelle als Gutsverwalter auf einem Gut im polnisch-schlesischen Grenzgebiet. Dort lernte er auf einem anderen Gut eine junge Österreicherin kennen, Gesellschaftsdame der Besitzerin. Sie wurde seine Frau, meine Mutter.

Mein Vater, 1937

Da konnten die beiden schlecht in ihren Stellungen bleiben. Sie zogen nach Breslau, wo sein Vater wohnte, und wo mein Vater eine Stelle in einer Fabrik landwirtschaftlicher Maschinen fand. Die war schlecht bezahlt, und nach der Geburt meines älteren Bruders sah er sich nach Veränderung um. Wieder war es eine solche Fabrik, diesmal in einem Dorf nördlich des Harzes, aber sie zahlte besser. Er reiste für sie als Verkäufer hauptsächlich von Dampfpflügen viel nach Polen und Russland; dann wurde er Direktor. Das Dorf hieß Hausneindorf. Mein Geburtsort.

Aber die Flieger der frühen Zeit wurden ihre Leidenschaft für das Fliegen nicht los. Bald nach HITLERS Machtübernahme 1933 bauten die Nazis die neue Luftwaffe auf, und eines Tages erschien der berühmte ERNST UDET – berühmt erst als Luftkriegsheld des ersten Weltkrieges, dann als Kunstflieger in aller Welt – in unserem Dorf. Er war inzwischen ein bedeutender Mann im neuen „Reichsluftfahrt-Ministerium“ unter GÖRING geworden und malte meinem Vater – „Paaschen“, wie ihn seine früheren Kameraden nannten, und das Wort „Kameraden“ war zu jener Zeit noch nicht lächerlich – aus, was für wichtige Aufgaben er für ihn hätte, und: dass er doch natürlich wieder fliegen könnte. Bald danach folgte „Paaschen“ dem Ruf und seiner Leidenschaft, zog nach Berlin und wurde „reaktiviert“ als Major im Ministerium.

Die Freude dauerte nicht lange: seine Arbeitsstätte war die Mobilisierungsabteilung; er war einer der technischen Vorbereiter des Krieges. Er hatte fürchterlich lange Arbeitszeiten und ganz deutlich schwere Skrupel bei dieser Tätigkeit. Als ihm die Familie 1935 nach Berlin folgte, merkten sogar wir Kinder, wie angespannt und nervös er war, aber wir sahen ihn ja immer seltener. Er kam nach Hause, wenn wir schon im Bett lagen, und weckte uns höchstens noch für den Gute-Nacht-Kuss. Nur selten erlebten wir ihn leidlich gutgelaunt und in Ruhe – manchmal an Wochenenden, wenn seine Schwester Alexe und sein Vetter Eduard kamen und die drei sich im Wohnzimmer so böse Anti-Nazi-Witze erzählten, dass mein Bruder und ich, versteckt hinter dem Fenstervorhang zuhörend, uns nicht zu lassen wussten vor Gelächter.

Die Hauptstadt war für uns Kinder, sobald wir uns eingewöhnt hatten, faszinierend, großartig. Nicht nur, weil mein Schulweg, zum großen Teil durch die Lützowstraße, an zwei bedeutenden Läden vorbeiführte, Cyliax und Zuntz. Ich schwelgte in Rumkugeln, die mir die Kehle für den Gesang im Schulchor pflegten, und in Spekulatius. Dann gab es noch einen Bäcker für Kuchenkrümel, die Tüte zu fünf Pfennig. Mein bester

Schulfreund, Kudla Pâl, war Sohn des Portiers der ungarischen Gesandtschaft, zu der ich nur ein paar Minuten zu gehen hatte. Wir beide vertilgten nach Gesandtschafts-Empfängen die Reste bedeutender Süßigkeiten, am liebsten karamellisierten Zuckerbruch. Kudla verdankte ich die Adresse eines großen Fahrradhändlers nahe dem Alexanderplatz, Machnow; dort erstand ich für 15 Reichsmark ein gebrauchtes, aber fabelhaftes Fahrrad.

Mein Vater verschwand eines Tages, gleich für mehrere Monate. Meiner verzweifelten Mutter teilte erst nach Tagen ein Anrufer aus dem Ministerium mit, er sei auf Dienstreise, sie solle sich keine Sorgen machen. Er war nach Spanien geschickt worden, mit der Nazi-Legion „Condor" zu FRANCOS faschistischen Truppen. Als er schließlich wiederkam, aßen wir wochenlang spanische Sardinen und Muscheln aus Büchsen. Erzählt hat mein Vater aus seiner „Condor"-Zeit nichts. Er geriet offensichtlich sogleich wieder in die alte Mühle der „Mob.-Abteilung", und das hielt er nicht mehr lange aus. Wie wir später hörten, drang er in UDET, ihn aus dem Ministerium heraus in irgend ein „ruhigeres" Feldkommando zu versetzen. In der Tat wurde er Kommandeur eines „Fliegerhorsts" nicht weit von Sagan in Schlesien, in einem Wald nahe eines Dorfes namens Küpper. Da zogen wir hin. Es war ein gewaltiger Kontrast nicht nur für ihn und meine Mutter, sondern auch für uns Kinder. Der Flugplatz mit seinen Flugzeugen und Vehikeln und seinem Militär kam uns riesig vor. Am Waldrand standen drei Häuser: eins für den Kommandeur, eines für den technischen Chef, eines für den Verwalter des Nachschubs. Sonst: Nichts. Nach Sagan gab es keine Verbindung. Wir Kinder besuchten ein Gymnasium in Sprottau – auch keine Verbindung, also wurden wir von der Fahrbereitschaft des Fliegerhorsts jeden Tag hingefahren und wieder abgeholt, in größeren oder kleineren Autos je nach Verfügbarkeit, manchmal auf Motorrädern. Unsere Mitschüler bestaunten das sehr.

Mein Heimweh nach Berlin legte sich bald unter der Fülle der neuen Eindrücke. Wir Kinder bekamen Sonderausweise und durften auf dem

Horst herumlaufen, wo und wann wir wollten. Den ganzen Tag herrschte dort größerer Flugbetrieb; wir wurden nicht müde, zuzuschauen. Ich freundete mich mit Soldaten an. Abends kegelte ich mit alten Feldwebeln auf der Kegelbahn der Kantine oder saß in der Kraftfahrhalle und spielte Karten mit den Kraftfahrern. Die wurden bald meine dicksten Freunde.

Das ständige Zusammensein mit Soldaten – die einzige Beschäftigungsmöglichkeit außer der Schule – verschaffte mir neue Einblicke. Stundenlang saß ich mit ihnen zusammen und ließ mir von ihnen erzählen. Meistens sprachen sie von Mädchen und besorgten auf äußerst derbe Manier den Rest der Aufklärung, den ich nach Lektüre diverser, beim Staubwischen nach dem Umzug im Schrank meines Vaters entdeckter Schriften etwa noch nötig gehabt hatte. Sie luden mich zum Schnapstrinken ein – an sich war alkoholfreies „Fliegerbier" das akzeptierte Getränk –, ließen mich beim Skat Geld gewinnen oder verlieren, verführten mich zum Rauchen und verdarben mich vollständig, des bin ich gewiss.

Mein Vater hat sicher nicht kommen sehen, wie sehr er mit dieser Versetzung vom Regen in die Traufe geraten würde. HITLER hatte nach seinem international unbestrittenen „Anschluss Österreichs" die Tschechoslowakei aufs Korn genommen. Die „Sudetenkrise" kam auf volle Touren, der Fliegerhorst Küpper entpuppte sich als ein Hauptnachschub- und Versorgungsplatz für den geplanten Überfall. Mein Vater war also voll eingespannt, flog oft (steuerte selbst, das einzige, was er genossen haben wird), kam immer seltener nach Hause und wenn, immer nervöser. Ich erinnere gut und traurig, wie meine Mutter Abende lang bis in die Nacht hinein an dem Fenster lehnte, von dem aus man den Haupteingang zum Fliegerhorst sah. Sie wartete fast immer vergeblich.

Im (für ihn mit Dienstwagen) nahen Sagan, wohin er zu uns unklaren Versammlungen und Veranstaltungen fuhr, war er wegen seines Kommandos eine wichtige Persönlichkeit. Aber dort herrschte natürlich die „Partei", und wie wir später hörten, gab es heftige Kräche zwischen ihm, der immer lauter und leichtsinniger gegen die Nazipolitik redete, und dem Nazi-Kreisleiter. Im Kasino des Fliegerhorstes wiederum schwärmte er – wie mir eine Ordonnanz erzählte – bei sich häufenden Trinkabenden zur Verblüffung der anderen Offiziere von den Qualitäten der englischen und der französischen Armee, gelegentlich sogar der polnischen.

Die Sudetenkrise führte bekanntlich am 29. September 1938 zur Münchner Konferenz, die den Verrat Frankreichs und Großbritanniens an der Tschechoslowakei und die Abtrennung des „Sudetenlandes" brachte. Am 1. Oktober marschierten die deutschen Truppen dort ein. Ob mein Vater noch mit irgendwelchen Luftverbänden mitflog, weiß ich nicht. Knapp drei Wochen später befahl HITLER, Wehrmacht und Luftwaffe sollten die Besetzung der gesamten Tschechoslowakei vorbereiten. Drei Tage vor diesem Befehl, den in „Wehrmacht" und „Luftwaffe" jeder kommen sah, fand der Bruder meiner Mutter meinen Vater nachts tot in der Gästetoilette unseres Hauses. Er hatte sich erschossen und lehnte an der Wand, die Pistole lag auf dem Boden, die Wand herab zog sich eine grässliche, dicke Blutspur.

Ich spare mir Beschreibung und Schock der in Nachthemden herbeigeeilten Familie. Uns alle hat in der Folgezeit beschäftigt, warum er es getan hat. Die Luftwaffe bot eine verblüffende Erklärung an. Sie handelte schnell (der Onkel hatte im Fliegerhorst angerufen): es erschienen einige höhere Offiziere, die wir kannten, die aber nicht normalerweise in Küpper stationiert waren, und der Nottrupp, der die Leiche fortbrachte. Einer dieser Obristen hat es wohl meiner Mutter gesagt, die es sehr viel später und sehr verlegen an die beiden Söhne weitergab – ich war gerade 13 geworden, mein Bruder 15 und verstand vielleicht mehr. Mein Vater sei homosexuell gewesen oder geworden und habe sich unter Alkoholeinfluss – in der Tat hatte er in letzter Zeit viel getrunken – in der Toilette an einem Soldaten vergriffen, der ihn anzeigte.

Im Lauf der kommenden Monate aber hörten wir immer mehr von seinen Krächen mit der Partei. Ein linientreuer Kreisleiter war natürlich mächtiger als ein unzufriedener Luftwaffenmajor, und uns schien plausibel, dass mein Vater wusste, da braue sich etwas gegen ihn zusammen, und dass er wenig Lust hatte, in einem Lager zu landen, zu enden. Einen Abschiedsbrief hinterließ er nicht. In all unserer Bestürzung wunderten wir uns, dass die so schnell in unserem Haus erschienenen Offiziere sehr gründlich alle Fächer seines Schreibtisches und seines Bücherschranks durchsucht hatten. Sie dürften kaum auf der Suche nach einem Homosexuellen-Register gewesen sein. Ein militärisches Begräbnis wurde ihm nicht verwehrt.

Ich erzähle dies eigentlich mehr für meine Kinder, seine Enkel, und seine Ur-Enkelin.

Onkel Willi

Die Nacht war wirklich finster; zu viele Wolken verdeckten den schwachen Mond. Ich schlich und stolperte um das große Haus herum, über Rasen, an Büschen vorbei. Nach draußen drang nur ein ganz winziger Spalt Licht – im Krieg herrschte Verdunkelung. Der Wind roch nach Stall, ich hörte aus der Nähe schwaches Stampfen und Klirren, manchmal ein Muhen oder ein Wiehern. Ich umkreiste das Landhaus von Onkel Willi. Er war einer meiner Lieblings-Onkel, und ich sein Lieblingsneffe.

Plötzlich wäre ich beinahe in eine große dunkle Gestalt gerannt. „Hallo“, sagte der Guts-Vogt, „hört der Onkel London?“. Bevor ich antworten konnte, fuhr er fort: „Solange ich hier herumlaufe und darauf achte, dass niemand sonst nahekommt, riskiert er nichts. Er stellt das Radio so laut, dass ich wirklich aufpassen muss. Die Leute mögen ihn ja, aber sicher ist sicher … “

Onkel Willi war ein „Rittergutsbesitzer“, wie man damals sagte, ein reicher Mann mit mehreren Gütern, einer Ziegelei und viel Hausbesitz. Als einer der ersten hatte er ein Auto und fuhr es tatsächlich, einen Opel P 4, der mir wie ein Luxusfahrzeug vorkam, aber in Wirklichkeit eines der einfachsten Automodelle überhaupt war. Ich hatte als Pennäler in Berlin, wo wir im Gesandtschaftsviertel am Tiergarten wohnten, schon Maybachs, Horchs und Mercedes bewundert, war später in Militär-BMWs, -Wanderers und -Adlers zur Schule gefahren worden. Aber der P 4 war ein Privatauto ... besser als die nicht so gut gefederte, immerhin gut gepolsterte geschlossene zweispännige Kutsche, mit der ich zu Onkel Willi nach Zobel gebracht worden war, etwa eine Stunde durch den Wald auf Sandwegen, auf denen kein Auto fuhr.

Krieg also, und Onkel Willi hörte die BBC. Er war der erste wirkliche Antinazi, den ich nach meinem Vater und einigen wenigen anderen Paczenskys kennengelernt hatte. Als ich zu ihm nach Zobel fuhr, wie das Gut hieß, auf dem er meistens wohnte, war ich vierzehn oder fünfzehn, und Onkel Willi hielt mir Vorträge über Geschichte und Politik. Andere Zuhörer fand er dafür nicht mehr, aber aufmerksamer und begeisterter als ich hätte ihm ohnehin niemand zuhören können.

Onkel Willi erinnere ich als eine Musterfigur für die Tragik, in die das Nazi-Unwesen auch viele von denjenigen stürzte, die es nicht umbrachte. Er hatte einer jener bürgerlichen Parteien angehört, die den Beginn des „Dritten Reiches“ nicht überlebten, ihn auch nicht verhindern konnten. Ich glaube, es war die liberale Volkspartei, die er im schlesischen Landtag als Abgeordneter vertrat. Aus seiner Ablehnung der Nazis machte er kein Hehl, jedenfalls in der engeren Familie nicht. Ob er sich öffentlich noch ebenso äußerte, weiß ich nicht; ratsam gewesen wäre es nicht. Ich lernte ihn kennen, als ich ein kleines Kind war und die politische Entwicklung Deutschlands noch gar nicht begreifen konnte.

Onkel Willi gehörte zu einem Zweig meiner mütterlichen Familie. Er hatte eine der vielen Schwestern meiner Großmutter geheiratet, die alle aus dem Gut Szalenik stammten. Der Zusammenhalt zwischen solchen Familien war früher stark; die ärmeren Verwandten verbrachten Monate auf den Gütern der reicheren. Willis engere Familie lebte in Schlottnig; das dortige Gut mit einem wesentlich herrschaftlicheren, größeren Haus als Zobel lag nahe bei Liegnitz. Dort residierte seine Frau, Tante Lene, und dort wirtschaftete einer seiner verheirateten Söhne. Schlottnig war großzügig für Besuch eingerichtet. Eine Zeit lang verbrachte ich mit meinen Eltern, dann mit Mutter und Bruder dort fast regelmäßig die Sommerferien, anfangs noch aus Hausneindorf heranreisend, dann aus Berlin. Später wohnten wir sozusagen nebenan in Liegnitz, wohin wir kurz nach dem Tod meines Vaters gezogen waren.

In Schlottnig verdiente ich mir während der Ferien durch Erntehilfe reichlichen (für meine damaligen Verhältnisse) Lohn als Zusatz zum Taschengeld, lenkte Pferdewagen, gabelte Weizengarben auf hohe Leiterwagen und lag abends mit meinem Bruder und der etwa gleichaltrigen Tochter des Kutschers auf einem Bretterverschlag unter einem mächtigen Kastanienbaum vor dem Pferdestall, durch die Äste zu den Sternen guckend und philosophierend, soweit Kinder das tun, bis meine Mutter uns von der Freitreppe her ins Haus rief. Für erotische Gefühle waren wir zu jung.

Abends versammelte sich eine Großfamilie um eine gewaltige Tafel. Onkel Willi war oft dabei, aber er sprach wenig, obwohl er doch der Senior und eigentlich der Gastgeber war. Willi und Lene hatten zwei Töchter – eine auf einem Gut weiter weg verheiratet – und drei Söhne, von denen der eine, wie gesagt, Schlottnig bewirtschaftete und mit seiner Familie im Erdgeschoss wohnte. Die jüngste Tochter war die Frau eines Liegnitzers geworden, der zu einer Autofamilie mit Tankstelle und Reparaturwerkstatt gehörte. Ihr Mann, Willis Schwiegersohn, war nicht nur Nazi. Er gehörte der schwarzen SS an.

Das genügte, wenn er gleichzeitig mit Onkel Willi nach Schlottnig kam, was er aber höchst selten tat, die Stimmung an der großen Familientafel weitgehend zu dämpfen. Sohn und Schwiegertochter in Schlottnig waren wohl ebenfalls „Führer"-gläubig, aber schwarze SS – das war etwas ganz anderes, viel Schlimmeres.

Eines Novembernachmittags 1938, es war schon dunkel, wollte ich die Liegnitzer Hauptbummelstraße erkunden, die „Goldberger" – nur wenige Tage nach unserem Einzug in Liegnitz, drei Wochen nach dem Tode meines Vaters, zwei Tage, nachdem ich zum ersten Mal in eine neue Schule in Liegnitz gegangen war. In der „Goldberger" sah ich etwas Merkwürdiges. Zwischen den vielen beleuchteten Geschäften war eins, dessen Schaufenster zertrümmert waren. Auf dem Bürgersteig lagen Haufen von Glasscherben. Aus dem Inneren kam nur trübes Licht, vor dem Eingang standen ein paar SS-Leute in schwarzen Uniformen, um die herum ein paar Dutzend Leute, die still schauten. Ob antijüdische Plakate zu sehen waren oder antijüdische Sprüche gerufen wurden, erinnere ich nicht.

Ich ging schnell wieder nach Hause. Wir wohnten höchstens zehn Minuten weit. Ich erzählte meiner Mutter, was ich gesehen hatte. Sie war sprachlos und hatte keine Erklärung. Am nächsten Morgen entnahmen wir dem „Liegnitzer Tageblatt“, oder hörte ich schon in der Schule, es sei die „Kristallnacht“ gewesen. Vielleicht nannte man die erst später so. Dies war ja mein Schulweg – er führte an einigen weiteren Geschäften mit zerschlagenen Fenstern vorbei. In der Zeitung fanden wir viele Bilder von verwüsteten Geschäften auch anderer Straßen, und überall sah man auf ihnen die SS-Leute in den schwarzen Uniformen. Nun las und hörte man allerseits, die Zertrümmerung der Geschäfte sei überhaupt das Werk der „schwarzen SS“ gewesen. Der Schluss lag nahe, Onkel Willis Schwiegersohn habe mitgemacht. Wie sehr es Willi getroffen hat, lässt sich vorstellen.

Meine Besuche in Zobel begannen erst später, 1939, nach dem deutschen Überfall auf Polen. An Liegnitz vorbei führte die neue Autobahn Richtung Breslau. Die Endhaltestelle einer Straßenbahn lag ganz nahe einer Autobahnbrücke. Von der aus hatte ich mit vielen anderen Liegnitzern tagelang unendliche Kolonnen von Militärfahrzeugen bestaunt, die in Richtung Osten rollten. Über diese Autobahnbrücke hinweg waren wir oft mit der Kutsche nach Schlottnig gefahren, das höchstens eine Viertelstunde von der Endhaltestelle der Straßenbahn entfernt lag. Von Schlottnig brauchte die Kutsche eine weitere Stunde nach Zobel, zu Onkel Willi.

Vorher hatte ich kaum so engen Kontakt mit dem Onkel gehabt. Mein Vater war zwar in der gesamten Familie, auch der angeheirateten, äußerst beliebt gewesen (besonders 1936 zur Zeit der Olympischen Spiele, als wir noch in Berlin wohnten und zahllose Verwandte auf Übernachtung bei uns hofften). Aber Onkel Willi, der eingefleischte Demokrat, dürfte den neu geworbenen Offizier der Nazi-Luftwaffe, der gleichzeitig eingefleischter Monarchist war, mit kühleren Augen angesehen haben. Vielleicht hatte er nach „Ferdis" Tod gemeint, er müsse sich etwas um die politische Erziehung seines Großneffen kümmern. An das hatte meine Mutter wahrscheinlich gar nicht gedacht, als sie so schnell den Umzug nach Liegnitz beschloss, aber die Nähe so vieler Verwandter dort war in der Tat ihr Hauptbeweggrund gewesen.

Jedenfalls erinnere ich nun so manchen Abend in Zobel, allein mit dem Onkel in seinem Arbeitszimmer ohne die sonst fast immer anwesende Haushälterin Fräulein Hauser, wie wir im Radio erschüttert den deutschen Vormarsch in Polen verfolgten, die Besetzung Dänemarks und Norwegens und dann, nach der Niederwerfung des heutigen Benelux, die schnelle Überrumpelung Frankreichs, die Kapitulation, und immer häufiger den gut arrangierten, aber zweifellos echten Jubel, zunächst noch einen etwas ungläubigen, aber nach der Kapitulation Frankreichs schier grenzenlosen unserer Landsleute. Den Ausdruck „Volksgenossen" benutzten nur Nazis.

Da war ich erst vierzehn, aber ich konnte etwas, was uns gemeinsam bei der Suche nach Nicht-Nazi-Informationen im Radio half. Ich war ein Radionarr. Zunächst hatte ich in Küpper mit einem „Detektor" angefangen, Radio über einen Kopfhörer zu hören, und mir eine entsprechende Antenne gezogen. Er stand in meinem Zimmer, ich schlief oft ein, ohne ihn abgestellt zu haben. Aber das Radio der Eltern – wenig benutzt, da mein Vater so viel abwesend war, und meine Mutter stellte es höchstens einmal abends für Nachrichten an – war mein Lehrgerät. Ein Schaub- „Superhet" von Ende der zwanziger, Anfang der dreißiger Jahre, ein Kasten als Empfänger, der Lautsprecher extra, und der Empfänger hatte keine Skala mit Sendernamen, wie bald danach schick und dann üblich, sondern nur eine Art Rolle mit Ziffern. Aber der Empfang war sehr ausreichend. Ich hörte Straßburg, den Sender, den die

Nazis damals am meisten hassten wegen seiner „böswilligen Hetze", und fand auch endlich die BBC.

Die nun hörten Onkel Willi und ich, in Zobel bei Liegnitz, aufmerksam und ziemlich oft. Straßburg als „Feindsender" gab es nicht mehr. Dort waren ja nun die Deutschen. Woher wussten wir, ob „die Leute" in den Hütten und Häusern (damals sagte man wirklich „Leutehäuser") nicht weit von dem stattlichen Herrenhaus, Onkel Willis Arbeiter und Ackerknechte, nicht längst Nazis waren? (Den Ausdruck „Knecht" fand man damals nicht anstößig, sondern es war eine Berufsbezeichnung.) In ihrer sozialen Lage wäre es nicht verwunderlich gewesen. Wenn auch Onkel Willi sich rühmte, seine „Leute" gut zu bezahlen, und ein „Deputat"[1] bekamen sie auch, so sieht sich das aus der Perspektive des reichen Arbeitgebers doch anders an als aus der des armen Empfängers. Der Guts-Vogt war jedenfalls kein Nazi und wollte nicht, dass Willi ein Risiko einging. So wanderte er jeden Abend herum. Oft trafen und begrüßten wir uns.

Ich fühlte mich bei Onkel Willi wie auf einer besonderen Schule. Die für damals eigenartigen Gedanken über Gleichberechtigung, Chancengleichheit, politische Meinungsvielfalt, die ich dann unter (wenigen) Schulkameraden äußerte, hatte ich jedenfalls nicht aus meiner Familie, sondern von ihm.

Bald danach selbst vom Krieg aufgesogen, verlor ich den Kontakt zu ihm und hörte auch nichts mehr von ihm. Auch nicht, ob und wie die Nazis ihn in den Jahren danach belästigt oder drangsaliert hätten. Er hoffte, das war klar, wie nicht allzu viele Deutsche auf dem Höhepunkt von Hitlers Erfolgen, danach etwas mehr, auf einen möglichst frühen Sieg der Alliierten. Aber als Russen und Polen einmarschierten, war er seine Besitztümer erst richtig los. Er bemühte sich vergeblich, den Besatzern klar zu machen, dass er doch ein Antinazi gewesen sei; es nützte ihm nichts. Schließlich konnte er nur auf die deutsche Entschädigungszahlung

1 Naturalien aus den Vorräten des Gutes

durch den „Lastenausgleich“ hoffen. Aber er starb, ohne etwas neu anfangen zu können. Den Rest seiner Familie verlor ich schnell aus den Augen.

Aber in meinem Gedächtnis haftet das Schicksal der Schwester von Willis Frau, jener Tante, die uns alle in Szalenik umsorgt, bemuttert, verpflegt hatte. Sie wurde von allen „Tante Hühnel“ genannt. Sie hatte einen jüdischen Schwiegersohn. Im Winter 1939/40 erfuhren wir in Liegnitz entsetzt, dass sie von den Nazis in ein Lager verschleppt und dort umgekommen sei. Ebenso brachten die Nazis den Schwiegersohn und dessen drei Söhne (die 13, 14 und 15 Jahre alt waren) um.

Wir registrierten diese Nachricht als etwas Unfassliches, um nicht zu sagen Unverständliches. Meine Mutter und meine Großmutter , die nun bei uns wohnte, haben vielleicht mehr darüber gesprochen, als sie uns Jungen davon erzählten. Jedenfalls war damals schon von „Lagern“ die Rede – ob man „KZs“ sagte, weiß ich nicht mehr – und dass dort Menschen umgebracht wurden, erfuhren wir auf diese denkbar drastische Weise.

Nach dem Krieg bin ich einmal mit dem Auto nach Liegnitz gekommen. Die Stadt war nun polnisch, mit russischer Besatzung. Ich hatte 1964 als einer von ganz wenigen deutschen Fernseh-Menschen ein Visum für das Krakauer Kurzfilmfestival bekommen, und wenn man einmal nach Polen hereingelassen wurde, war man – anders als in der DDR – nicht an eine bestimmte Strecke gebunden, sondern konnte herumfahren, wo man wollte.

In Liegnitz war mein Schulweg, die „Goldberger Straße“, durch einen riesigen Bombenkrater unterbrochen, etwa da, wo ich mein Beispiel der „Kristallnacht“ erlebt hatte. Aus dem Haus, in dem wir gewohnt hatten, hing ein riesiger Vorhang vor dem Fenster unseres damaligen Wohnzimmers; ein Plakat zeigte an, dass hier ein russisches Soldatenkino war. Ich fuhr nach Schlottnig. Aber von Willis und Lenes schlossartigem Haus stand nichts mehr. Wo es gewesen war, bedeckte eine riesige Betonplatte den Erdboden. Darunter wären vielleicht noch die Keller gewesen.

Nach Zobel zu fahren hatte ich keine Lust mehr. Ich hätte ja wahrscheinlich nicht einmal den Feldweg erkannt.

Jahrzehnte später entdeckte ich in einem westdeutschen Schokoladengeschäft „Liegnitzer Bomben“ und, noch vertrauter, Liegnitzer „Bombensplitter“. Ja, ich erinnerte mich – das gehörte zu den schönsten Süßigkeiten, die wir vor dem Kriege kannten. Den Namen fand ich unmöglich.

Mit Kuchenkrümeln zur Hitlerjugend

1925 geboren – da müssen Sie doch irgendwie auch bei den Nazis gewesen sein? Ja – ich habe mich offenbar sogar schon als Achtjähriger „politisch“ betätigt.

In meinem Geburtsort Hausneindorf war ich in der „Scharnhorst“-Jugend, eine, wie mir erst später deutlich wurde, vormilitärische Jugendorganisation des sehr rechtsgerichteten „Stahlhelms“, in dem mein Vater – wie viele traditionsbewusste ehemalige Offiziere – irgend einen Rang innehatte. Meine Mutter und unser Hausmädchen Liesel Barth waren Mitglieder des patriotischen „Luisen“-Bundes (Bundkleidung: blau).

Wie und wann ich in den „Scharnhorst“ gekommen bin, erinnere ich nicht mehr. Schon mehr an die Tracht: graue kurze Hosen und graue Hemden. Dazu eine graue Mütze, von der wir damals dachten, sie sähe aus wie eine Offiziersmütze. Als Kummer erinnere ich, dass wir eines Tages aus mir nicht mehr klaren Gründen diese schöne Mütze eintauschen mussten gegen solche, die wie umgestülpte Töpfe aussahen, ähnlich wie Hitlers SA sie trug; unsere blieben grau.

Wir machten unter der Leitung eines Erwachsenen Ausflüge in die Umgebung, offenbar ohne „Geländespiele“ und „Exerzieren“, denn etwas für einen fetten Knaben wie mich derartig Unangenehmes hätte ich bestimmt behalten. Besagter Erwachsener war der Bräutigam Liesel Barths, und wir „Scharnhorst“-Kinder liebten ihn sehr. Sonst erinnere ich nur noch, dass ich große Angst vor der sogenannten Hitlerjugend hatte, die angeblich mit Gummiknüppeln bewaffnet war.

Als der „Scharnhorst“ irgendwann in der Frühzeit des Nazireiches aufgelöst wurde, konnten die Mitglieder in das Nazi-„Jungvolk“ übernommen werden. Mein Bruder war alt genug und wurde „Pimpf“. Ich hatte noch nicht das Mindestalter für den Eintritt erreicht. So blieb ich draußen.

1935, nunmehr in Berlin, merkte ich zunächst herzlich wenig von den Nazis, außer wenn ich auf dem Nachhauseweg von der Schule, der mich auch am Marineministerium vorbeiführte, den Admiral ERICH RAEDER und manchmal auch HITLER mit großer Eskorte vorbeifahren sah. Dann bildete sich immer schnell eine „Heil!“ rufende Menge, während ich verlegen dabeistand, weil ich mich genierte, zu schreien. Aber das passierte selten. Zu Hause hörte ich dann mehr und mehr von Politik. Nach dem verächtlichen Ton, in dem bei uns das Wort „Nazi“ ausgesprochen wurde, war ich überrascht, als meine Eltern mich nach meinem zehnten Geburtstag aufforderten, in das „Jungvolk“ zu gehen. Wo doch Onkel Eduard, baumlanger Ex-Gardemajor, bei den „Winterhilfe“-Sammlungen der Nazis extra seinen *Pour le Mérite* um den Hals band und auf die Straße ging, nur um laut zu sagen: „Ich gebe NICHTS“.

Ich war abgeneigt. Nicht etwa aus ideologischen Gründen, sondern weil ich die Unbequemlichkeit fürchtete. Aber meine Eltern meinten, wenn ich nicht hineinginge, würde ich nie im Leben vorwärtskommen. Tante Alexe, Schwester meines Vaters – die gerade nach Afrika auswanderte und sich auf ihre riesigen Koffer nicht weniger riesige Wappenkronen malen ließ, um im deutschen Zoll und in der Ferne Nazis zu ärgern, und die ich sehr mochte – schloss sich den Eltern an. Du musst hineingehen und was Hohes werden, sagte sie. „Damit endlich anständige Leute die Führung übernehmen.“ Dabei steckte sie mir eine Mark zu. Dafür konnte ich beim Bäcker an meinem Schulweg 20 Tüten Kuchenkrümel à 5 Pfennig kaufen. Ich wollte keinerlei Führung übernehmen, aber ich trat ein.

Es war, wie ich erwartet hatte, sehr anstrengend. Meine „Jungenschaft“ hatte ein Heim sehr weit von unserer Wohnung entfernt in einem riesigen, winters schlecht geheizten Raum. Dorthin musste ich jede Woche einmal abends, es hieß auch „Heimabend“. Ich hörte zu, wie unser „Jungenschaftsführer“ aus irgendwelchen Heften kämpferische Geschichten vorlas. Vorher und nachher lernten und sangen wir Lieder. An einem anderen Tag der Woche trat das größere „Fähnlein“ an, marschierte zu einem Platz, formierte sich in eine noch größere Kolonne ein, und dann ging ein stundenlanger Marsch los, kreuz und quer durch Berlin, bis mir die Füße wehtaten und ich am liebsten weggelaufen wäre. Aber das wagte ich nicht.

Nach eineinhalb Jahren bekam ich ein Ehrenamt: Ich wurde „Hordenführer“. Meine Aufgabe bestand darin, zweimal in der Woche vier weit auseinander wohnende Jungen, die das ohnehin schon wussten, vom nächsten Dienst zu benachrichtigen. Einmal im Monat musste ich ihren Mitgliedsbeitrag einkassieren. Diese Herumrennerei missbehagte mir sehr, aber war angeblich eine Ehre – was sollte ich schon machen?

Die Zeiten wurden bewegter. Wir veranstalteten immer mehr Umzüge, standen halbe Tage auf dem „Reichssportfeld“, marschierten zu Paraden auf, schrieen „Heil“, als Mussolini durch das zu seinen Ehren geschmückte Berlin fuhr, gingen stolz zu den Olympischen Spielen und freuten uns über jede deutsche Goldmedaille, genossen in der Schule den unterrichtsfreien „Staatsjugendtag“. Wir hörten im Radio Hitlerreden und waren beeindruckt.

Ich verließ die Sexta, passierte die Quinta, kam in die Quarta, hatte ausgezeichnete Zensuren, war noch nicht alt genug, um den Lehrern Streiche zu spielen, quälte mich im Turnunterricht, der immer mehr Raum im Stundenplan einnahm, verzweifelt an Kletterstangen, Recks und Barren ab. Trank Rotwein bei meinem zwei oder drei Jahre älteren ungarischen Schulfreund Pàlko, rauchte, ging ab und zu ins Tageskino und begeisterte mich an Wildwestfilmen. Ich sang im Schulchor, dank der Rumkugeln von Cyliax ohne Stimmschwierigkeiten.

Der Umzug von Berlin nach Küpper bei Sagan brachte uns Brüdern 1938 Beförderungen im Jungvolk. Zwei Jungen aus der Reichshauptstadt, die den „Führer“ leibhaftig gesehen hatten, deren Vater jede Woche im „Saganer Tageblatt“ und im „Eckersdorfer Generalanzeiger“ erwähnt wurde, hatten natürlich großen Vorsprung vor den Einheimischen. Mein Bruder wurde „Jungzugführer“ im nächsten Dorf, ich „Jungenschaftsführer“. Es war keine anstrengende Sache. Ich fuhr mit dem Fahrrad zum Dienst, oft genug, ohne anzukommen, wenn ich keine Lust hatte. Eine Reifenpanne bot immer glaubhafte Ausreden. Die Dienstbegeisterung der Dorfjungen war denkbar dürftig. Sie arbeiteten tagsüber auf dem Feld und spielten abends viel lieber Fußball, als sich „weltanschauliche Schulung“ anzuhören. Ihre Eltern waren freigiebig im Ausstellen von Entschuldigungen oder verboten ihnen einfach, zum Dienst zu gehen. Die Soldaten des Fliegerhorstes – für mich kompetenteste Beurteiler aller Fragen – lachten, wenn sie das Jungvolk marschieren sahen. Da ich auf ihre hohe Meinung sehr viel gab, drückte ich mich vom Dienst, wo ich nur konnte.

Noch im Jahr 1938, nach dem Tod meines Vaters, übersiedelten meine Mutter und wir zwei Jungen nach Liegnitz. Dort blühte ein ziemlich gewaltiges Parteileben, in dessen Maschinerie wir beide bald wieder als kleine Rädchen mitdrehten. Nach ziemlich langer Zeit wurde ich „Jungzugführer“, dann aber schnell schmählich meines Ranges entkleidet .Warum, weiß ich nicht mehr. Wahrscheinlich, weil ich selten oder nie erschien. Ich wurde in die „Hitlerjugend“ überwiesen; das Mindestalter von 14 Jahren hatte ich ja nun erreicht. Der Dienst in der Liegnitzer „HJ“ sagte mir, wie ich stets zugeben werde, außerordentlich zu: Man ging nicht hin. Und wenn man sich, selten genug, an einem „Heimabend“ beteiligte, war für mich sehr belustigend, eine Stunde lang zuzuhören, wie die Schlosserlehrlinge, aus denen meine Schar überwiegend bestand, sich über ihre Mädchen unterhielten, ohne von den verzweifelten und vergeblichen Ordnungsversuchen ihres „Führers“ auch nur die geringste Notiz zu nehmen.

Bald danach, Anfang 1942, stand fest, dass ich in Kürze Soldat werden würde. Ich tat etwas, was die Liegnitzer HJ wohl noch nie erlebt hatte: ich kündigte schriftlich meine Mitgliedschaft. Eine Antwort bekam ich nicht.

Militär

Die Prüfung dauerte drei Tage. Ein Arzt untersuchte uns lange, dann wanderten wir in ein großes Klassenzimmer, jeder mit einem Bogen Papier bewaffnet, und dann mussten wir Fragen beantworten, in je zwei Minuten – 50 Fragen von „Wer erfand die Dampfmaschine“ bis zu „Fünf Moderne Komponisten“ und das Ohmsche Gesetz. Dann schrieben wir Aufsätze über das Thema: „Warum will ich Offizier werden?“ Dann hielten wir Kurzvorträge über uns zugeteilte Themen ohne Vorbereitungszeit. „Imperialismus und Nationalismus“ war mein Thema, und sicherlich sprach ich viel Unsinn. Aber ich redete schnell, und das gefiel den Prüfern sichtlich. Dann kam der Vortrag nach eigenem Wunsch, wobei jeder drei Themen zur Auswahl vorzuschlagen hatte. „Nimm etwas ganz Ausgefallenes, was keiner nachprüfen kann“, hatte mir ein Kundiger geraten, „und nur auf das musst Du Dich vorbereiten.“ So reichte ich denn, neben zwei höchst allgemeinen Themen, ein: „Die Bedeutung Potosis für die Entwicklung des Abendlandes.“ Der Tipp war richtig. Fünf Minuten lang belehrte ich die vor mir sitzenden Aspiranten und offenbar auch die prüfenden Offiziere über die Geschichte jener südamerikanischen Silbermine, der das spanische Weltreich seinen Staatsbankrott verdankte.

Ein Vierteljahr später erhielt ich meine Einberufung: zum 1. August 1942 zur Luftnachrichtentruppe in Potsdam-Eiche. Lehrer und Mitschüler, Verwandte und Bekannte beglückwünschten mich. Nur Onkel Willy missbilligte sehr, dass ich Offizier werden wollte.

Warum wollte ich das, in der Tat? Keineswegs so sehr, weil ich „dienen“ wollte, und auch nicht wegen der Familientradition. In meiner Schulzeit hatte ich – nach den üblichen Kinderträumen wie zur See gehen oder Schaffner sein – mich sehr in den Gedanken verguckt, Diplomat zu werden. Zur remilitarisierten Nazizeit war für den Eintritt in den diplomatischen Dienst Vorbedingung, „Reserve-Offizier“ zu sein. Wir waren im Krieg, es herrschte allgemeine Wehrpflicht, zum Militär musste ich also ohnehin, aber „zur Reserve“ konnte man sich nicht anmelden. Anfang der vierziger Jahre, als ich mich mit dem Gedanken vertraut machte, waren die Illusionen längst gestorben, der Krieg würde mit einem schnellen deutschen Sieg enden. Und schließlich: wer sich freiwillig meldete, bekam ein vorzeitiges Abitur zuerkannt, sparte also die letzten beiden Schuljahre – ein verlockender Gedanke.

Eines Tages erschienen regelrechte Werber in unserer Klasse, Offiziere, die ihre Laufbahn verlockend schilderten. Nicht wenige von uns folgten ihrer Lockung. Da ich schon eine Brille trug, hatte ich keine Chance, Pilot zu werden. Aber da gab es auch die Luftnachrichtentruppe, und da konnte man vielleicht auch fliegen. Ich bewarb mich und vertraute darauf, dass es mir später schon gelingen würde, bei früherem Kriegsende auch als Nicht-Offizier in die diplomatische Laufbahn zu gelangen.

Schließlich fuhr ich an einem heißen Tag, dem 1. August 1942, nach Potsdam. Ich war sechzehn Jahre alt.

Über die Leiden einer Rekrutenzeit sind genug Informationen an die Öffentlichkeit gedrungen, als dass ich nennenswerte Neuigkeiten zu berichten hätte. Mit Ach und Krach brachte ich es nach acht Monaten zum „Fahnenjunker-Unteroffizier“.

Dann kam der große Tag: Wir wurden in Güterwagen verladen und fuhren nach Russland. „Frontbewährung“ hieß dieser Abschnitt unserer Ausbildung. Immer zwanzig Mann in einem Wagen, der mit Stroh ausgelegt war. Innen herrschte mörderische Hitze. Jede Bewegung wirbelte Staub auf. Nach kurzer Zeit waren Gesichter und Uniformen mit einer gleichmäßig dicken Dreckschicht bedeckt. Alles drängelte sich an die großen Schiebetüren, um frische Luft zu schnappen. Nachts fuhren wir über die polnische Grenze. Die Landschaft erschien uns so eintönig, wie sie überall beschrieben worden war, für einen Güterzugreisenden noch langweiliger. Tief in der nächsten Nacht hielten wir in Brest-Litowsk. Von nun an rollten wir auf Boden, den vor nicht langer Zeit russische Truppen besetzt hielten.

Russland schien überhaupt nur aus Wäldern zu bestehen. Stundenlang, tagelang begleiteten uns zu beiden Seiten des Schienenstranges die grünen Mauern, selbst in der wärmsten Mittagssonne sahen sie kalt und düster aus. Seit Baranowice schob unsere Lok zwei leere flache Wagen vor sich her. Links und rechts der Strecke sahen wir in immer geringeren Abständen umgestürzte Lokomotiven, zersplitterte Wagen, ausgebrannte Stahlgerippe. Möglich, dass wir deswegen den Wald als so feindselig empfanden. Kaum jemand schlief noch, alles hing an den Öffnungen. Bei jedem Halt sahen wir uns unsicher um. Nach einiger Zeit steckten wir in der berüchtigsten Partisanengegend.

Früh am Morgen fuhren wir in Minsk ein. Die meisten von uns schliefen. Einige hatten sich den Zug entlang auf die Bremserhäuschen verteilt und ließen so den anderen endlich genug Platz. Wir rollten vielleicht mit 30 Stundenkilometern. Allmählich begann die Lok zu bremsen. Plötzlich gab es einen Ruck, alles fiel durcheinander, die Schläfer rutschten von der einen Querwand des Wagens bis zu anderen, kaum einer krachte nicht mit dem Schädel dagegen. Gleichzeitig hörten wir es splittern und brechen und einen lauten Schrei. Der Zug stand. Ich hatte an der Tür gesessen und mich an ihr festgehalten. Jetzt war ich als erster draußen. Der Wagen vor uns war aus den Schienen gesprungen, unserer ebenfalls und hatte sich nach vorn geneigt. Das weit überhängende Dach hing im Bremserhäuschen des Vorderwagens und hatte es völlig eingedrückt. Wir liefen hin, kletterten die Eisenstege hoch. Die Tür ließ sich nicht öffnen, unten war ein Stück weggesplittert. Durch das Loch baumelten zwei Beine. Mit Spaten, Seitengewehren und Eisenstangen brachen wir das Holzhäuschen auf. Es war einer aus unserem Wagen. Sein Leib war völlig zusammengedrückt. Wir zogen ihn heraus. Er atmete nicht mehr. Sanitäter rannten mit einer Bahre herbei und trugen ihn weg. Aus dem Türspalt eines anderen Wagens tropfte Blut. Unter einem Durcheinander von Munitionskisten lag ein Infanterist. Eine der Kisten steckte mit der Spitzkante zwischen seinen weit auseinandergerissenen Kiefern. Wir schrien nach den Sanitätern.

Schweigend versammelten wir uns wieder in unserem Waggon, sobald er ins Geleis gerückt und der Vorderwagen abgehängt worden war. Nach Orscha rollten wir über die Dnjepr-Brücke, und schließlich wurden wir in Smolensk ausgeladen. Die Stadt war schlimm zugerichtet. Eine halbe Stunde lang wanderten wir durch ein gewaltiges Trümmerfeld; kaum ein Haus war erhalten, Folge von Artillerie. Das einzige größere erhaltene Bauwerk schien der Dom zu sein, ein schneeweißer, imposanter Bau mit grünem Dach und Zwiebeltürmen, auf denen goldene Kreuze in der Sonne flimmerten. Oben auf dem Berg war weniger zerstört, und auf den Straßen strömten viele Leute hin und her. Entsetzlich abgerissene alte Männer und Frauen baten in hartem Deutsch um Brot. Wir verschenkten unsere ganze Ration. „Das ist verboten. Lasst Euch nicht erwischen“, warnte einer. Halts Maul, dachten wir, vielleicht sagten wir es sogar.

Am Stadtrand, in einem riesigen, mit Stacheldraht umzäunten Grundstück lag der Regimentsstab. Dort wurden wir auf verschiedene Kompanien aufgeteilt, alles Telegraphenbau-Einheiten. Die Front lag 200 km weiter östlich. Wir wurden auf Lastwagen verfrachtet. Ich hatte das Glück, neben dem Fahrer zu sitzen. „Wohin geht es eigentlich?“, fragte ich ihn. „Zur neunten Kompanie in Konotop.“ – „Wie weit ist denn das?“ – „Rund vierhundert Kilometer. Aber ganz ordentliche Straßen.“ Wir fuhren ein großes Stück auf der wirklich ausgezeichneten „Rollbahn“, aber danach wurde es fürchterlich. „Tröste Dich“, sagte der Fahrer, als ich auf meinem Sitz hin und her geschüttelt wurde, „Du wirst noch viel schlechtere Straßen kennen lernen.“

Dergestalt begann meine „Frontbewährung“ bei einer Telegraphenbau-Kompanie. Mein Trupp bestand aus einem Unteroffizier und fünf Mann, dazu zwei russischen „Hilfswilligen“. Wir verfügten über einen großen Lastwagen für Baugerät, Gepäck und uns selbst.

Nach wenigen Tagen sah unser Dienstplan folgendermaßen aus: 03.30 Uhr Aufstehen, Abfahrt, Telegraphenbau. Nach Rückkehr in die Quartiere (planmäßig 17.00 Uhr) zwei Stunden Exerzieren, eine Stunde Unterricht, anschließend Waffenappell. Nach dem Appell Nachexerzieren für diejenigen, die beim Appell aufgefallen waren – ich stets, die anderen meistens. Gott sei Dank maßen höhere Stellen dem Bau der Telegraphenleitung – sie führte nach Kiew – mehr Bedeutung bei als den Exerzierplänen der Kompanie, und sehr oft kamen wir erst nachts um elf vom Bau zurück.

Von morgens vier Uhr bis zuweilen spät nachts mit Telegraphenmasten zu hantieren, zentnerschwere Drahtspulen zu schleppen war kein Vergnügen, zumal wir offenbar mit Vorliebe in morastigen Gegenden, immer aber weit entfernt von der nächsten Straße bauten, alles oft kilometerweit querfeldein schleppend, oft bis zum Gürtel in Wasser oder Sumpf. In der glühenden Sommersonne bestand unsere Kleidung aus Badehose und Stiefeln, und wenn der Vordermann unter der Last der Stange – meistens ein Baumstamm von neun bis zwölf Meter Länge – strauchelte oder auch nur einen Schritt aus der Richtung machte, drehte sich der Balken auf der nackten Schulter und nahm mit seinem klebrigen Harz einige Hautfetzen mit. Das Harz war überhaupt schuld, dass wir wie die Schweine herumliefen, denn unsere Seife war da völlig wirkungslos.

Wenn wir endlich mit allem fertig waren, sanken wir ausgepumpt auf die nächstbeste Liegestätte im Quartier, aßen einige Bissen und schliefen in Sachen ein. Die Baustrecke führte uns durch einen der landwirtschaftlich reichsten Bezirke der Ukraine. Überall wogten Weizenfelder; Kontakt mit der Bevölkerung hatten wir kaum. Wir wurden verhältnismäßig freigebig mit Marketenderwaren bedacht, hauptsächlich Unmengen Fußpuder der verschiedensten Sorten, die man abzunehmen gezwungen wurde – sonst bekam man keine Zigaretten. Und die wollte ich. Ab und zu, wenn ich mich unbeobachtet fühlte, bot ich den „Hiwis" eine an, aber sie wehrten meist mit allen Zeichen des Entsetzens ab und wiesen empfehlend auf ihren in Zeitungspapier gedrehten *Machorka*, der mich wiederum zum Brechen reizte.

Die Leitung war schließlich fertig. Wir erreichten Kiew, unseren Endpunkt. Als Belohnung durfte die Kompanie im Dnjepr baden. Dann erhielten wir „Stadtausgang". Wo man denn hingehe, erkundigten wir uns bei einem Ortskundigen. „Soldatenheim oder Puff", sagte der und beschrieb den Weg. „Im Puff ist das Bier besser." Und die Mädchen? wurde er begierig gefragt. „Mies. Die guten sind alle im Offizierspuff." Als wir dort vorbeischlenderten, fuhr gerade das Auto unseres Kompaniechefs vor.

Das bessere Bier wirkte natürlich magnetisch. Gegen Abend saß die ganze Kompanie im Etablissement, das in einem großen Hotelbau untergebracht war. In dem riesigen Saal herrschte Hochbetrieb. Mädchen mit alten Gesichtern drängten sich durch die Menge, und ein Kunde gab dem anderen die Tür nach oben in die Hand. Das Publikum bestand aus den üblichen Soldatenheim-Gästen: Ergraute Landser, ordenbedeckte Panzerschützen und Flieger, junge Gefreite, die wohl eben erst in den Osten gekommen waren. Eine Altersgrenze gab es nicht. Sehr viele kamen deutlich nur des Bieres wegen, aber von unserer Kompanie gingen fast alle durch die erwähnte Tür, und ich schämte mich sehr, als einziger „Fahnenjunker" nicht mitzugehen. Mitleidig sahen mich die anderen an. „Kannst wohl noch nicht", meinte einer. „Lass ihn, er ist doch gerade erst aus Deutschland gekommen", sagte mein Truppführer und setzte sich zu mir. „Da gibt es andere Frauen". Lärmend stimmten die anderen ein – manche von ihnen verheiratet, viele betrunken, viele soeben erst mit zufriedenen Gesichtern von oben heruntergekommen.

Die letzten drei Wochen unserer „Frontbewährung" verbrachten wir Fahnenjunker bei einem „Entstörtrupp" im Raum Gomel. Wieder wurden wir auf einzelne Trupps verteilt. Die Leitung, um die wir uns zu kümmern hatten, verlief durch ein Gebiet, in dem sich Partisanen sehr bemerkbar machten. Zu zweit bestiegen wir einen Dienstzug, schwer beladen nicht nur mit eigenem Gepäck, sondern auch mit einer riesigen Verpflegungskiste. Sie enthielt eine Wochenration für den ganzen Trupp. Dazu noch ein Maschinengewehr mit tausend Schuss Munition. Nach kaum zwei Stunden sehr langsamer Fahrt blieb der Zug stehen. „Alles Aussteigen“ schrie jemand, „die Strecke ist gesprengt. Vorn steht ein anderer Zug.“ Fluchend kletterten wir heraus, brachen fast unter unserer Last zusammen und wateten durch sandigen Boden etwa zwei Kilometer, an der Sprengstelle vorbei, zum Ersatzzug.

Der Trupp hauste im Verwalterhaus eines Staatsgutes, dessen Hof von hohen Steinmauern umgeben war. Hier war es weniger anstrengend. Jedes Truppmitglied saß jeweils zwei Stunden am Telephon und rief alle Stunden die nächsten Teilnehmer in beiden Richtungen zur „Leitungsprobe“ an. Kam keine Antwort, mussten wir auf Störungssuche gehen. Das passierte während unserer Anwesenheit nur einmal, und die Störung erwies sich als geringfügig. Da aber in der Nähe Schüsse gefallen waren, lässt sich denken, mit welchen Gefühlen wir mitten in der Nacht, wenn auch einer hellen, am Bahngeleise vorwärts schlichen, neben dem unsere Leitung verlief. Bei jedem Geräusch blieben wir geduckt stehen und hoben die schussbereiten Maschinenpistolen. Wir müssten in der klaren Nacht ein ideales Ziel für Partisanen gewesen sein. Aber die waren woanders.

Bald danach fuhren wir wieder zum Regimentsstab nach Smolensk zurück, um uns Richtung Halle/Saale zur „Luftnachrichten-Schule“, wie es hieß, „in Marsch setzen“ zu lassen. Dort begann für uns dem Namen nach ein „Funk-Lehrgang“, aber er bestand zum größeren Teil aus Exerzieren, Geländeübungen, Feuerwachen und Postenstehen. In der restlichen Zeit bereiteten wir uns auf die mannigfachen Appelle vor. Erst was dann noch an Zeit blieb, diente unserer Ausbildung am Funkgerät.

SS-Schweinebraten

Im besetzten Russland waren die Nächte unheimlich. Deutsche Soldaten fürchteten sich vor den Partisanen. Die kämpften mit allen Mitteln für ihr Land, in dem wir eigentlich nichts zu suchen hatten. Soweit ich erinnere, war ein Streifen dicht an der Front weniger gefährlich – solange die Front hielt. Dort waren die Dörfer voll mit deutschen Stellungen – Tross- und Hilfsdienste für die weiter vorn, Verpflegungslager, Sanitätswesen, Reparaturwerkstätten und ähnliches, und sie dienten auch deutschen Einheiten als „Ruhequartier".

Aus vielen dieser Dörfer war die Bevölkerung verschwunden – vertrieben oder geflohen, was aufs Gleiche herauskam. Obwohl die deutschen Soldaten fast immer gut verpflegt waren, galten doch in besetzten Dörfern in jedem leeren Haus die ersten Blicke den Kellern. Da freilich die Stellungen oft gewechselt wurden, Truppen abzogen und neue kamen, war die Wahrscheinlichkeit denkbar gering, noch irgend etwas Essbares zu finden.

In einem solchen Dorf verbrachte ich 1943 ein paar Wochen mit einem Trupp, der „Flieger-Leitverkehr" betrieb. Angeführt von einem Leutnant, gehörten dazu ein halbes Dutzend Funker, Techniker und Fahrer, mit einem Schützenpanzer, einem sogenannten Funkwagen, der die Sende- und Empfangsgeräte enthielt, und noch zwei Wagen. Solche Trupps waren jeweils einer Front-Division zugeteilt; sie leiteten deren Wünsche nach Unterstützung durch Sturzkampfflugzeuge („Stukas") per Funk weiter und dirigierten diese zu den angegebenen Zielen.

Unser Quartier befand sich neben dem einer Waffen-SS-Einheit, und die hatte etwas, was die anderen Besatzer des Dorfes, auch wir, mit ungezügeltem Neid sahen: ein Schwein. Wenige Meter von uns entfernt, auf einer winzigen umzäunten Weide neben dem Bauernhaus der SS-Leute lag es oder stand oder trabte herum. In dem Dorf lagen, wie gesagt, noch andere Einheiten. Aber wir, die wir als Teil der „Luftnachrichtentruppe“ rein technische Aufgaben erledigten, hatten in unserer Mitte, wohl als einzige,einen Metzger. Ich erinnere, dass er aus Straubing war, wovon er viel erzählte. Nun spielte er eine Hauptrolle, von unserem ersten Blick auf das Schwein bis in die Nacht vor unserem ziemlich plötzlich angeordneten Stellungswechsel in ein anderes Dorf.

Zusammen mit unserem Hünen, einem besonders riesigen Kärntner war er eines Nachts aus unserem Quartier verschwunden, nicht ohne uns alle aufgefordert zu haben, wach zu bleiben – auch diejenigen, die nicht in dieser Nacht Funkdienst hatten wie ich – und „alles“ vorzubereiten. Eimer mit Wasser, Feuer unter einem weiteren Eimer, was weiß ich noch. Es dauerte nicht lange, da hörten wir eine Art Stampfen und Schleifgeräusch. Vom Funkwagen aus sah ich, wie die beiden tatsächlich das Schwein heranschleppten und damit durch die Tür, die sich wie automatisch von innen geöffnet hatte, in unserem Häuschen verschwanden. Offenbar hatte ein geschickter Schlag das Tier so betäubt, dass es keinen Ton mehr von sich gab. Nun ging es da drinnen weiter wie beim Schlachtfest, nur stiller – endgültiger Todesstoß, abbrühen, aufschneiden, ausnehmen, zerstückeln, die Stücke waschen, salzen, die meisten verpacken, andere kochen und so weiter. Bald nach Mitternacht schmausten wir Wellfleisch. Gegen zwei Uhr morgens war alles verstaut und in Beuteln, Taschen und Säcken in unsere verschiedenen Fahrzeuge verteilt. Voll und erschöpft legte sich der Trupp zur Ruhe. Nur ich blieb am Funkgerät, von dem aus ich im ersten Morgengrauen den ersten Bericht über unser Wetter zur Zentrale funken musste; einige Rundgänge als Wache machte ich auch noch.

Als ich beim ersten Morgenlicht aus dem Funkwagen kletterte, um den Wolkenstand und die Windrichtung zu ermitteln, fiel ich buchstäblich

Als Unteroffizier

aus allen Wolken: auf unseren Wagen, die im Halbkreis geparkt standen, saßen Katzen, so viele, wie ich noch nie auf einem Haufen gesehen hatte. Ich brauchte nicht lange zu überlegen, was sie angelockt hatte. Wenn nun einer der SS-Leute nach dem Schwein schauen wollte, es vermisste und auf die Suche ging … Ich weckte unseren Leutnant, und der befahl sofortigen Abmarsch. Verpackt war sowieso fast alles, und unter Verzicht auf Morgenwäsche, Rasur und Morgenkaffee fuhren wir davon, weit früher als vorgesehen. Dafür kochten wir dann unseren Kaffee in sicherer Entfernung in einem Wald und genossen ein Frühstück mit Schweinebraten. Wir schwelgten noch einige Tage lang mit dem Werk unseres Straubinger Metzgers, der auch noch hervorragend kochen konnte.

Ein ähnliches kulinarisches Erlebnis war mir in meiner relativ kurzen Kriegszeit von knapp drei Jahren nicht beschieden. Von der Luftwaffe bekamen wir, abgesehen von unserer täglichen Nahrung, gelegentlich „Marketenderware", Zigaretten und einen fürchterlich süßen Beerenlikör, „Pantherblut" genannt; das Korps, zu dem wir gehörten, hatte sich den Namen „Panther" zugelegt.

Eines Tages – ich war inzwischen mit einem noch kleineren Trupp in irgend einer Gegend am Rande der Karpaten – schoss ich mit dem Karabiner einen Hasen. Die Bäuerin, bei der wir hausten, briet ihn für uns. Doch das Geheimnis, wie man frisches, überhaupt nicht abgehangenes Wild mürbe und kaubar machen könnte, kannte sie ebenso wenig wie wir. Ich konnte sie nicht tadeln und nahm es auch nicht als eine Demonstration der Feindseligkeit, die es ja hätte sein können.

Torte und Jazz in Holland

Ende 1944 landete ich in Holland, in Oldenzaal gleich hinter der deutschen Grenze. Nun war ich Funker und Kraftfahrer in der „Stabsbatterie" eines Fallschirm-Artillerie-Regiments. Mit dem Fallschirm abgesprungen wurde gar nicht mehr, wir hießen nur noch so. Der Luftwaffe fehlten weniger die Maschinen als der Sprit. Wir wurden, was man mehr ahnte als wusste, in Holland mit anderen Verbänden zur Vorbereitung der letzten großen deutschen Offensive des Krieges massiert, der „Rundstedt-Offensive" (nach dem Befehlshaber) in der Eifel.

Der Tätigkeit „beim Stab" verdankte ich beachtliche, unübliche Bewegungsfreiheit, da mich unser Oberst beauftragt hatte, ein tägliches Nachrichtenbulletin zusammenzustellen. Ich war doch Funker und hatte erklärt, nach dem Krieg „zur Presse" gehen zu wollen.

Im Regiment gab es zunächst kein Radio, nicht einmal beim „Stab". Abgesehen von dem, was ich per Funkgerät aus dem Äther fischte, besorgte ich mir regelmäßig Nachrichten in einem Büro des holländischen Ablegers der „Organisation Todt", eines Kollaborateur-Vereins. Der hatte ein Radio, von dem ich die langsame Fassung des Wehrmachtsberichtes mitschreiben konnte, außerdem die meinem Obersten lieben „Kurznachrichten für die Truppe". Alles auf einer Schreibmaschine dieses Büros.

Ich durfte mich also in Oldenzaal sehr frei bewegen, zumal der „Stab" von den üblichen Appellen und ähnlichem militärischen Getue weitgehend verschont blieb. Gleich neben unserem Quartier fand ich schnell ein Restaurant, in dem deutsche Offiziere, andere Deutsche und privilegierte Holländer zu Schwarzmarktpreisen ganz gut essen konnten. Auch ich aß dort von Zeit zu Zeit. Während ich nicht mehr erinnere, was (außer, dass es immer Fleisch und Kartoffeln gab), ist in meinem Gedächtnis eine Buttercremetorte haften geblieben, die man dort zum Preis von 30 Gulden, oder waren es Mark, kaufen konnte und die in unserem Stab sehr beliebt war.

Eines Abends kam ich aus meinem Quartier und hörte leise, aber deutlich Jazzmusik, sehr gute. Fasziniert ging ich in die Richtung und kam an einen kleinen Pavillon. Durch eine Türritze fiel etwas Licht – an sich war ja alles „verdunkelt". Ich klopfte. Das Licht ging aus, die Tür auf. Ein junger Mann in Hemd und Hose stand vor mir, deutlich verstört von der Erscheinung eines uniformierten Deutschen. Ich wollte ja gar nicht stören, aber ich hätte so schönen Jazz gehört und ich sei ein Jazzfan, sagte ich, und vielleicht gebe es mehr davon? Verblüfft, denn das schien er von einem Deutschen nicht zu erwarten, zog er mich hinein, schloss die Tür. Im wieder angegangenen Licht sah ich drei weitere junge Leute. Wir schüttelten die Hände, es gab einen Sessel für mich, und ich konnte eine halbe Stunde Jazzplatten hören. Ich war begeistert, sie waren erleichtert. Als ich zu meinem Quartier zurückwanderte, waren wir verabredet. Ich ging noch mehrmals hin.

Ich zählte mich ziemlich früh zur deutschen Jazzgemeinde. Als Radiofanatiker hatte ich in Liegnitz Ende 1938 ausländische Jazz- und Swingsendungen gehört. Eine Zeit lang gab es die ja auch über deutsche Sender, mit Bands wie Teddy Stauffer, Ernst van 't Hoff und anderen.

In Berlin hatte ich Klavierunterricht gehabt, aber leider nur ein halbes Jahr. Das Ende bedauerte ich damals nicht; der Lehrer brachte nicht fertig, mir den mindesten Enthusiasmus einzuflößen, und weder Fingerübungen noch Czernys Etüden spornten mich an. In Liegnitz begann ich Jazzplatten zu sammeln, abzuspielen auf einem uralten Grammophon mit Stahlnadeln. Entsprechend inspiriert, klimperte ich auch auf dem Flügel meiner Mutter, die hervorragend Klavier spielte. Ich kam aber bald an ein Schlagzeug – *drums*, sagte man später. In dieser Zeit habe ich zwei für damals sehr gute Pianisten kennengelernt, die ich begleitete. So erweiterte ich Jazzbegeisterung und -kenntnisse. Der zweite, Wolfgang Oberländer, der schon am Konservatorium ausgebildet wurde, war ein richtiges Genie, viel beneidet wegen seines weichen Anschlags und für damals sensationeller Technik. Er beherrschte alles an Melodien und Akkorden, was aus dem Westen zu uns herüberkam. Wir waren schnell ein gut aufeinander eingespieltes Duo. Gelegentlich wurden wir dank eines Klarinettisten, der auch Gitarre konnte, ein Trio. Das war Klaus Walter, Sohn eines Liegnitzer Schauspielers. Jahrzehnte später hatte er als „Teddy de Paris“ ein erfolgreiches Jazztrio, er selbst an *drums*, und behauptete gelegentlich netterweise, er habe *drums* von mir abgeguckt. Oberländer ist aus dem Krieg nicht zurückgekommen.

Am ersten Tag meiner Rekrutenzeit in Potsdam-Eiche hörte ich überrascht „wilde“ Jazzmusik aus der Stube nebenan, eilte hin und entdeckte Goetz Scherff, der zur allgemeinen Verwunderung ein Koffergrammophon mit vielen Jazzplatten mitgebracht und sofort in Betrieb genommen hatte. Wir freundeten uns schnell an, nicht nur deswegen. Nach kurzer Zeit brachten wir zuwege, dass uns die Vorführer des abendlichen Kasernenkinos die Wartezeit vor den Vorstellungen mit Jazzplatten füllen ließen, die allgemein sehr gefielen, obwohl doch Jazz als „jüdische Negermusik“ bei den Nazis verpönt war. Leider legte ich eines Abends versehentlich eine Platte von der falschen Seite auf, und so erschallte in bestem Amerikanisch der „F. D. R. Jones“. Einer der anwesenden Offiziere schrie Aufhören!, und von da an durften wir nicht mehr.

Bei den jungen Holländern hörte ich mit wachsender Vertrautheit nicht mehr nur Jazzmusik. Wir diskutierten über alles Mögliche. Die vier hatten studiert, bis die deutschen Besatzer kamen. Zwei waren Brüder, Henk und Gerhard , dazu ihre Freunde Smudde und Fleer. Sie unterlagen den Bewegungsbeschränkungen, die die Deutschen verhängt hatten. Meistens konnten sie abends, wenn sie sich zur Jazzstunde getroffen hatten, nicht mehr nach Hause und mussten bis morgens bleiben. Ich sorgte für Abhilfe. Im Büro der „Organisation Todt" oder „TN", wie auch immer sie auf holländisch hieß, konnte ich längst zu beliebiger Stunde erscheinen, auch wenn dort niemand war.

Eines Tages griff ich mir Vordrucke von den Jahresausweisen, die TN-Leute als im Dienst der deutschen Behörden auswiesen; das bewahrte sie vor Festnahme und Deportierung in Arbeitslager nach Deutschland. Ich beschaffte mir die Personalien der vier und trug sie korrekt ein, dann stempelte ich die Ausweise mit dem echten Dienstsiegel der Organisation, das in einem Stempelhalter leicht zu erkennen war. Schwungvolle Unterschrift „Löweringk", wie der TN-Chef hieß, in der Art, wie ich schon viele Unterschriften von ihm gesehen hatte. Dann ergänzte ich alles abends im leeren Geschäftszimmer meiner Kompanie mit dem Zusatz: „Der Soundso ist bei der Einheit ..." und stempelte das abermals, nun mit unserem deutschen Dienstsiegel. Als ich ihnen die Papiere überreichte, waren sie begeistert. Ob sie viel oder lange Nutzen davon gehabt haben, ob sie für andere Zwecke unterwegs sein würden, konnte ich nicht feststellen. Gleich danach erreichte unser Regiment der Befehl zu Aufbruch und „Abmarsch". Ich verabschiedete mich von den vier wie von Brüdern.

Wir marschierten natürlich nicht, sondern fuhren, hinter uns die Kanonen („Geschütze" klang moderner). Die Eifel-Offensive begann bald danach. Wie manche Militärhistoriker wohl noch wissen, ging es bei grauem Wetter und unter dichten, tiefliegenden Wolken ein paar Tage vorwärts. Wir waren keineswegs die Angriffspitze, folgten aber als Artillerie verhältnismäßig dicht. Dann brach die Sonne durch, der Himmel wurde blau. Und ich, nicht nur ich, erlebte zum ersten Mal das gewaltige Ausmaß der alliierten Luftüberlegenheit. Die Bläue erschien eher schwarzgepunktet von den Unmassen von Flugzeugen, die in immer neuen Wellen anflogen, um ihre Bomben auf uns herunterregnen zu lassen, die wir uns in Wäldern, Gräben, Hohlwegen zu verstecken und zu schützen suchten und angstschlotternd warteten, wo es einschlagen würde. Zu meinem und vieler anderer Glück flogen die Maschinen zunächst viel zu hoch, mit der Zielgenauigkeit war es deutlich nicht weit her, jedenfalls in unserem Abschnitt. Deswegen kann ich noch davon erzählen.

Fresspaket und Handschellen

Ich verstehe kaum noch, dass ich an einigen der jährlich stattfindenden „Kameradentreffen" jener Einheit teilgenommen habe, in der ich Soldat geworden war. Sie hieß „Luftnachrichten-Offiziers-Ergänzungsjahrgang", abgekürzt LN-OEJ, des Jahres 1942. Ich war zwar etwa zwei Jahre nach meiner Einberufung wieder aus dem Offiziers-Nachwuchs ausgeschieden, da ich dank der Beziehungen meiner Mutter zu Gefährten meines Vaters aus dem Ersten Weltkrieg, die unter Hitler hohe Ränge erreicht hatten, meine (ganz und gar ungewöhnliche) „Ablösung" erreichen konnte. Das hinderte aber viele „Ehemalige" nicht, mich weiterhin als einen der Ihren zu betrachten. Ich blieb auf der Adressenliste, bis ich mich daraus streichen ließ.

Die damaligen Rekruten, Fahnenjunker etc. waren Offiziere geworden. Einige hatten in der Bundesrepublik neue Karriere gemacht und verfügten über Kasernen, in denen sie uns für „Tagungen" unterbringen konnten. Vielleicht lief das unter „Traditionspflege". Das erste Mal nahm ich 1972 an so einem Treffen teil, das im Wahlkreis meines Freundes Conrad Ahlers stattfand, kurz vor den Neuwahlen zum Bundestag, und Ahlers glaubte wie ich, es lohne vielleicht, bei einer so seltsamen Mannschaft für die Wiederwahl Willy Brandts zu werben. Das zweite Treffen war wesentlich ziviler und für mich unpolitischer. Goetz Scherff, der einzige, zu dem ich die freundschaftlichen Beziehungen nach dem Kriege nicht abreißen ließ, mittlerweile Siemens-Direktor, hatte eine wesentliche Rolle beim Aufbau des Siemens-Museums in Berlin gespielt und verschaffte uns eine ausgedehnte und interessante Besichtigung. Ein weiteres Treffen führte uns zu unseren früheren ersten Ausbildungsstätten Potsdam-Eiche und Kladow-Hottengrund bei Berlin. Die wollte ich in der Tat noch einmal sehen, ein masochistischer Besuch von Denkmälern des Abscheus. Da die „Kameraden" zu diesem Treffen (und weiteren) auch unsere damaligen Rekrutenausbilder einluden, die wir doch damals als Schinder betrachtet und unter denen viele von uns gelitten hatten, plante ich keine weitere Teilnahme mehr. Auch GOETZ SCHERFFS Interesse ging zu Ende.

Beim letzten Mal, bei so genanntem „kameradschaftlichen Beisammensein" in irgend einem Lokal, erzählte mir ein Damaliger, mit dem ich wohl im gleichen „Zug" gewesen war, eine mindestens für mich bemerkenswerte Geschichte. Ich weiß noch heute nicht, warum sie mich so wenig erregt hat. Ein ebenfalls Anwesender, damaliger „Stuben-Kamerad" von mir, habe doch seinerzeit der Kompanie gemeldet, dass in unserer Stube (darin waren wir sechs oder acht) Subversives stattfände. Damit meinte er drei „Fahnenjunker": RICHARD VON FRANKENBERG, DIETER WOLFF und mich. Freilich war der Erzähler nicht so sicher, ob der Betreffende nur gesagt habe, man müsse uns „melden", oder ob er es wirklich getan habe.

Subversiv oder nicht: Drei junge Leute, die in ihrem Leben keine andere Zeit bewusst erlebt hatten als die der Nazis, machten sich ausgerechnet in ihrer Kaserne Gedanken über mögliche bessere Regierungsformen. Obwohl wir manches zu Papier brachten, leichtsinnigerweise, habe ich leider keine Spuren mehr davon. Wir waren also blöd genug, Stuben-„Kameraden" zuhören zu lassen.

Wenn wir auch keine andere Regierungsform kannten, wirkten doch gewisse Einflüsse in uns. FRANKENBERGS Vater, ein ziemlich bekannter Schriftsteller, trat wohl nach außen nicht mehr als Antinazi auf, doch sein Sohn hatte zweifellos genug mitbekommen. Über die Familie von DIETER WOLFF weiß ich nichts. Ich hatte die vielen, die Nazis herabsetzenden Bemerkungen meines Vaters, seiner Schwester Alexe und ihres Vetters Eduard nicht vergessen, und die Lehren und Erklärungen Onkel Willis, des Demokraten.

Wir drei wurden bald getrennt. Jeder setzte seine Ausbildung woanders fort. Wir hielten aber Kontakt und schrieben uns Briefe. Offenbar war mindestens einer von uns so leichtsinnig, auf unsere Diskussionen zurückzukommen. Meine sehr wechselvollen Stadien der Kriegsteilnahme sorgten dafür, dass mir die ganze Sache schnell aus dem Gedächtnis schwand. Bis zum Winter 1944/45, in dem ich in die Eifel-Offensive geraten war.

Eines Nachts kam das Regiment, zu dessen Stab ich gehörte, nach einigen reichlich anstrengenden Wochen in „Ruhestellung", in einem kleinen Eifeldorf in ausreichender Entfernung von der vordersten Linie, um bisher weder beschossen noch aus der Luft angegriffen worden zu sein. Mein Ruhequartier wurde die Kirche. Am nächsten Morgen, noch bevor ich oder irgend jemand sonst Zeit gehabt hatte, sich zu waschen und zu rasieren, wurde ich verhaftet. Es war der 12. Februar 1945.

„Mein" Oberleutnant erklärte, komischerweise wisse er nicht, weswegen er mich verhaften müsse. Er schickte mich, bewacht von einem Wachtmeister, zum eine Stunde entfernten Divisions-Feldgericht. Dort hörte ich, ich würde weiter zum Luftgaugericht nach München geschafft, wo Fälle wie meiner verhandelt würden. Zunächst dachte ich, meine Passierscheinaktion für die jungen Holländer in Oldenzaal sei aufgeflogen. Aber da der Stabsrichter, als der Wachtmeister meinen Namen sagte, verblüfft meinte: „Ich dachte, Sie sind WOLFF", wusste ich nun besser Bescheid und war eher erleichtert. Ich blieb beharrlich dabei, nicht zu wissen, was gegen mich vorliege. Meine Mutter hatte mir im November einen Feldpostbrief von WOLFF nachgeschickt, in dem er erzählte, er sei verhaftet, aber nach einigen Monaten wieder auf freien Fuß gesetzt worden. Er dachte sogar, auch ich sei verhaftet. Offenbar hatte die Mühle der Militärjustiz in meinem Fall nicht so schnell mahlen können, weil ich in Russland ziemlich oft Einheit und Ort wechselte. Ich gehörte ja dem

„OEJ“ nicht mehr an. WOLFFS Brief ließ mich natürlich denken, dass auch mir nicht viel passieren würde, und ich vergaß die Sache wieder.

Mein „Transport“ nach München verlief nicht so, wie der sehr ungnädige Feldrichter sich vorgestellt und ich zunächst befürchtet hatte. Ein netter, bald freundschaftlicher (ja, das gab es also auch) Oberfeldwebel der Feldgendarmerie, die wir „Kettenhunde“ nannten, führte, bewachte, geleitete mich. Sobald wir außer Sicht des Divisionsdorfes waren, nahm er mir die Handschellen ab, mit denen er mich an sich gekettet hatte. Er freute sich, dass wir über sein Heimatdorf reisen konnten, wo er einige Tage bleiben wollte, mit mir. Er rüstete sich für die Fahrt mit vielen Zigaretten aus, die er mit mir teilte. Ich hatte kein Gepäck außer der dicken Jacke, die ich seit Monaten trug, und das war auch gut, denn wir mussten ein ziemlich mächtiges Paket des Kriegsgerichtsrates der Division zu seiner Frau bringen, die gleichfalls am Weg wohnte. Besser gesagt: Wir sollten den Weg so aussuchen. Da kaum noch Züge fuhren, wofür schon die vielen amerikanischen Jagdbomber („Jabos“) sorgten, die alle von oben leicht erkennbaren Transportwege unsicher machten, trampten wir teils zu Fuß, teils per Anhalter, falls uns jemand eine Strecke mitnahm. Dass die Frau des Kriegsgerichtsrates ihr Paket bekam, verdankte sie einem freundlichen Lastwagenfahrer. Wir hatten in Kaub am Rhein gesessen und gerade beschlossen, das schwere Ding in den Fluss zu schmeißen, da hörten wir ein Autogeräusch. Der Laster hielt auf unser Winken wirklich an und nahm uns mit. Also auch unser Paket, bis zu einem Bahnhof, von dem aus noch Züge fuhren.

Der Zug, mit dem wir tatsächlich eine Strecke weiterkamen, wurde dann freilich zur Jabo-Zielscheibe. Wir lagen innen auf dem Boden, sie zerschossen alles mögliche, hauptsächlich die Lokomotive. Als der Motorenlärm über uns nachließ, sprangen wir raus, rollten den Bahndamm herunter und machten uns unten so klein wie möglich. Das Paket hatte ich rausgeworfen. Als wir es einsammelten, sah es nicht mehr so ordentlich aus wie zu Beginn der Reise, hielt aber noch zusammen.

Wir verbanden den Fuß der Schaffnerin, die einen Splitter abbekommen hatte. Ihre Kollegin vom Packwagen, an die sie sich nach dem ersten Schock erschrocken erinnerte, lag schrecklich zugerichtet und sterbend im zersplitterten Wagen. Aus einem nahen Dorf kam ein Junge auf dem Fahrrad, wir schickten ihn, einen Arzt zu holen. Die übrigen Fahrgäste verwünschten laut den sinnlosen Krieg. Sie schimpften auf die Verbrecher an der Macht – und machten klar, sie hofften, die Soldaten, „die Front" werde nun endlich bald „Schluss machen". Just das hofften wir seit langem von „der Heimat", wie sie es ja anscheinend im ersten Weltkrieg getan hatte. Aber wer war schon noch an Männern zu Hause außer wilden Nazis.

Hintereinander kamen drei Ärzte; für die Frau im Packwagen war nichts mehr zu machen. Einer davon hielt markige Nazireden. Um ihn herum blieb alles stumm. Im Ort fanden wir einen Lastwagen, der auf Weinbesorgungsfahrt durch das Dorf fuhr, in dem die Frau des Kriegsgerichtsrate wohnte, und uns mitnahm. Sie ließ uns ein, aber wir trauten uns in unserer dreckigen Verfassung nicht, uns hinzusetzen. Sie merkte, warum, und zeigte uns das Bad, unser erstes seit langem. Dann setzte sie uns zu Essen vor – wir waren froh, das Paket, das fast nur Lebensmittel enthielt, nicht weggeworfen zu haben. Wir blieben auch über Nacht, schliefen aber nicht in den verlockenden weiß bezogenen Betten, weil wir daran dachten, wie verlaust wir waren, sondern auf dem Fußboden, wie gewohnt.

Als neue Menschen, etwas vorzeigbarer, zogen wir weiter, nun ins Heimatdorf meines Bewachers, nach Richen, zwischen Sinsheim und Eppingen. Er stellte mich überall als „mein Kumpel" und „ein armer Teufel vom gleichen Haufen wie ich" vor. Wir blieben drei Tage. Bewirtet wurden wir nicht nur von seiner Familie, sondern auch von anderen im Dorf, manche brachten uns Kuchen oder Würste. Nicht wenige rieten mir, zu bleiben und das Ende des Krieges abzuwarten, das ja deutlich sehr nahe war. Aber das wollte ich nicht riskieren. Mindestens einen Nazi gab es sicherlich im Ort, und wenn der davon Wind bekommen hätte, würde er sich bestimmt um seinen „Führer" verdient machen wollen und uns anzeigen. Dann wäre nicht nur ich erledigt gewesen, sondern auch „mein" Feldjäger, seine Familie und alle, die uns so gut behandelt hatten. Also starteten wir wieder, von den Segenswünschen der Familie begleitet.

Ohne weitere Mühen und Aufenthalte schafften wir es nun in verschiedenen Zügen bis München, einer Stadt voller Ruinen. Das Wehrmacht-Untersuchungsgefängnis, in dem sich mein mir lieb gewordener Bewacher herzlich von mir verabschiedete, war weitgehend zerbombt. Im verbliebenen Flügel hauste nur noch ein „Meldekopf" mit einigen Zellen. Das Hauptgefängnis war nach Manching verlegt. Zum ersten Mal in meinem Leben verbrachte ich eine Nacht in einer Zelle. Einziges Mobiliar war eine Pritsche mit Strohsack und ein Eimer.

Im Wachbüro hatte ich den grauhaarigen Unteroffizier, der meine Personalien notierte, nach DIETER WOLFF gefragt. Natürlich kenne er den. Der sei wegen „Landesverrat" dagewesen und zu einem Dreivierteljahr Zuchthaus, aber mit „Frontbewährung" verurteilt und an die Front geschickt worden.

Am nächsten Morgen wanderte ich zusammen mit fast einem Dutzend anderer Untersuchungsgefangener zum Bahnhof. Man hatte uns zu je zweit mit Handschellen zusammengefesselt, die sehr eng festgezogen waren und entsprechend wehtaten. In Doppelreihe marschierten wir, von mehreren Posten umgeben, durch ziemlich verkehrsreiche, bevölkerte Straßen, ein langer Weg, den ich nicht vergessen habe. Wir gingen auf dem Fahrdamm und hätten nicht auffälliger sein können. Passanten sahen uns mitleidig oder voller Abscheu an. Transport Gemeingefährlicher.

Im Zug gab es kein Extra-Abteil für uns. Wegen der besonderen Art unseres Zusammenhaltes saßen wir immer paarweise zwischen einigen Reisenden. Die Wachen standen im Gang. In der Nacht kamen wir in Manching an, nach einem mühsamen Marsch von einer Bahnstation etwa drei Kilometer vorher, immer noch mit den stark schmerzenden Handgelenken wegen der Schellen. Die wurden uns erst abgenommen, als wir im Gefängnis von der dortigen Wache in Empfang genommen und zum Geschäftszimmer gebracht worden waren. Dort mussten wir einzeln eintreten, unser Geld abgeben und unsere Personalien notieren lassen. Da wir erst am nächsten Morgen richtig „eingeschleust" werden sollten, übernachtete ich mit vier Leidensgenossen in einer eisigen, etwa 10 m langen und 3 m breiten „Zelle". Von den Wänden troff es. In der Mitte nahm eine riesige Wasserlache die ganze Breite des Raumes ein. Einige Holzpritschen hinter der Pfütze waren die ganze Ausstattung. Decken hatte niemand, ich nicht einmal einen Mantel. Um nicht so zu frieren, krochen wir eng zusammen. Erschöpft genug, schliefen wir trotz der Kälte schnell ein.

Am nächsten Morgen nahm man uns außer Rauchwaren alle eigenen Sachen ab und steckte uns in alte, abgetragene „Bratenröcke", frühere Parade-Uniformen des Heeres. Nach meiner ärztlichen Untersuchung auf „Haftfähigkeit" (jeder war natürlich „haftfähig", der Arzt untersuchte nichts) wurden meine Kleider entlaust, aber mir wurde das notwendige Bad verweigert – „wo kämen wir hin, wenn hier jeder baden wollte? Dies ist kein Hotel, sondern ein Gefängnis!".

Dann kam ich in „meine" Zelle. Große Begrüßung durch die 26 Insassen. Wie es an den Fronten stünde? Wie weit die Russen seien? Wie lange der Krieg noch dauern könne? Ob ich etwas zu Rauchen hätte? Ja. Bald qualmte alles. Dann richtete ich mich häuslich ein. Ich wurde Untermann in einem der üblichen Stockbetten. Die normale Manching-Zelle: neun bis zehn Meter lang, drei breit. Decke hoch und gewölbt, Fußboden aus Stein. An der Schmalseite gegenüber der Tür hoch oben ein kleines vergittertes Fenster, das gerade genug Licht hereinließ, um den Raum in dämmeriges Zwielicht zu tauchen. An jeder Längswand hintereinander fünf oder sechs Stockbetten, zwei nebeneinander unter dem Fester, zwei weitere davor. Links neben der Tür ein Stuhl mit einem Stoß Blech-Waschschüsseln, einige Wasserlachen auf dem Fußboden, ein Kübel zur Aufnahme des Wassers. Rechts neben der Tür eine Tonne, deren übler Gestank genug über ihren Zweck aussagte. Mein „Obermann" erklärte mir, dass sich hier alles „ums Fressen und ums Rauchen" drehe. Mittagessen um halb zwölf, ein halber Napf dünner Suppe. Abendbrot um halb fünf: eine dicke Scheibe Brot, manchmal etwas Suppe dazu. Sonntags zum Brot Margarine und Wurst „in mikroskopischen Mengen". Morgens und Abends Kaffee. Alle zehn Tage 9 Zigarren oder 20 Zigaretten. Jeden Tag eine Stunde Freiübungen im Hof. Jeden Sonnabend „Läuseappell. Man muss auf dem Bett sitzen und Läuse suchen. Anschließend kommt der Kapo, der unsere Zelle unter sich hat, und fragt, wer Läuse gefunden hat. Ob Du eine oder dreißig meldest, spielt keine Rolle; unternommen wird nichts." Die meisten Insassen: „Unerlaubte Entfernung von der Truppe oder Fahnenflucht. Dann haben wir drei Plünderer von der Marine aus Italien und einen Leichenfledderer. Er ist der einzige, dessen Sache einen unangenehmen Beigeschmack hat."

Das Leben in der Zelle war ein Kampf gegen die Langeweile. Jemand hatte mit Bleistift Schach- und Mühle-Felder auf die Platten der drei in der Mitte der Zelle stehenden Tische gezeichnet, als Figuren wurden Gebilde aus Pappe verwendet. Es gab ein Skatspiel mit Karten aus Zigarettenschachteln. Die Gefängnisbibliothek verteilte jede Woche fünf Bücher, um die man sich riss. Hauptsächliche Autoren: die Marlitt und Ludwig Ganghofer. Freitags kamen Zeitungen, die nach Lektüre in Zigarettenpapier verwandelt wurden. Früh um halb sieben wurden wir geweckt – auf Liegenbleiben stand Arreststrafe –, standen auf, wuschen uns, die Kübel wurden hinausgetragen, der „Stubendienst" fegte die Zelle. Alle drei Tage reichte man uns Rasierapparate herein, die nach einer Stunde wieder abgeholt wurden – die benutzten Rasierklingen natürlich auch, wegen der Sicherheit. Nach dem Abendbrot mussten wir die Schuhe ausziehen und vor der Zelle im Gang aufstellen (am Morgen holten wir sie wieder herein), dann kam ein Unteroffizier, um uns zu zählen, dann wurde das Licht ausgemacht. Warum wir die Schuhe herausstellen mussten, habe ich nicht ergründen können. Offenbar zur Erschwerung einer nächtlichen Flucht. Aber die hätte nur durch die Zellentür gehen können, und wer so weit gelangte, hatte ja die Schuhe zur Auswahl vor sich. Drinnen hockten wir dann also in Strümpfen und froren an den Füßen auf dem Steinfußboden. Natürlich ging niemand gleich schlafen.

Wir waren in Abteilung I, der für schwere Fälle. Abteilung II wurde von uns gewaltig beneidet; dort konnte man arbeiten, sogar außerhalb des Gefängnisses, und das bedeutete Ablenkung und mehr Verpflegung. Uns hielt die Gefängnisleitung für zu gefährlich. Essen, nicht etwa Frauen, war Hauptgesprächsthema. Mitten in der Nacht sagte manchmal einer: „Jetzt ein Schnitzel …", und das entfesselte jedesmal Kaskaden von Zurufen. Die eine Hälfte zitierte sofort die abenteuerlichsten Schlemmereien, so dass man meinen konnte, in die Beratung eines Vereins von Feinschmeckern zur Ausgestaltung eines Festessens geraten zu sein. Die anderen protestierten heftig, dass man sie auch noch nachts an ihren Hunger erinnere.

Nach zwölf Tagen wurde ich zur „Verhandlung" gerufen. Unter einer ungeheuren Kriegsflagge saßen an einem breiten Tisch Richter, Beisitzer und Ankläger. Aber es wurde gar nicht verhandelt – ich sollte erklären, warum ich mich „zum Rapport" gemeldet und um baldige Verhandlung gebeten hätte. Ich gab meine Version zum Besten: es habe sich um eine Bagatelle gehandelt, wir seien ein literarischer Zirkel gewesen, weitergehende Diskussionen Spielerei, und meine Einheit an der Front brauche jeden Mann. Der Richter schwenkte einen Brief von DIETER WOLFF angeblich unerhörten Inhalts – aber den hatte ich ja nicht bekommen, konnte mich also nicht dazu äußern und bekam ihn auch jetzt nicht zu lesen. Wann ich den letzten Brief von WOLFF erhalten hätte? Vor Monaten. Er werde mir sagen, warum seither keinen: weil WOLFF verhaftet sei. Den Eindruck, den das wohl auf mich machen sollte, machte es nicht – ich konnte voller Genugtuung erklären, dass er schon wieder frei sei. Das glaubte der Richter erst, als ich ihm WOLFFS Brief zeigte. Richter und Beisitzer lasen und tuschelten, dann wurde ich in die Zelle zurückgeschickt. Am nächsten Morgen wurde ich wieder gerufen, aber nun hieß es: „Fertigmachen zur Rückfahrt an die Front. In ein paar Stunden werden Sie zu Ihrer Truppe in Marsch gesetzt!“ Das war am 8. März 1945.

Da kam ich nach Tagen, oder waren es Wochen des Trampens schließlich auch an, sehr östlich des Rheins, und erfuhr, dass von meiner Kompanie nur noch zwei Dutzend Leute lebten – der Rückzug, hauptsächlich der Rheinübergang bei Dollendorf, hatte schwere Opfer gekostet. Wer immer mich für einen „Wehrkraft-Zersetzer“ hielt, wie man das damals so schön nannte – vielleicht verdanke ich ihm mein Leben. Vielleicht aber auch unserem Obergefreiten Heinz Junker. Er hatte Tage vor meiner Rückkehr als „Melder“ von der Divisions-Poststelle die Post geholt und einen sehr amtlichen Brief mit dem Absender des Luftgaugerichtes München geöffnet, weil er dachte, der habe vielleicht mit mir zu tun. Er hatte Recht: es war eine Mitteilung an meinen nicht mehr existierenden Regimentskommandeur, ich sei irrtümlich zu meiner Truppe geschickt worden und sogleich zurück nach München in Marsch zu setzen. Junker zerriss den Schrieb.

Fasten am Rhein

Das Kriegsende verbrachte ich in amerikanischer Gefangenschaft, in einem riesigen Lagerkomplex bei Sinzig, entlang dem Rhein auf den Wiesen, unter freiem Himmel, zusammen mit vielen tausenden deutschen Soldaten. Eingezäunt in quadratische „Blocks" hausten wir in kleinen Gruppen, ausgerüstet mit so gut wie nichts, wie wir in Gefangenschaft gekommen waren, ich am 16. April 1945. Nicht viele hatten ein (Zelt)-Dach über dem Kopf. Doch teilte ich mit zwei anderen eine Art Erdloch, eine Kuhle, und seltsamerweise ein Plumeau. Woher das kam, weiß ich nicht mehr. Darum wurden wir zunächst sehr beneidet. Da es aber bald regnete, entpuppte es sich nicht als der nützliche Kälteschutz, den wir erhofft hatten. Es sog sich voll Wasser und wurde nie wieder ganz trocken – der erste Regen blieb ja nicht der einzige. Wahrscheinlich verdanke ich ihm frühes Rheuma.

Die amerikanischen Bewacher „versorgten" uns, so gut sie konnten, mit Nahrung und Wasser. Sie hatten aber unsere Zahl deutlich weit unterschätzt mit dem Resultat, dass wir die sogenannten „K-Rations", die einen GI einen Tag lang ernähren sollten, auf mehrere von uns aufteilen mussten. Am wertvollsten erschien uns eine Zeit lang Suppe in Büchsen, die wir mit unglaublich wenigen Streichhölzern und kunstvoller Halterung leidlich wärmten, und Nescafé, für dessen Aufguss wir dann die kleinen Büchsen verwenden konnten. Ein paar Kekse, manchmal ein bisschen *Corned beef.* Details unserer „Kost" sind insofern überflüssig, als sie auf radikales Abnehmen hinauslief. Der Lagerkomplex wurde schnell als großes Hungerlager bekannt. Dies und die für Mai unwirtliche Witterung – nur ein Teil war eben mit Zelten und Decken ausgerüstet – machte vielen älteren Lagerinsassen zu schaffen; hier waren ja nicht nur junge Soldaten, sondern auch ziemlich alte Jahrgänge, oft vom „Volks-Sturm". Aus dem Lager, in dem rund 80 000 Kriegsgefangene lagerten, wurden täglich, so hörten wir ohne Nachprüfmöglichkeit, etwa siebzig Tote weggeschafft.

Ich machte hier meine erste radikale Fastenkur. Wir bewegten uns so wenig wie möglich, um unsere Kräfte zu schonen. Feste Verdauung schrumpfte auf fast Null. Als ich nach etwa drei Wochen einmal aufstand, fiel meine Hose an mir herunter auf den Boden. So eng, wie ich es hätte schnallen müssen, war mein Koppel nicht vorgesehen. Erst nach langer Suche gelang mir, einen spitzen Gegenstand aufzutreiben, mit dem ich zusätzliche Löcher bohren konnte. Schwach fühlte ich mich nicht – ich hatte ja reichlich zum Zusetzen gehabt. An Wasser bestand wohl kein Mangel, da fuhren Wasserwagen herum, und ich erinnere mich nicht an Durst.

Die Amerikaner rekrutierten jeden Morgen am Hauptlagertor Arbeitswillige, wozu wir uns drängten, mit nur schwachen Chancen wegen des Andranges. Einmal schaffte auch ich, mitgenommen zu werden. Ein Lastwagen fuhr uns zu einer großen Fabrik, die sich als das Appolinaris-Werk herausstellte. Unsere Arbeit bestand darin, teils Flaschen in Kisten zu verladen, teils gewaltige Strohballen zu öffnen und auseinderzureißen, zu welchem Zweck weiß ich heute noch nicht. An Ort und Stelle mit amerikanischer Ration verpflegt, hauptsächlich erinnere ich Schnittkäse und Weißbrot, wurden wir ziemlich früh am Nachmittag wieder zum Lager zurückgefahren. In der Tasche hatte jeder etwas Nahrung für die Zurückgebliebenen.

Eines Tages wurde ich ans Lagertor beordert, mit meinen Sachen. Die waren leicht zu tragen. Da sich herumgesprochen hatte, die Amerikaner entließen bereits die ersten „PoWs", hatte ich zunächst den falschen vergnügten Gedanken. Doch ein Posten brachte mich vom Haupttor zu einem anderen umzäunten Komplex. Zu meiner Verblüffung war es die Lagerbäckerei. Dort stand und begrüßte mich HEINZ JUNKER. Er eröffnete mir, er habe mich als Elektriker angefordert, da sein bisheriger zweiter schon entlassen sei, er allein die Arbeit nicht schaffe und auch selbst mit baldiger Entlassung rechne. Die Fürsprache meines Freundes und Feldwebels von dem Artillerieregiment, der inzwischen Lagerdolmetscher geworden war, hatte wohl den Ausschlag gegeben. Die Arbeit bestand hauptsächlich in Strippenziehen, Verlegen von Leitungen. Das hatte ich in meiner Zeit als Telegraphenbauer gelernt. Schwierigere Reparaturen mache er, werde mir aber alles Nötige schnell beibringen.

Mir war klar, welch gewaltigen Dienst er mir geleistet hatte, zum zweiten Mal, siehe das vorangegangene Kapitel. Wer in der Lagerbäckerei arbeitete, wurde reichlich verpflegt. Irgendwie hatten sich Tauschwege eingefahren. Die Leute der Bäckerei konnten ja einiges bieten, nicht nur Brot, sondern auch Eier und Milch, und bekamen dafür, was sie wollten. Mir scheint, da waren auch deutsche Lieferanten aus der Umgebung. Jedenfalls: Schluss mit den Hungerrationen! Schluss also auch mit Abnehmen, Abmagern. Nach den Wochen unter freiem Himmel im Erdloch hatte ich wieder ein Zeltdach über dem Kopf, mit einem mir himmlisch vorkommenden Feldbett. Nach Wochen ohne Waschen und Rasieren brauchte ich nur unter dem Wasserhahn eines Backofens einen Eimer mit heißem Wasser volllaufen zu lassen, um baden zu können – ich fühlte mich wie im Paradies. Die neuen Löcher im Koppel wurden überflüssig.

JUNKER wurde bald entlassen, ich bewältigte auch allein die notwendigen Reparaturen an der Elektrik der Backöfen. Aber lange dauerte meine Existenz als Elektriker nicht, dann war ich ebenfalls frei, am 7. Juli 1945. Als ich, meinen Entlassungsschein schwenkend, an der letzten, äußeren Wache vorbeikam, zu der auch ein deutscher Polizist gehörte, fragte dieser bei meinem Anblick erstaunt: „Nanu? Ich denke, das ist ein Hungerlager?" Ganz draußen wollte mir schon niemand mehr glauben, wo ich herkam – eine verschlissene Uniform trugen zu viele Leute, als dass sie etwas ausgesagt hätte.

Mit mir war noch jemand durch die Zeremonie der letzten Papiere und Stempel gekommen, der mir sympathisch erschien, ein Schlesier wie ich. Wir wussten im Sommer 1945 so gut wie nichts über die Abtrennung Schlesiens und hatten vor, gemeinsam quer durch Deutschland dorthin zu trampen. Aber vorher mussten wir ja noch etwas Geld verdienen. Also verdingten wir uns als Landarbeiter zur Erntearbeit, die Zeit war richtig. Wir wanderten nach Schloss Vehn in Löhndorf, nicht weit von Sinzig, und wurden sofort genommen. Mein Gefährte und ich gabelten nun ein paar Wochen lang gebundene Weizengarben und Strohballen auf Ackerwagen. Dann, nach drei Wochen fühlten wir uns finanziell gestärkt genug und begannen den Marsch nach Osten, zunächst zu Fuß. Doch nach etwa zwei Kilometern auf der Hauptstraße hielt neben uns ein amerikanischer Lastwagen mit einigen Soldaten an Bord. Wer hätte das gedacht nach all der bösen Nazi-Propaganda, der wir ausgesetzt gewesen waren: Sie wollten wissen, wohin wir trampten, und ob sie uns ein Stück mitnehmen sollten. Mit unserer recht vagen Zielvorstellung „Richtung Osten" sagten wir nicht nein, kletterten auf und waren motorisiert unterwegs.

Ich glaube nicht, damals schon richtig Englisch gesprochen zu haben, immerhin hatte ich auf der Schule gute Zeugnisse gehabt und später als Funker und unautorisierter Hörer von englischen und amerikanischen Jazzsendungen der jeweiligen Armeesender mir so manche Redewendung angeeignet. So verstand ich durchaus, was einer der „Amis" mir zu erklären versuchte: seine Kompanie sei nicht weit von Heidelberg stationiert und brauche sowohl Helfer in der Küche als auch jemanden, der dolmetschen könne. Mein Mit-Schlesier zeigte sich uninteressiert, aber ich dachte, das höre sich gut an. Als wir schließlich ankamen, zog mein Trampgenosse weiter. Mir hingegen wies ein Amerikaner ein Zimmer im Dorf zu und ernannte mich sowohl zum Dolmetscher – was ich sehr selten auszuüben hatte – als auch zum „Küchenhelfer". Zwei Wochen lang schrubbte ich Töpfe und Pfannen. Doch dann avancierte ich, wie schon erzählt, zum zweiten Koch in der K-Company.

Damit schließe ich die Klammern um mein Leben vor dem Journalismus.

Start ins Fernsehen

Nach dem Scheitern des Augsteinschen Zeitungsprojektes brauchten Joachim Besser und ich uns nicht lange berufliche Sorgen zu machen. Wenige Tage, nachdem ich mich endgültig mit Augstein auseinandergesetzt hatte, erreichte mich das Angebot Rüdiger Proskes, zu ihm ins NDR-Fernsehen zu kommen. Er malte mir aus, wie er seine Hauptabteilung Zeitgeschehen für neue Programme und Aufgaben zu erweitern gedachte. Zu den anstehenden Großprojekten gehörte die Berichterstattung über den Eichmannprozess in Israel, die dem NDR oblag. Die dafür und viel anderes vorgesehene Redaktion „Spiegel der Zeit" brauchte einen neuen Chef – der wurde ich – und da war auch von einem Magazinprojekt namens „PANORAMA" die Rede. Damals entstand das eher CDU-lastige ZDF (Zweites Deutsches Fernsehen). Der NDR und der WDR rüsteten sich, gegenüber der neuen Konkurrenz nicht ins Hintertreffen zu geraten.

Es war ja noch die Fernseh-Gründerzeit. Die Zahl der Menschen, die sich als neue Zuschauer anmeldeten und damit neue Gebühren in die Kassen der Sender spülten, wovon der NDR einen stattlichen Anteil abbekam, wuchs von Woche zu Woche. Nicht lange danach begann zwar das seither nicht verstummte Lamento über immer teureres Programm und zu geringe Einnahmen, aber so weit waren wir noch nicht. Also konnte Proske nicht nur mir ein für damalige Verhältnisse hohes Gehalt bieten, sondern auch schnell zustimmen, als ich ihm Joachim Besser als Sonderberichterstatter vorschlug. .

Es blieb nicht bei Besser und mir. Auch Gösta von Uexkuell und Walter Leo übernahm Proske. Zu „meiner" Redaktion, die in Kürze den Eichmann-Prozess wahrnehmen (dreimal in der Woche je 20 Minuten) und ein neues Magazin anfangen sollte, hatten bisher nur ein junger Kollege namens Otto Wilfert gehört, der hauptsächlich Eugen Kogons regelmäßige Sendung „Blick in die Zeit" redaktionell betreute, Rudi Lauschke und Peter Schier-Gribowsky, der eigene Dokumentarsendungen produzierte. Nach kurzer Zeit stieß noch Jürgen Sandmann zu uns, den Proske bei Arbeiten an einem Film über Bergbau schätzen gelernt hatte.

Proskes Steckenpferd war PANORAMA. Er bewunderte die gleichnamige BBC-Sendung. Nun schien es ein gutes Projekt zu sein, um dem nahenden ZDF etwas Attraktives entgegenzusetzen. Für die damaligen günstigen Einkommensverhältnisse der ARD war das zunächst von Proske festgesetzte, gottlob kurzlebige Budget von 25 000,– DM pro Sendung (anfänglich eine Stunde am Sonntag) eher karg. Aber Proskes eigene Sendungen kosteten viel Geld; er produzierte, teilweise zusammen mit Max Helmut Rehbein, sehr beachtete Dokumentationen über die NATO und andere Auslandsthemen. Lange Zeit war der NDR dank Proske der führende Sender in der ARD-Auslandsberichterstattung. Und es wurde weiter gegründet: regelmäßige „Journale" aus Paris, London und New York, eines Tages auch Tokio.

Seine eigenen Produktionen führten dazu, dass Proske mir die meisten redaktionellen Entscheidungen zu PANORAMA überließ. Wir verabschiedeten gemeinsam den Vorspann. Die Musik dafür war Proskes Idee, die Nachspann-Musik meine. Als PANORAMA startete, drehte Proske selbst im Ausland. Just für die erste Sendung konnte ich freilich wenig originelle Eigeninitiative entwickeln, denn an diesem Tag fand in Wien das Treffen Chruschtschow-Kennedy statt, und da es am Sonntag keine Tagesschau gab, verdonnerten die ARD-Programmdirektoren uns dazu, diese Aktualität wahrzunehmen, wozu wir selbst nur geringe Lust gehabt hatten. Darauf komme ich gleich noch.

„Der Siebenjährige Krieg"

Sieben Jahre nach GUY MOLLETS katastrophalem Auftritt in Algier[2], am 24. Januar 1961, bescherte ich einigen Millionen Fernsehzuschauern ein ungewohntes Erlebnis. Dem NDR, zu dem ich inzwischen gehörte, und mir selbst, brachte es einige wenige Scherereien, ziemlich viel Zuschauerpost und eine Flut von Pressekritik ein. Im Abendprogramm des „Ersten" lief zur besten Sendezeit meine erste längere Dokumentarsendung, „Der Siebenjährige Krieg" – Algerien. Über mangelnde Resonanz konnte ich mich nicht beklagen. Die Sehbeteiligung erreichte 67 Prozent, das machte nach der damaligen noch ziemlich geringen Zahl von knapp 5 Millionen angemeldeten Geräten doch schon etwa 9 Millionen Zuschauer.

Es war das erste Mal, dass im Deutschen Fernsehen in so deutlicher, unmissverständlicher und, wie zahlreiche Reaktionen bewiesen, erschütternder Weise das koloniale Sündenregister einer Großmacht vorgeführt wurde: eben Frankreichs algerisches Drama. Natürlich sollte ich besser sagen Algeriens französisches Drama.

Was ich anhand überwiegend französischer, englischer und amerikanischer Quellen zeigen konnte, widersprach sehr dem landläufigen Bild von der zivilisatorischen Großmacht. In Wirklichkeit hat Frankreich Algerien, das vor der Eroberung 1830 geblüht hatte, weitgehend ruiniert. Die technischen Fortschritte, die eingeführt zu haben es sich rühmen

2 Siehe Kapitel Feuerwurst

könnte, kamen ausschließlich den dort siedelnden „Algerienfranzosen“ und den Interessen des „Mutterlandes“ zugute. Die Algerier blieben Unterdrückte und Menschen zweiter Klasse und verarmten immer mehr.

Dies so krass zu zeigen und auszusprechen – da es meine erste größere Fernsehproduktion war, hatte sie durchaus Kinderkrankheiten, aber nichtsdestoweniger wirkte sie sehr stark – trug mir in der Presse, auch in Blättern, die sich später liberal gebärdeten, viel Schelte ein. Die Fernsehkritiker vieler Zeitungen (meist ja eher Feuilletonisten als historisch gebildete Leute), aber auch die kirchlichen Pressedienste tadelten in offenkundiger Unkenntnis der Sachlage meine „einseitige Darstellung“, vermissten Hinweise auf großartige französische Leistungen und bemängelten, dass ich so frontal gegen den französischen Verbündeten vorgegangen sei, als sei die Aufgabe des Fernsehens nicht Information, sondern Verschweigen. Besonders entrüstete sich der „Rundfunkspiegel“ des Industrie-Instituts. Aber auch die Gewerkschaftspostille „Welt der Arbeit“ zeterte über meine Einseitigkeit (10. 2. 1961): „ Hier war in sehr geschickter, aber unzulässigerweise Archivmaterial aus verschiedenen Zeiten und aus verschiedenen Bereichen zusammengeschnitten worden, so dass ein Bild des Algerienproblems entstand, das ausgesprochen antifranzösisch wirken musste. Zur Entlastung der angeklagten Franzosen wurde kaum etwas angeführt ... Neben dieser Einseitigkeit fiel der Appell an das Gefühl auf ...“ Einseitig ist halt auch der Kampf der Unterdrückten gegen die Unterdrücker – und umgekehrt.

Der Fernsehkritiker der Münchner „Abendzeitung“ machte sich den französischen Standpunkt ganz zu eigen: „Dass sich unsere westlichen Nachbarn von der Algerien-Reportage betroffen, ja beleidigt fühlen würden, war schon nach zehn Minuten Sendezeit klar. Meiner Ansicht nach stießen folgende Kernsätze den Franzosen besonders bitter auf:

- Frankreich habe die Algerier ausgebeutet, ohne ihre eigene Wirtschaft zu entwickeln.
- Frankreich, die große Kulturnation, habe kaum etwas für die Erziehung der Eingeborenen in Algerien getan.

- Frankreich habe immer wieder den Algeriern die Freiheit versprochen und sie ihnen dann vorenthalten. Zu Zugeständnissen sei es erst nach Ausbruch des blutigen Krieges bereit gewesen. Aus dieser Voraussetzung musste dann der Eindruck entstehen, dass der Algerieraufstand von 1954 gerecht und gerechtfertigt gewesen sei" (26. 1. 1961).

Verständnis für Unabhängigkeitsverlangen und Entkolonialisierung war eben damals auch in deutschen Journalistenköpfen schwach entwickelt.

Der Berliner „Tagesspiegel" meinte gar, ich hätte die „taktvolle Zurückhaltung" durchbrochen, „die man sich in Deutschland aus wohlerwogenen Gründen hinsichtlich des Algerien-Problems auferlegt hat". (26. 1. 1961). Im „Hamburger Abendblatt" vermisste „Me." die „Argumente der Gegenseite, der europäischen Siedler, zu hören. Woher nimmt ein einzelnes Volk, geschweige denn ein einzelner Fernsehkommentator eigentlich den Mut, sich einem anderen Volk gegenüber moralisch so in die Brust zu werfen?" Auch der FAZ „fehlten so ziemlich alle französischen Leistungen der Pionier- und Kulturtätigkeit der Algerienfranzosen" (30. 1. 1961). „Frankreich als Kulturnation wurde heftig angegriffen", fand auch der Berliner „Tag" (26. 1. 1961).

Besonders kritisch zeigte sich „Kirche und Fernsehen" des evangelischen Pressedienstes. Der empfand als „etwas Peinliches …, wenn sich Herr Gert v. Paczenski zum überlegenen Praeceptor des Auswärtigen Amtes aufschwingt und aus der Fülle seiner außenpolitischen Einsichten mehr oder minder deutlich kundtut, dass alles völlig falsch ist, was man in Bonn unter Außenpolitik versteht. Er stellte sich in seinem Bericht mit entschiedener Einseitigkeit hinter die FLN-Bewegung und konnte sich nicht genug daran tun, alle französischen Versäumnisse der letzten 130 Jahre darzustellen, ohne auch nur ein einziges gutes Haar an den Franzosen zu lassen … nur derjenige, der sich schon mit dem Thema befasst hatte (und dann auch manch fragwürdige Beweisführung durchschaute), konnte die Sendung zutreffend einordnen." (30. 1. 1961)

Einigen Kritikern schrieb ich mit der Bitte, mir zu belegen, was ich denn an „profranzösischen" Tatsachen weggelassen hätte. Fast alle hüllten sich in Schweigen. Wenigstens der Verantwortliche für den eben zitierten epd-Text meldete sich mit einem ausführlichen Brief, in dem es an unseriösen Zahlen aus der offiziellen französischen Propaganda wimmelte und auch die Behauptung nicht fehlte, Algerien sei ursprünglich ein völlig unfruchtbares Gebiet gewesen, das die Franzosen erst erschlossen hätten. Dass es vor dem französischen Einfall eine Getreidekammer des Mittelmeerraumes gewesen war und sogar auch an Frankreich Weizen geliefert hatte, wusste er nicht.

Eine Artikelagentur namens „Teleskript" in Düsseldorf bemängelte, dass ich „mit disharmonisch verzerrten Marseillaise-Motiven" unzulässige Karikatur betrieben hätte. Ich schrieb den Herren: „Wenn ich schon nicht hoffen kann, durch meine Sendung Ihr Wissen über Algerien bereichert zu haben, möchte ich wenigstens zu Ihrer musikalischen Bildung beitragen: Die ... Motive entstammten der Ouvertüre Solennelle opus 49 „1812" von Tschaikowsky.

Diejenigen, die sich seither etwas genauer in der Weltgeschichte umgesehen haben, würden sich heute wohl eher schämen, wenn sie ihre damaligen Texte zu Gesicht bekämen. Ich erwähne absichtlich erst jetzt, dass ich in vielen Zeitungen Zuspruch und Applaus bekam.

Ich kann von mir ohne falsche Bescheidenheit sagen, dass ich mich schon vorher wie kaum ein anderer deutscher Journalist um die nordafrikanische und besonders die algerische Problematik gekümmert hatte. Damit begann ich – siehe auch das Kapitel „Feuerwurst" – in meiner Zeit als Pariser Korrespondent der WELT von 1952 bis 1957. Ich war, wie erzählt, dabei, als Ministerpräsident Mollet im Februar 1956 von den „Algerienfranzosen" zur Kapitulation und zur Aufgabe seiner Pläne für die Liberalisierung der französischen Politik gezwungen wurde. Im Monat danach, als die in Paris lebenden Algerier ihrerseits demonstrierten, veröffentlichte ich ein Interview mit Messali Hadj, dem ersten großen Führer der algerischen Unabhängigkeitsbewegung, der dann später im Kampf mit der stärkeren FLN den Kürzeren zog. Das Interview erregte in Frankreich großes Aufsehen und führte dazu, dass Messali, den die Franzosen nach Angoulême verbannt hatten, verboten wurde, sein Hotel zu verlassen.

Als ich in die Hamburger Redaktion der WELT zurückgekehrt war, kümmerte ich mich weiter um das Algerienproblem. Ich war dabei, als die FLN in Rabat ihre Exilregierung gründete, hatte Kontakt mit ihren Vertretern in Bonn, die anfänglich von der Bundesregierung nicht gerade freundlich behandelt wurden, und mit dem Mann, der eigenhändig von Tetuan aus einen Abwerbe- und Rückführdienst für deutsche Fremdenlegionäre aufgebaut hatte, Mustapha Müller, ein ehemaliger Deutscher. Das war damals die Zeit, als die französische Terroristenbewegung „Schwarze Hand" auch in Deutschland Anschläge auf Sympathisanten der Algerier verübte. Sie ermordete den Waffenhändler Puchert, der die FLN beziehungsweise ihre Armee, die ALN, beliefert hatte. An der Aufklärung dieses Verbrechens war die Frankfurter Kriminalpolizei sehr interessiert. Sie konsultierte mich, ob ich ihr etwas über das „Umfeld" und die Hintergründe sagen könne. Eines Tages trafen sich Frankfurter Kripo-Beamte mit „Si Mustapha" in meinem Hamburger Haus, um ihn zu befragen. Das hatten auch die Franzosen mitbekommen, und nach kurzer Zeit erschienen Hamburger Kripo-Beamte, die Mustapha eigentlich gern festgenommen und abgeschoben hätten. Aber immerhin hatten die Frankfurter ihm über mich freies Geleit versprochen, und ich schlug solchen Krach, dass sie davon abließen und Mustapha ungehindert wieder abreisen konnte.

Damals zeigte nicht einmal die SPD-Opposition großes Verständnis für das Unabhängigkeitsstreben der unterdrückten Algerier. Die Ausnahmen unter ihren Bundestagsabgeordneten waren Hans-Jürgen Wischnewski in Köln und Peter Blachstein in Hamburg.

Das verzerrte, kolonialistische Weltbild, das lange Zeit die deutsche veröffentlichte Meinung charakterisierte, hatte sich bis zu meiner

Algeriensendung 1961 kaum verändert. Zweifellos habe ich mit diesem Film eine Bresche in diese Mauer vor den Gehirnen geschlagen. Als drei Jahrzehnte später hohe französische Offiziere selbst in Büchern und Artikeln zugaben, was sie und ihre Truppen in Algerien angerichtet hatten, war das für meine Zeitungsartikel und die Fernseh-Sendung eine späte Bestätigung. Allerdings hatte ich über solche Informationen schon damals verfügt. Jede deutsche Zeitung hätte sie haben können, aber kaum eine interessierte sich dafür.

Der kritische Text des evangelischen Pressedienstes stammte von einem Mann, der noch 1943 Hitler als „von Gott gesandt“ gepriesen hatte und seine publizistische Karriere nach dem Ende der Nazizeit dank der evangelischen Kirche wieder aufnehmen konnte: Friedrich Wilhelm Hymmen. Bei den Nazis von 1936 bis 1939 stellvertretender „Hauptschriftleiter“ von „Wille und Macht“, dem „Führerorgan der nationalsozialistischen Jugend“ (Herausgeber „Reichsjugendführer“ Baldur von Schirach, im Zentralverlag der NSDAP), Hermann-Löns-Preis 1942, Literaturpreis der Stadt Hamburg 1943. Merkwürdigerweise hat sich niemand seiner bundesrepublikanischen Anhänger, geschweige denn Arbeitgeber, dazu geäußert. Wir begegnen ihm gleich noch einmal, erinnern uns aber schon jetzt daran, dass Hans Zehrer, weiland Bekämpfer der Weimarer Demokratie, nach dem Krieg Chefredakteur im „Sonntagsblatt“ werden konnte – Herausgeber: der evangelische Bischof Lilje – und der bekannte Alt-Nazi Giselher Wirsing (unter den Nazis SS-Sturmbannführer, Berater der SS-Führung, Chefredakteur der „Münchner Neuesten Nachrichten“ und Verfasser antisemitischer Bücher) Chefredakteur von „Christ und Welt“ – Mitgründer und Mitherausgeber: Eugen Gerstenmaier, langjähriger Bundestagspräsident und prominenter konservativer Protestant.

Was Hymmen Anfang 1943 in „Wille und Macht“ als seine Variante von Gläubigkeit kundtat, kann der Nachkriegs-Kirche doch wohl nicht eingeleuchtet haben: „Gottlos sind ohne Frage auch die Vereinigten Staaten, die deshalb nie die Gesetze einer höheren göttlichen Ordnung anerkennen können, denen wir in der Rassenpolitik und in der sozialen Erneuerung zu folgen suchen. Nie könnte ein solches Volk einen Mann als von Gott gesandt erkennen, wie wir Deutschen ihn erkannt haben, als uns der Führer geschenkt wurde ... Wir folgen ja ... einer göttlichen Ordnung, wenn wir z.B. ergründen, wie sie sich in der Natur offenbart, und wenn wir danach unsere Gesetze von Blut und Rasse ableiten. Und in gleicher Weise müssen wir es als fromm anerkennen, wenn wir der Berufung unseres Volkes folgen und das Heilige Germanische Reich Deutscher Nation aufrichten." Wozu, meinte HYMMEN, auch der Glaube des sich (im Kampf) Opfernden an „das höhere Recht" und an „das Amt seines Volkes" gehört, „dem er neue Heimaterde erkämpft".

Das war wohl eine bemerkenswert geballte Ladung von fromm getarnter Hitlergläubigkeit, einschließlich Rassenwahn und Eroberungslust, Anfang 1943 wohlgemerkt (das „Führerorgan der nationalsozialistischen Jugend" stellte sein Erscheinen 1944 ein), nicht in jugendlichem Überschwang 1939.

Höchst getroffen von meiner Algeriensendung zeigte sich die französische Regierung. Ihr Botschafter protestierte in Bonn und erhielt beruhigende Erklärungen des Außenministeriums, das die Sendung ebenfalls missbilligte und versprach, mit den Verantwortlichen im Fernsehen darüber zu reden. Das nun wieder löste Kritik auch solcher Blätter aus, die nach der Sendung eher auf französischer Seite gewesen waren. Sie fanden, mit Recht, die Bundesregierung habe im Fernsehen nichts zu suchen und nichts zu bereden. Es war ja schließlich als staatsfern verfasst und im übrigen Ländersache. Der Bund war nicht zuständig.

Die französische Demarche bewog den NDR, Sendezeit für eine Diskussion mit mir anzubieten. Dort könnten ja dann die angeblichen Unrichtigkeiten und Verdrehungen zurechtgerückt werden. Ich sagte voraus, dass keine solche Sendung zustandekommen werde: Die Franzosen wüssten ja wohl ebenso gut wie ich, dass meine Feststellungen stimmten. In der Tat meldeten sie sich auch nicht wieder. Manchen Kritikern, von Zeitungen und solchen, die Briefe an uns geschrieben hatten, habe ich damals eine Literaturliste über die französische Algeriengeschichte geschickt. Vermutlich hat niemand davon Gebrauch gemacht.

Eine der Zuschriften, die uns gleich nach der Sendung erreichten, möchte ich wiedergeben, weil sie besonders gegen so manches Gezeter von rechter Seite abstach. Sie war gerichtet an den Intendanten des NDR und kam vom Bischöflichen Ordinariat Passau, Referent für Fernsehen: „Sehr geehrter Herr Intendant! Wir danken Ihnen bestens für die ausgezeichnete Sendung über Algerien mit dem Titel „Der Siebenjährige Krieg", mit der das Deutsche Fernsehen den Mut hatte, das Algerienproblem ohne französische Brille objektiv darzustellen. Wir freuten uns über die Sendung besonders deshalb, weil genau wie bei der Presse auch beim Fernsehen die Wahrheit die oberste Richtschnur sein muss. Wir bitten, an dieser Linie festzuhalten, mögen von französischer Seite auch dem ersten Protest noch weitere folgen. Hochachtungsvoll - gez. Dr. Emil Janik, Domkapitular."

Schlaraffen-Schiff

Das einzige Mal, dass mir ein Arzt ein Magengeschwür bescheinigte, ein kleines, das ich mir offenbar durch Überarbeitung im Fernsehen zugezogen hatte – so etwas isst man sich bekanntlich nicht an; Schlemmerei würde es vertreiben! –, war 1962, ausgerechnet wenige Wochen vor meiner ersten Amerikareise. Die sollte vier Wochen dauern, ich gedachte mich dort durchaus zu amüsieren, besonders in Lokalen natürlich und bei der vier Tage dauernden Jahresversammlung der „Radio Television News Directors Association" in San Francisco. Der damals für mich so gütige Norddeutsche Rundfunk hatte mir sogar für Hin- und Rückfahrt Schiffspassagen erster Klasse spendiert. Immerhin füllten sich die Kassen der ARD-Anstalten damals, in der Frühzeit des Fernsehens, ständig praller. Dauernd meldeten sich neue Zuschauer an, 1961 allein etwa 1,2 Millionen, und die monatliche Fernsehgebühr, wenn sie auch kleiner war als heute, häufte sich zu solchen Beträgen, dass sie das Fernsehen gar nicht so schnell wieder ausgeben konnte. Weitsichtige Finanzdirektoren hätten durch geschickte Verwaltung von Polstern die spätere Finanzklemme verhindern oder jedenfalls weitgehend mildern können.

Ich war damals dem NDR durch den Erfolg des neugegründeten PANORAMA-Magazins schnell lieb geworden, der Intendant erkannte meine Knochenarbeit an und gedachte sie durch diesen Bonbon zu honorieren. Ausgerechnet jetzt ein Magengeschwür? Der gutmütige Arzt im Tegernseer Kreiskrankenhaus, der die Diagnose gestellt hatte, fand das gar nicht so aufregend. Sein Rezept: möglichst immer gute Laune haben. Dazu mochte ich mich angesichts des mir bevorstehenden Programmes wohl verpflichten. Und zweitens: Bevor ich Alkohol tränke, sollte ich erst ein Glas warmer Milch trinken.

Im milchreichen Bayern war dieser Rat sicherlich problemlos. Aber für mich sollte er sich bald als undurchführbar herausstellen. Schließlich landete ich bald danach jeden Nachmittag oder frühen Abend in einer amerikanischen Bar, sei es zwecks Aperitif, sei es zur Entspannung. Das erste Mal, dass ich da „eine warme Milch und einen Scotch" bestellte, konnte ich trotz der dort üblichen Finsternis sehen, dass mich der Barmann für etwas verrückt hielt. Immerhin – die Milch kam, kochend heiß. Also bestellte ich nun eine kalte dazu, die wie zu erwarten eisig war, und ein drittes Glas zum Mischen. Nun war ich für ihn ganz zweifelsfrei ein total Verrückter, auch wenn ihn mein folgender Whisky-Konsum zufrieden gestellt haben mochte.

Diese mühsame Sitte ganz schnell wieder aufzugeben fiel mir umso leichter, als ich keinerlei Beschwerden (mehr) spürte. Schon seit meiner Schiffs-Überfahrt nicht, ja sogar, seit ich im Tegernseer Kreiskrankenhaus gewesen war. Das mit der Milch hatte ich ein paarmal praktiziert, vielleicht hatte es schon geholfen. Aber obwohl ich zu Beginn der Schiffsreise noch daran dachte, ließ ich es schnell wieder bleiben. Mein Magen war an Bord der „Queen Elizabeth" viel zu beschäftigt, um das (angebliche?) Geschwür zu melden.

Nicht einmal gelegentlicher Besuch großartiger Restaurants während meiner französischen Zeit hatte mich darauf vorbereitet, welche extravagante Auswahl wohlschmeckender Nahrung so ein Schiff für seine Passagiere bereit hielt, keineswegs nur für die der ersten Klasse, aber für die besonders, also auch für mich. Die Überfahrt von Cherbourg nach New York dauerte knapp fünf Tage. Es war keine Kreuzfahrt, sondern noch „Linienschifffahrt". Doch fühlten sich die meisten Passagiere wie in Ferien. Wir genossen Anfang September auch noch wunderbar war-

An Bord
der „Queen-Elizabeth"

mes Wetter und durchweg ruhige See. Die Atmosphäre einer freundlichen Erholungs- und Mastanstalt nahm die Passagiere schnell gefangen. Man braucht sich ja nur zu vergewärtigen, wie in der Eisenbahn schon bald nach der Abfahrt viele Reisende ihre belegten Brote auswickeln, auch auf ganz kurzen Strecken. Reisen macht hungrig, sagt der Volksmund zu Recht, und als sich mit dem Flugzeug das schnellste Beförderungsmittel etablierte, glaubte auch dort niemand, die Passagiere würden auf Essen und Trinken verzichten wollen. Auf „längeren" Strecken, so ab eineinhalb Stunden, ließ man sie eine Zeit lang so reichlich schlemmen wie auf Schiffen.

Die „Queen Elizabeth", auf der ich mich am 6. September 1962 in Cherbourg einschiffte, rühmte sich nicht nur, mit 83 000 Tonnen der größte *Ocean Liner* der Welt zu sein. Sie rühmte sich auch ihrer Restaurants. In einer Reklamebroschüre hieß es, nach Meinung eines bekannten Feinschmeckers (Name wurde nicht verraten) seien die Bordrestaurants der „Queen" „vielleicht die besten aller schwimmenden Restaurants überhaupt".

Jedenfalls waren die Mahlzeiten durchaus international zusammengesetzt. Italienische Pasta-Bedürfnisse wurden ebenso befriedigt wie die Wünsche von Vegetariern. Die Küche forderte uns auf, ihr unsere Lieblingsgerichte abzuverlangen, seien es amerikanische, europäische oder asiatische. Der Chefkoch versprach auch, jede nur denkbare Diät zuzubereiten. Für Kinder gab es auf Wunsch (der Eltern!) besondere Menüs. Das mit der Internationalität war freilich so eine Sache. Beim Gala-Dinner am 8. September 1962, einem Sonntag, wurde als *Continental Speciality* Wiener Schnitzel angeboten, jedoch ... „in Öl goldbraun gebraten". Da rebelliert nicht nur der Wiener. Das Schnitzel gehört (in der Pfanne) in Schweineschmalz.

Beim ersten Dinner am Abend der Abfahrt verspürte ich keineswegs angemessenen Appetit. Da hatte ich gerade den Einzug in die Kabine hinter mir, den ersten neugierigen Rundgang durch die Decks und Korridore des riesigen Schiffes, und war noch viel zu aufgeregt, so dass ich die riesige Speisekarte recht unschlüssig musterte. Auf der Anreise hatte ich in Paris Station gemacht – wie hätte ich dort nicht schon mal, da der „boat train" erst später fuhr, ordentlich zu Mittag essen sollen . Doch natürlich fiel mir gleich auf, dass zur Auswahl wirklich das Beste an Luxusgenüssen stand. Neben den sehr verlockenden warmen Gerichten gab es auch noch ein beachtliches kaltes Buffet. Alles im Passagepreis einbegriffen. Gute passende Weine standen auf dem Tisch – aus der riesigen Extra-Weinkarte Besseres auszusuchen, hielt während der ganzen Reise kaum jemand für nötig.

Was nicht nur das Schiff, sondern auch mein Magen zu leisten hatte, wie der aller anderen an Bord, das erkannte ich erst richtig am folgenden Morgen. Ich hätte, wie angeboten, ausführlich im Bett frühstücken können, aber das hatte ich nie gemocht, also erschien ich bald nach acht am Frühstückstisch im Speiseraum. Ich konnte an den Tellern und Geräten um die frühen Gäste herum sehen, dass hier Frühstück geboten wurde, das so gewaltig war wie in einem guten alten englischen Hotel. Der Karte entnahm ich eine Wahl von fünf Säften, zehnerlei Früchten (darunter Feigen in Sirup oder Backpflaumenkompott und gebackene Äpfel), vierzehn verschiedene Mehl-, Reis-, Mais- und Müsli-Zubereitungen. Das warme Angebot: Gratinierte Zwiebelsuppe (kannte ich gut von nächtlichen Touren durch Paris, die damit endeten), drei Fischgerichte, auf sieben verschiedene Arten zubereitete Eierspeisen, sechs Omelettsorten, unterstützt von diversem gebratenen Speck oder Würstchen oder Schinken. Rindsrippen und geschmorte Nieren, Bratkartoffeln, vier Sorten kaltes Fleisch, einige Beilagen wie Tomaten, Radieschen oder Kresse, die (mehr aus Amerika berühmten) Buchweizenpfannkuchen mit Ahornsirup. Fünfzehn Brot- und Brötchensorten, teilweise süß, diverse Marmeladen, Honig. Zu trinken zweierlei Tee, neun Kaffeesorten, Schokolade, Milch, Malzgetränk und fast am Ende der Karte: Joghurt.

Den wollte ich als erstes, auf Anraten des Tegernseer Arztes wegen meines Magens. Der Oberkellner verkündete, er werde ihn aus dem Kühlraum hacken gehen, was eine Weile dauerte. Es ermöglichte mir neuerliches Studium der Karte, aber mein Appetit reichte nicht zu viel mehr als zu einigem Obst und etwas Rührei mit gegrillten Würstchen. Dann kam der Joghurt, in der Tat eisig, fast gefroren. „Werden Sie morgen wieder welchen wollen?“ – Gewiss. – „Dann nehme ich ihn beizeiten aus dem Eis.“ – Ja, bitte.

Denkbar wohlgenährt verließ ich den Speisesaal und suchte mir Bewegung zu schaffen. Wanderungen entlang der Reeling auf den verschiedenen Decks, wo verblüffend schnell viele Liegestühle von Wander-Unlustigen besetzt waren, strengten nicht sehr an. Gottlob ermöglichte wunderbares Wetter, im Pool auf dem C-Deck zu schwimmen, und vom nächsten Tag an traf ich mich mit einem Schweizer Tischgenossen regelmäßig zu schweißtreibenden, kalorienzehrenden Squash-Runden auf dem Sports Deck. Das erzwang schon die exzessive Versorgungslage. Ab elf Uhr vormittags wanderten Dutzende von Kellnern durch die Gänge und verteilten hervorragende Bouillon mit Salzkeksen. Ich habe nicht wenige Leute gesehen, die zweimal nahmen. Nicht lange danach, gegen halb eins, saßen wir wieder im Speisesaal, beim *Luncheon*, dem Mittagstisch – und was für einem. Die Karte enthielt stets einen Vorschlag für ein sechsgängiges Menü, aber natürlich konnten sich jede und jeder aus dem überreichlichen Angebot à la carte bringen lassen, was nur verfügbar war: mehr als zwanzig Vorgerichte, drei verschiedene Fische, acht Fleischgerichte, viele Beilagen, abermals ein großes kaltes Buffet, massenhaft Desserts, ein Dutzend Käsesorten.

Wer mittags herzhaft „mit dem von der salzigen Seeluft stimulierten Appetit“ (Prospekt) gegessen hatte, bedurfte natürlich dringend der Ruhe. Die Kabinen warteten, und die vielen Liegestühle. Kurz vor vier gab es freilich schon wieder Tee und Süßigkeiten, wozu auch Musik erscholl – mal das „Queen Elizabeth Orchestra“, mal das „Palm Court Orchestra“, und natürlich spielte später abends auch noch das QE-Tanzorchester. Für diejenigen, die das Gefühl hatten, Pfunde abarbeiten zu müssen, wartete ab 17.00 Uhr ein Tanzlehrerpaar zum einstündigen Kursus. Um halb sieben begann die „Cocktail-Stunde“ – am Sonntag freilich fiel sie aus, wohl mit Rücksicht auf die damals in England geltenden strengen Pub-Schließungszeiten. Zum *Cocktail* konnte man mühelos von Neuem satt werden von dem, was als Knabberware an Nüssen, Canapés und Gebäck geboten wurde, hinten in der *Observation Lounge* mit phantastischem Ausblick aufs Meer und vorn auf dem Promenadendeck im *Smoke Room.* Das war nicht sehr ratsam, denn bald danach, um halb acht, begann der Dinner-Service im riesigen Restaurant des „R“-Decks. Pünktlich musste niemand sein, aber seltsamerweise kamen die meisten sehr früh.

Wie zu erwarten, ließ sich das Dinner noch etwas luxuriöser an als das Luncheon. Das vorgeschlagene Menü mochte für britische Passagiere verlockend klingen, kam mir aber eher englisch-langweilig vor, wohl eben für sie bestimmt. Mit dem à la carte-Angebot konnte es nicht konkurrieren. Wer hätte sich unter den Vorgerichten den geräucherten Lachs, Foie gras und *Beluga Caviar* entgehen lassen? Foie gras gab es hier, wie ich später bei der Rückreise über den Atlantik feststellte, noch mehr als auf dem Flaggschiff der Franzosen, der „France“, abgesehen vom Hummer und der damals noch erhältlichen Delikatesse leicht geräucherter Stör. Ich fand interessant und geradezu wagemutig, dass da neben „echtem“ Kaviar auch Kabeljau-Rogen lag, ein Kaviar-Ersatz, der keineswegs zu verachten ist. Schulter und Haxe vom *Pauillac-Lamm* lockte mehr als das *Contrefilet* vom Rind im vorgeschlagenen Menü – das Lamm allerdings nach englischer Art in Minzesauce mit *Red Current Gelee*, doch hätte man es mir auf Wunsch zweifellos auch mit viel Knoblauch gebracht, nach französischer Schule. Seltsamerweise fehlte auf der Menükarte jeglicher Käse, auch bei Dinners, die nicht als Gala ausgerichtet wurden. Abends galt er wohl als unfein, außer im *Dressing* und, mein Vater hätte gejubelt, als *Welsh Rarebit* (mit Käse überbackener Toast). Dieses mir von meiner Kindheit vertraute, weitere Lieblingsgericht meines Vaters liebte auch ich sehr, aber nun wieder nicht genug, um es in dieser illustren kulinarischen Umgebung nach so vielen anderen edlen Genüssen zu bestellen.

Abends ließ man sich vom Kellner natürlich wesentlich mehr Wein einschenken als mittags. Passabel angefüllt, kann ich nur sagen, aber doch beschwingt stand ich gegen zehn vom Essen auf. Viele Passagiere gingen schnurstracks in eine der Bars, andere tanzten, andere, wie ich, durchwanderten abermals das Schiff, besonders, seit wir einen Zugang zur zweiten Klasse entdeckt hatten, hier hieß sie *Cabin Class*. Was bekamen die dort zu essen? Wir wurden ihrer Menükarte habhaft und staunten: so viel weniger oder so viel weniger Feines als wir bekamen sie gar nicht. Wir gingen gern dorthin („Let's go Cabin!“), weil die Menschen in den Bars dort so viel jünger und netter zu sein schienen. Anderseits genierte ich mich, auf Fragen zugeben zu müssen, dass ich *First* sei, ich hatte doch nicht selbst bezahlt.

In der ersten Klasse entdeckte ich einen irischen Gewerkschafter, der zu einem Kongress nach Amerika fuhr und als ein wichtiges Lebensziel betrachtete, neue Freunde für irischen Whiskey zu gewinnen. Brav folgten der Schweizer und ich ihm jeden Abend an die Bar, und sein Lieblingsgetränk wurde einige Abende lang auch unseres. Soweit ich erinnere, zahlte man an der Bar für ein sehr großes Glas umgerechnet eine Mark.

Eine ordentliche Bar ist bestückt mit Nüssen und anderer Knabberei, also knabberten wir. Aber es dauerte ja auch nicht lange – Whiskey und anregende Gesellschaft ließen die Zeit schnell vergehen – da erschienen, Punkt Mitternacht, Kellner und stellten Berge englischer Sandwiches auf den Bartresen und auf Tische. Das dreieckig geschnittene Weißbrot schien mir dünnere Scheiben zu haben als deutsches Toastbrot, aber der Belag war dick: wunderbarer Räucherlachs (das war lange vor dem heutigen Lachsfarmbetrieb), ebenso wunderbarer geräucherter Stör, Schinken, ungarische Salami, viel Käse. Wenn ein Teller leer war, wurde ein neuer hingestellt. Dies war dann auch die Stunde des Champagner, er kostete so wenig wie der Whisky.

Eine halbe Stunde später begann im *Verandah Grill* auf dem Sonnendeck, das für diesen Zweck besser Mond-Deck geheißen hätte, so schön klares Mondscheinwetter hatten wir, die Tanzmusik des „Starlight Roof Club". Doch Barfreunde wie wir blieben an der Bar und hätten, alkoholisiert wie wir waren, wohl auch keine Tanzpartnerin gefunden, wenn wir sie gesucht hätten.

So gewaltig versorgte die „Queen" ihre Gäste. Was Wunder, dass ich mein Magengeschwür sofort vergaß. In New York gelandet, fiel es mir wieder ein, weil ich da schon aus Reue sehr viel weniger aß und daher zur jeweiligen Aperitifstunde das Gefühl eines zu leeren Magens hatte. Doch den schon geschilderten Versuch mit der warmen Milch, die ich auf dem Schiff völlig vergessen hatte, stellte ich ganz schnell wieder ein.

Rückblickend dachte ich manchmal, ich hätte die Verpflegung auf dem englischen Luxusliner so toll gefunden, weil es meine erste richtige Schiffsreise überhaupt gewesen war, abgesehen von einigen Kanalüberquerungen zwischen Hoek van Holland und Harwich in meiner Londoner Korrespondentenzeit und einem Trip von Brake/Unterweser nach Bremen in einem wunderschönen alten Holzschiff. Aber nicht nur haben mir Freunde, die nicht sehr viel später den Atlantik mit deutschen und italienischen Prachtschiffen überquerten, die Speisekarten dieser Schiffe gezeigt, was klar machte, dass die „Queen" da eine überraschende Sonderstellung hatte. Ich überquerte vier Wochen später abermals den Atlantik auf der Rückreise, auf dem damals ziemlich neuen Star der französischen Linienschiffahrt, der „France". Die Karte der Queen war in fast allen Sparten reichhaltiger als die der Franzosen. Auf der „Queen" gab es jeden Abend Foie gras, auf der „France" nicht, sondern die bescheideneren *Terrines* von Geflügellebern. Dafür glänzte die „France" jeden Abend mit Kaviar, die „Queen" nicht.

Der Hauptunterschied aber: auf dem französischen Schiff gab es natürlich kein Dinner-Angebot ohne Käse. Die „Queen" bot eine Käseauswahl nur mittags. Sie war der auf der „France" ebenbürtig, stets etwa ein Dutzend Sorten. In der Häufigkeit der Mahlzeiten unterschieden sich die Schiffe nicht.

Den Liniendienst mit den großen Schiffen der berühmten Reedereien gibt es längst nicht mehr. Wer diesen Luxus noch erleben will, muss Kreuzfahrten buchen. Den Linienverkehr haben die Flugzeuge übernommen, und auf ihren langen Strecken bemühen sie sich, einander an Bewirtung zu übertreffen und trotz der beengten Verhältnisse an Bord mindestens in der ersten Klasse ebenfalls eine luxuriöse Bewirtung zu bieten. Letzthin konzentrieren sie sich fast ebenso auf die Klasse der Geschäftsreisenden, *Cabin* oder *Club* oder *Business* oder dergleichen genannt.

Freilich – in den Flugzeugen essen die Passagiere Vorgefertigtes, oft schon lange vorher Gefertigtes, was angesichts der Platzprobleme, also der Abwesenheit von Küchen niemanden wundert. In den Kreuzfahrtschiffen ist natürlich genug Platz – und dennoch mehren sich Anzeichen und Berichte, dass sich die Kochkunst auch da weitgehend aufs Aufwärmen und Anrichten beschränkt. Das Vorgefertigte, *Convenience Food*, ist auch hier Trumpf, und die Ausnahmen werden immer seltener.

Ich bin sehr froh, noch die wirklichen Luxus-Liner kennengelernt zu haben – dank dem NDR und seinem Intendanten, auf den ich bald danach so viel Grund zum Schimpfen hatte.

PANORAMA

„Und nun möchten wir uns noch ein wenig mit der Bundesregierung anlegen." Diese meine „Moderation" habe ich in PANORAMA-Gedächtnis-Sendungen so oft gesehen und gehört, dass mir der Satz immer belangloser vorkam. Im April 1963 muss ich mit ihm wohl großes Aufsehen erregt haben. Es war nur die Einleitung zu einer kritischen Analyse des amtlichen „Jahresberichts 1962" der Bundesregierung durch Rudi Lauschke. Aber vielen, auch später, schien es typisch für das PANORAMA meiner Zeit zu sein.

In meinem Alter soll man sich wohl nicht mehr wundern, wenn man zu einer Legende geworden ist. Jawohl – ich habe PANORAMA gegründet und dank einer hervorragenden Mannschaft zum zeitweise berühmtesten Magazin des Fernsehens gemacht, mit der größten Publikumsresonanz. Ich kann in Anspruch nehmen, gemeinsam mit Rüdiger Proske systematisch kritischen Journalismus – den es in der gedruckten Presse seit Jahrhunderten gibt – im deutschen Fernsehen durchgesetzt und so verankert zu haben, dass er auch bei anderen Magazinen, Programmen und Machern einen Dammbruch bewirkte, und dass heute kein Sender mehr auf ihn zu verzichten wagt. Verschiedene Archivdienste sind sich einig, dass ich PANORAMA zur „meistbeachteten politischen Sendung des Deutschen Fernsehens" gemacht hätte.

Auch heute noch lässt sich leicht vorstellen, dass das nicht so ohne weiteres glatt gegangen sein kann. In der Tat geistert durch die Archi-

PANORAMA-MANNSCHAFT(von links nach rechts) Rentzow, Leo, Krogmann, Lussmann; v. P., Sandmann, v. Uexküll, Fuchs, Schier-Gribowsky, Lauschke, Wildenhahn, Janszen. Sitzend: Proske

ve ja auch die andere Legende: die vom „gefährlichen Linksintellektuellen." Die Archive zitiere ich, weil viele derjenigen, die mich so kategorisierten („manche CDU-Kreise" heißt es da vornehm zurückhaltend), längst verstorben sind. Das mit dem „Intellektuellen" mag darauf zurückgehen, dass ich auch damals eine Brille trug, aber dazu noch einen Spitzbart. Das „Linke", ja, das ist so eine umstrittene Einstufung. In der Tat halte ich mich für „links", aber die Kriterien, die ich diesem Begriff zugrunde lege, decken sich keineswegs mit denen mancher anderer „Linker", und jedenfalls wählte man ja nicht zwischen Meinungen und Haltungen, um zu Links oder Rechts zu gehören, sondern wurde umgekehrt, je nach der eigenen Haltung, zugeordnet.

Die vom „Munzinger"-Archiv noch Jahrzehnte später zitierte Zuordnung widmeten mir die erwähnten „CDU-Kreise", „als er in einem Bericht über die Fibag-Affäre den Rücktritt des damaligen Verteidigungsministers Franz Josef Strauss forderte und später die Bundesregierung in der SPIEGEL-Affäre schonungslos attackierte".

Meine Fernsehlegende verdanke ich zwei Umständen. Erstens war ich, als ich 1960 zum Fernsehen kam, schon längst ein profilierter Journalist mit einigem Ruf als Zeitungskorrespondent und Leitartikler (verzeihen Sie diese Selbstbeschreibung). Nichts, was ich als Fernsehmann beschrieb oder kommentierte, hätten Dutzende meiner früheren Kollegen vom gedruckten Gewerbe nicht ebenfalls getan. Aber zweitens war im Fernsehen das den Zuschauern vertraute Gemisch: viel Unterhaltung, einiges Lehrhafte und wenig Weltbeschreibung in Form neutraler Reportage. Dennoch hatte KONRAD ADENAUER, unser erster Bundeskanzler, das föderalistisch organisierte Rundfunk- und Fernsehwesen schon als so unbequem empfunden, dass er ein Regierungsfernsehen zu gründen trachtete, weil die Bundesregierung ihren jeweiligen Standpunkt sonst nicht genügend klarmachen könne. Das Bundesverfassungsgericht schob dem schon im Dezember 1960 einen Riegel vor, endgültig unterlag ADENAUER am 28. 2. 1961.

Was die CDU-Regierung am damaligen öffentlich-rechtlichen Fernsehen so störte, kann man heute kaum nachvollziehen, so zahm war es in innenpolitischen Kontroversen. Selbstverständlich hatte es auch schon die eine oder andere kritische Sendung gegeben – sogar in einem NDR-Panorama“ aber das war eher Feuilletonkritik an Bagatellen. 1960 schienen die Intendanten der ARD diese Lücke allmählich selbst als peinlich zu empfinden. Es begannen Gespräche über Magazinsendungen. Aber Magazin ist nicht gleich Magazin und schon gar nicht von Natur aus kritisch. Das erste startete der Bayerische Rundfunk. Im Oktober 1960 erschien erstmals „Anno 1960“, Vorläufer des (1962 so genannten) „Report“. Doch das war kaum politisch. Umso stärker wirkte nun die Meinungsfreudigkeit des „neuen“ PANORAMA. Die richtete sich kaum je gegen Belanglosigkeiten. Wir nahmen bedeutende Politiker, Institutionen und Entwicklungen aufs Korn. Das schien zwar uns Machern eine Selbstverständlichkeit zu sein. Doch die deutschen Fernsehzuschauer waren solches noch nicht gewöhnt. Die Parteien noch weniger.

Der Anfang war denkbar heiter: eine Programmkonferenz des NDR unter Stabführung RÜDIGER PROSKES im Hotel Hof Sudermühlen in der Heide. Klausur nannte sich so etwas und war sehr beliebt. Man aß gut und trank abends viel, zwischendurch saßen zahlreiche NDR-Menschen aus PROSKES Bereich in einem großen Konferenzraum und „machten Programm". Welches, war natürlich noch nicht abzusehen. Die Veranstaltung hatte den Sinn, Sendungen für das „zweite Programm" zu entwerfen. Dieses „zweite" war nicht, was wir heute als ZDF kennen.

Das Karlsruher Fernsehurteil gegen ADENAUERS Pläne für ein Regierungsfernsehen hatte die Ministerpräsidenten der Bundesländer sehr inspiriert. Die Behauptung, das deutsche Publikum wolle endlich ein zweites Fernsehprogramm, ein „Kontrastprogramm", machten sie sich zu Eigen. Obwohl sie ja in ihren Ländern schon zuständig für Rundfunk und Fernsehen waren (so staatsfern waren die eben nicht), schien ihnen eine zweite Fernsehkette durchaus verlockend zu sein. Und da planten sie, die ADENAUERS Ideen so abgelehnt hatten, durchaus Einfluss und Mitsprache.

Das Argument, ein zweites Programm müsse her, suchten die ARD-Intendanten für sich umzumünzen. Sie boten an, selbst eines zu gründen. Doch das gönnten ihnen die Länder-Ministerpräsidenten nicht. Das ZDF war beschlossene Sache. Als Bonbon erhielt die ARD die Chance, für die Zeit bis zur Sendefähigkeit des ZDF tatsächlich die Bundesbürger mit einem zweiten Programm zu versorgen. Mit einem Interims-Programm – aber die Anstaltslogik führte später dazu, dass es auch nach Gründung des ZDF nicht mehr verschwand, sondern sich in die „dritten" ARD-Programme verwandelte.

Also nun saßen wir im netten, behaglichen Heidehotel Hof Sudermühlen (Egestorf in der Lüneburger Heide) und dachten über den Programmanteil nach, den der NDR in der Sparte Politik & Zeitgeschehen für dieses „Interims-Zweite" leisten könnte. Was immer wir beraten haben – hauptsächlich billige Wortsendungen, denn die zwar reich gewordene, aber geizige ARD wollte nicht viel investieren – PANORAMA war schon dabei.

Am Sonntag, 4. Juni 1961, als noch kaum jemand das neue, über UKW ausgestrahlte Programm sehen konnte, war es so weit. Bei hellem Sonnenschein und im beruhigenden Bewusstsein, an einem so wundervollen Ausflugstag von niemandem außer unseren Familien und einigen NDR-Leuten gesehen zu werden, eröffnete ich die erste Sendung. Ich kündigte an, dass wir uns nicht auf Politik beschränken, sondern auch auf anderen Gebieten interessant sein wollten. Die Mischung der ersten Sendung war keineswegs ideal: einige oberflächliche Beiträge im Auftrag der Programmdirektoren zum Treffen KENNEDY-CHRUSCHTSCHOW, einen Bericht über die französisch-algerischen Friedensverhandlungen in Evian, einen vom Filmfestival in Cannes und zwei bemerkenswerte Kurzfilme: über Derwisch-Riten in der Türkei und über die westindische Einwanderung nach England.

Unser Studio-Regisseur, ERNST MARQUARDT, hatte viele technisch-optische Tricks ersonnen. Aber die waren für das kleine Bild auf den üblichen Fernsehschirmen eher verschwendet. Sehr schnell reduzierten wir das Zauberwerk. Der Moderator stand entweder oder saß am Schreibtisch. Gezeigt wurde sowieso meist nur sein Gesicht. Das Rezept, möglichst in jeder Sendung neben harter Politik auch filmisch Bemerkenswertes und interessante unpolitische Themen zu bringen, wenn sie optisch wirkungsvoll darstellbar waren, haben wir jahrelang durchgehalten, dank einer Gruppe fähiger „Realisatoren" wie KLAUS WILDENHAHN, LOTHAR JANSZEN und ALBERT KROGMANN. Man enthielt ihnen den Titel „Regisseur" vor, weil PANORAMA-Stücke meist ganz kurz waren. Alle drei haben später bei größeren Projekten gezeigt, dass sie gute Regisseure sein konnten. Dieses Konzept der Sendung war meiner Ansicht nach ebenso wichtig für den Erfolg wie unsere für damals neue, burschikose Art, sogenannte heiße Eisen der Politik anzufassen und ohne Scheu in Berichten und Kommentaren vom offiziellen Standpunkt der Regierenden abzuweichen. Ich achtete auch darauf, dass die jeweilige Erkenntnis, Meinung, Tendenz möglichst in den Beiträgen der Mitarbeiter deutlich wurden. Magazinbeiträge, die langer Erläuterungen des Moderators bedürfen, sind nach meiner Auffassung eben nicht gelungen, oder der Moderator ist zu gesprächig. Ich konnte mich fast immer auf sehr knappe Zwischenbemerkungen beschränken, kürzere als die fast aller meiner Kollegen in anderen Magazinen. Sie scheinen stärker gewirkt zu haben, als viele langatmige Moderationen es heute tun.

So deutlich, wie ich Anfang 1961 im „Siebenjährigen Krieg" die Ereignisse und Tatsachen der französisch-algerischen Geschichte beim Namen genannt hatte (nachträglich bedauerte ich, noch viel zu zurückhaltend gewesen zu sein), so klar wurden nun in PANORAMA die Dinge auch anderswo beim Namen genannt – in der Ost-West-Politik wie in Fragen des Kolonialismus, der Dritten Welt, in der Deutschlandpolitik und bei innerdeutschen Zuständen. So unverblümt war bis dahin im deutschen Fernsehen allenfalls über die „Zonenmachthaber" gesprochen worden, und natürlich über die „Machthaber im Kreml". Diese Art „Einseitigkeit" hatte stets allerhöchste und allerweiteste Billigung gefunden. Unsere Offenheit sicherte PANORAMA neben wachsender Resonanz im Publikum entsprechende Ungunst bei der damaligen Regierungspartei, ohne uns unbedingt bei der Opposition beliebt zu machen. Unsere Thematik war im Fernsehen der ADENAUER-Ära ziemlich tabu gewesen. Wir brauchten sie also nur anzufassen und erregten Aufsehen. Wir taten es aber nicht, um aufzufallen, sondern weil wir sie für interessant und wichtig hielten. Die Ansicht, wir seien „einseitig links", vertrat sehr zeitig einer der prominentesten rechten Journalisten, PETER VON ZAHN. Im Krieg war er als „PK-Berichterstatter"[3] den Nazis gefällig gewesen. Nun warb er bei den Intendanten erfolgreich mit dem Argument, es müsse ein Gegengewicht gegen PANORAMA geben, und erreichte auch, dass sein Fernseh-Magazin „Reporter der Windrose" festen Sendeplatz bekam.

Wir fielen nicht nur den Regierenden unangenehm auf. Die PANORAMA-Mannschaft war im NDR selbst keineswegs sonderlich beliebt. Irgendwie hatten wir uns angewöhnt, in der Kantine immer wieder an

3 PK = „Propaganda-Kompanie". Die in diesen zusammengefassten Journalisten wurden verschiedenen Truppen zugeteilt, um über sie für Presse und Radio im Nazisinne positiv zu berichten.

einem großen Tisch zusammen zu sitzen. Das lag natürlich zunächst hauptsächlich an unserer hektischen Arbeit. Jede Woche ein Magazin zu produzieren, das nicht nur Gespräche, Interviews, Politik enthalten sollte, sondern auch möglichst interessante, originelle, liebevoll hergestellte Kurzfilme über andere Themen, und das mit einem im Verhältnis zur Aufgabe sehr kleinen Team, – das ließ uns die Arbeit auch bei Tisch fortsetzen, besprechen und planen. Manche Mitarbeiter anderer Redaktionen sahen eher missgünstig, dass wir mit Technik, Schneideräumen und Kamerateams relativ großzügig bedient wurden. Nicht wenige NDR-Angestellte standen politisch eher auf der anderen Seite; es gab natürlich auch ein CDU-Lager und sowieso Parteienproporz in vielen Abteilungen. Wir mögen auf die anderen auch fremd gewirkt haben, was leicht dadurch zu erklären ist, dass meine Redaktion zum großen Teil aus Zeitungen gekommen war, von außerhalb des Hauses, und kaum interne Bekanntschaften hatte. Unsere filmischen Helfer aus dem Hause waren so angespannt, dass sie auch nicht mehr so engen Kontakt mit ihren Kollegen halten konnten. Dies machte uns in der Tat schnell zu einer Sondergruppe mit immer engerem Zusammenhörigkeitsgefühl. Der menschliche Zusammenhalt festigte sich weiter, oft sehr, in Schneideraumfesten. „Unsere“ Cutterinnen waren natürlich Teil der PANORAMA-Familie oder machten sie erst dazu. Sie diskutierten durchaus gleichberechtigt mit über die kurzen oder langen Filme, die sie da schnitten.

Eine der dauerhaften Beziehungen, die in PANORAMA entstand, führte schließlich zur Ehe unserer 1. Cutterin, Kirsten Wedemann, mit Bernt Engelmann. Nach einem brillanten Einstand in unserer Redaktion „Spiegel der Zeit“ mit einer Reportage über das amerikanische Desaster in der kubanischen Schweinebucht, die sogleich zu amerikanischen Protesten führte (gleich drei Herren des Generalkonsulates erschienen in meinem Büro), produzierte Engelmann während der Schlussverhandlungen des französisch-algerischen Krieges für PANORAMA Berichte und Interviews mit führenden Algeriern. Schließlich verbot ihm Frankreich eine Zeit lang die Einreise.

Von früh bis abends „im Fernsehen“ in Hamburg-Lokstedt zu sein, wie es die Arbeit oft verlangte, beeinträchtigte natürlich mein eigenes Familienleben, noch mehr, wenn ich nicht nur wegen redaktioneller Anspannung, sondern aus Schneideraum-Festen erst mitten in der Nacht nach Hause kam. Zweifellos war ich meinen, zwei damals sehr kleinen, Kindern kein guter Vater (als ich PANORAMA anfing, war Carola drei, Alexander fünf), und für Susanne auch kein guter Ehemann. Die Kontroversen, die unsere Sendungen auslösten, ließen mich ja noch mehr Zeit im Sender verbringen, beschäftigt mit Konferenzen und Abwehr.

An eine der ersten größeren Aufregungen, die wir auf innenpolitischem Gebiet entfesselten, erinnere ich mich besonders gut. OTTO WILFERT hatte auf dem Eislaufplatz in *Planten und Blomen* Jugendliche aus Familien sogenannter Heimatvertriebener befragt, was sie von der Rückgabeforderung ihrer Eltern hielten und was sie als ihre Heimat ansähen – ebenfalls die verlorenen Ostgebiete? Die meisten sagten, ihre Heimat sei jetzt Hamburg, in den Osten ziehe sie nichts. Kaum war das Stück gesendet, sorgten die Funktionäre der Vertriebenenverbände für Krach: Wir hatten angeblich wichtige Rechtspositionen preisgegeben. Das war nicht die einzige Sendung, mit der wir dieses Milieu verstimmten. Ebenso, wie wir in Diskussionen über ADENAUERS Ostpolitik nicht nur einmal Leute zu Wort kommen ließen, die zwar internationales Ansehen genossen, aber wegen ihrer Vorstellungen der Bundesregierung und ihren Anhängern gewaltig missfielen. In PANORAMA-Diskussionen – meist unter Leitung EUGEN KOGONS – wurden Grundpositionen der späteren sozialliberalen Ostpolitik schon erörtert und von der CDU/CSU-Regierung für skandalös gehalten, als noch niemand eine Koalition BRANDT-SCHEEL für möglich hielt; noch war ja nicht einmal HERBERT WEHNERS Koalitionswerk SPD/CDU zustande gekommen.

Damals begann die CDU, ein Paczensky-“Sündenregister“ anzulegen, das ich noch heute für eine Ehrenliste halte: Themen und Leute, die wir Gottlob zur Debatte gestellt haben. Das deutsche Fernsehen müsste sich höchstens schämen, wenn wir es nicht getan hätten. Die Regierungsparteien konnten sich damals gar nichts anderes vorstellen, als dass das, was ihnen da so missfiel, einseitig und eben unerhört sei, und so redeten sie auch. Teilweise aber wohl auch, weil sie in der Verlegenheit, in der sie sich nach unseren Sendungen oft befanden, forschen Angriff für die beste Verteidigung hielten. Zu widerlegen war ja da so gut wie nichts. Aber dank ihrer jahrelang unangefochtenen Existenz als Kanzlerpartei des stets erfolgreichen KONRAD ADENAUER wähnte sich die CDU in einem gesegneten Dauerzustand der höchsten Wahrheitsweihen, verharrte also in unerträglicher Rechthaberei, die vom Fernsehen, dem neuen und offenbar wichtigen Medium, keinerlei Kritik, abweichende Meinung, störende Tatsachenschilderung ertrug. Ihr Hochmut entsprach durchaus der Herablassung, mit der ADENAUER seine politischen Gegner abzuqualifizieren pflegte, und just so trachtete auch sie, jeden, der störte, zu diffamieren. Es gelang ihr immerhin, PANORAMA als eine Art Teufelswerk und mich als den Beelzebub hinzustellen. Dabei halfen einige ihr nahe stehende, um nicht zu sagen ergebene Pressedienste, die für ihr auftragsgemäßes Gezeter über PANORAMA dutzendfach Abdruck in Provinzblättern fanden und heute weitgehend verschwunden sind. Dazu gehörte auch einer, den ein Mann herausgab, der früher für die Nazis in Lissabon tätig gewesen war und nun als Propagandist des Salazar-Regimes wirkte. Er hatte allein schon etwa fünfzig kleine und mittlere Zeitungen als Abnehmer.

Man fasst sich an den Kopf, wenn man als Beispiel aus dem mir gewidmeten „Sündenregister" liest: „Am 13. August 1961 gab Paczensky dem für seine radikalen politischen Ansichten bekannten und deswegen selbst in seiner eigenen Partei umstrittenen britischen Labourabgeordneten RICHARD CROSSMAN Gelegenheit, in „Panorama" seine Thesen zu vertreten. CROSSMAN forderte am Tage der Errichtung der Berliner Mauer vom deutschen Fernsehpublikum Verständnis für diese Untat des Zonenregimes" („Union in Deutschland", 3. Oktober 1963). Aber CROSSMAN war schon sehr prominent in seiner Partei, gehörte zum Kreis HAROLD WILSONS und bekleidete bald danach in dessen Kabinett mehrere Ministerposten, außerdem wurde er dann „Leader of the House of Commons“, was unserem Bundestagspräsidenten entspricht. Wir hatten ihn geholt, weil er gerade am Tag des Mauerbaus aus Ostberlin zurückgekehrt war. Damals hatte die Sendung auch in der CDU ganz anders gewirkt, wie die Fernsehkritik von zweien ihrer profilierteren Blätter beweist: „Auch das Informationsgespräch mit RICHARD CROSSMAN … war aufschlussreich … CROSSMAN entlarvte ULBRICHT als Separatisten“ („Kölnische Rundschau“, 15. 6. 1961). – „Als besondere Leistung darf die ausschließlich auf die deutsche Hauptstadt umgestellte Sendung PANORAMA angesprochen werden … Eine Reaktion auf die Ereignisse, die das Erfassen des Bildschirms als geistige Waffe beweist“ („Rheinische Post“, 14. 8. 1961).

Die größte Wirkung meiner PANORAMA-Zeit zeigte freilich eine Sendung, die mehr berichtenden Charakter hatte als, nach unserem normalen Rezept, aus Beiträgen meinungsfreudiger Mitarbeiter zusammengesetzt war. Es war am 4. November 1962 unsere erste Sendung zur SPIEGEL-Affäre. Im Auftrag der Bundesanwaltschaft hatte Polizei die SPIEGEL-Redaktion besetzt und durchwühlt und für die Arbeit wichtige Unterlagen beschlagnahmt. Sie versiegelte andere, was der Redaktion die Weiterarbeit fast unmöglich machte. Herausgeber AUGSTEIN und leitende Mitarbeiter mussten in Untersuchungshaft. Als Vorwand diente, dass der SPIEGEL in einem Artikel militärische Geheimnisse verraten habe. ADENAUER sprach im Bundestag von einem „Abgrund von Landesverrat“. Hamburger Redaktionen, darunter meine, boten den Kollegen jede Hilfe an, Archivbenutzung inklusive, und SPIEGEL-Verlagsdirektor HANS DETLEV BECKER sprach im Fernsehen gerührt von „Händen über Gräben“.

Auch die nächste Sendung widmeten wir fast ganz diesem Thema. Die Affäre machte der Öffentlichkeit sehr deutlich, und dabei halfen wir nach Kräften, wie hemdsärmelig die Regierung ADENAUERS, besonders ihr Verteidigungsminister STRAUSS, mit Grundrechten und der Pressefreiheit umging. Der Bundesregierung wiederum wurde deutlicher denn je, wie wirkungsvoll und als Gegner lästig das Fernsehen sein konnte. Unsere Sendungen haben mehr dazu beigetragen, die Öffentlichkeit über das skandalöse Vorgehen der Bundesregierung aufzuklären, mit größerem Publikum und mehr Durchschlagskraft, als das irgend eine Zeitung gekonnt hätte. Das nahm die Regierungspartei als eine Art Kriegserklärung auf.

Zwar stieß das Vorgehen der Behörden – etwa die illegale Verhaftung des Ehepaares AHLERS in Spanien – auch in großen Teilen der christlich-demokratischen Presse auf Kritik und Ablehnung. Auch der das Parlament belügende Verteidigungsminister STRAUSS war schwer zu verteidigen und schließlich nicht zu halten. Aber dort blieb doch ein Zweifel. Was, wenn die Vorwürfe gegen den SPIEGEL doch berechtigt sein sollten? Die unbeirrt kritische Art, mit der sich PANORAMA auf die vielen Seltsamkeiten (um es milde auszudrücken) des amtlichen Handelns konzentrierte, anstatt sich – wie es die Bundesregierung sicher lieber gesehen hätte – in Spekulationen zu ergehen, ob ADENAUER, STRAUSS und die Bundesanwaltschaft nicht doch recht gehandelt hätten, brachte uns natürlich neue scharfe Angriffe ein – vom Regierungssprecher KARTL GÜNTER v. HASE (später ZDF-Intendant) bis hin zu den Landesverbänden der CDU und der CDU-Gruppe in den Aufsichtsgremien des NDR. Fast am meisten saß, was SEBASTIAN HAFFNER, bis dahin eher ein Gegner PANORAMAs und ziemlich weit „rechts" angesiedelt, mit nicht zu überbietender Deutlichkeit gegen Schluss unserer ersten Sendung zur Affäre sagte: „Mir sind an der SPIEGEL-Aktion vier Sachen unangenehm aufgefallen. 1. Es hat hier gegen ein vollkommen bekanntes deutsches Magazin eine offensichtlich generalstabsmäßig vorbereitete, polizeiliche große Nacht- und Nebel-Operation stattgefunden, ohne dass dem deutschen Publikum je erklärt worden wäre, warum diese Art von Aktion in diesem Fall notwendig war. 2. Es scheint jetzt erwiesen zu sein, dass die Minister, die für so eine Aktion verfassungsmäßig die Verantwortung tragen, nicht informiert worden sind, ja sogar absichtlich uninformiert gehalten worden sind. Und wiederum ist dem deutschen Publikum nicht erklärt worden, wer für dieses Uninformiert-Halten verantwortlich war. 3. Es ist dem deutschen Publikum überhaupt kein klarer Bericht darüber gegeben worden, was nun eigentlich vorliegt. Es ist zum Beispiel eine Anklage wegen Bestechung ins Gespräch gebracht worden, ohne dass ein Bestochener produziert worden ist. 4. Der Anschein ist erweckt worden, dass man absichtlich oder nicht ganz so absichtlich die Aktion benutzt hat, um die weitere Produktion des SPIEGEL zu erschweren oder sogar unmöglich zu machen durch solche Dinge wie übermäßig lange Versiegelung der Redaktionsräume, Sperrung des Telefons, Sperrung der Buchhaltung, so dass keine Gehälter ausgezahlt werden konnten und dergleichen mehr, auch Versuche einer Vorzensur. Ich selbst bin kein Anhänger des SPIEGEL, ich bin ein Gegner vieler Ansichten von AUGSTEIN, wie einige von Ihnen wissen werden; ich habe ja hier in dieser Sendung öffentlich mich mit ihm herumgeschlagen. Ich nehme auch nichts zurück von dem, was ich damals gesagt habe. Aber eins möchte ich sagen: Als ein Journalist, der seine journalistische Ausbildung und seine journalistische Praxis in England, einem freien Lande, gelernt hat, muss ich sagen: Wenn diese vier Punkte durchgehen, wenn die deutsche Öffentlichkeit sich das gefallen lässt, wenn sie nicht nachhaltig auf Aufklärung drängt, dann adieu Pressefreiheit, adieu Rechtsstaat, adieu Demokratie."

Der Regierungssprecher entblödete sich nicht, in der Bundespressekonferenz am Tage nach der Sendung zu erklären, die erste Kritik an der Bedrohung der Pressefreiheit durch das amtliche Vorgehen sei aus der „UdSSR" und der „SBZ" gekommen. Er beschwerte sich, dass in der öffentlichen Diskussion der Verdacht des Landesverrats (durch den SPIEGEL) zu kurz komme. Das hatte sich die Bundesregierung natürlich durch ihr skandalöses Vorgehen und ihre vielen Wahrheitswidrigkeiten selbst zuzuschreiben, und schließlich verpuffte ja auch der „Landesverrat".

Unsere erste große Sendung über die Affäre erinnere ich mit besonderem Amüsement. Wir produzierten und zeichneten einzelne Teilstücke noch auf, als die Sendung schon angefangen hatte. Ich hatte ein Stückwerk aus vielen kleinen Einzelteilen zusammengesetzt, und in einer Ecke des Studios hatte ich zwei ungewohnte Redakteure: der Intendant und der Justitiar des Senders lasen mein Manuskript genau so hastig durch, wie ich es schrieb, und sie milderten auch manche meiner Formulierungen. Ich hielt das keineswegs für Zensur, sondern für hilfreich. Mir war auch lieber, mit einem hieb- und stichfesten, juristisch unanfechtbaren Text auf Sendung zu gehen.

Einer der Vorwürfe, die der Regierungssprecher und die CDU gegen die Sendung erhoben, war, dass die Stellungnahmen der Bundesregierung nicht genügend berücksichtigt worden seien. In Wirklichkeit hatte der NDR ihrem Sprecher durchaus angeboten, den Regierungsstandpunkt im Fernsehen zu erläutern, sowohl am Sonntag der Sendung als auch am Montag – beide Male wollte er nicht. Außerdem hatte PANORAMA den Pressesprecher des Verteidigungsministeriums und den geschäftsführenden CDU-Vorsitzenden JOSEF HERMANN DUFHUES (einen unserer schärfsten Kritiker) um Stellungnahmen gebeten. Beide lehnten ab. Man kann getrost sagen: Sie kniffen, und das Gezeter, wir hätten den Regierungsstandpunkt unterdrückt, war nichts als vernebelndes Geschwätz. Das Schweigen war aber leicht erklärlich. Die Regierung steckte ja selbst in größter Verlegenheit. Der Korrespondent der „Neuen Zürcher Zeitung“ schilderte am Tag vor unserer Sendung: „Die Bonner Pressevertreter führen auf Monsterkonferenzen endlose Frage- und Antwortspiele mit den Regierungssprechern darüber, ohne dass bisher eine klärende Auskunft zu erhalten gewesen wäre.“

Doch schließlich konnte die CDU/CSU durch ihr unablässiges Gezeter und das ihrer publizistischen Hilfstruppen allmählich den Eindruck festigen, wir seien einseitige und bewusste Manipulatoren und Fälscher, eine Lesart, die sich allmählich auch in den Köpfen uns näherstehender Kreise festzusetzen schien. Der SPIEGEL selbst bedankte sich bald danach für unsere Hilfestellung mit der Behauptung über PANORAMA, „alle Sendungen waren unverhüllt voreingenommen; obwohl

PROSKE und PACZENSKY nicht SPD-Mitglieder sind, attackierten sie kaum jemals SPD oder Gewerkschaften" (43/1963). „Unverhüllt voreingenommen – auch die zur Spiegelaffaire?" fragte daraufhin Leser HORST SCHULTZ aus Marburg, wenigstens veröffentlicht. Als wenn nicht in erster Linie die Regierenden, weit vor der machtlosen Opposition, durch eine kritische Brille beobachtet werden müssen. SPIEGEL damals weiter, ich hätte der alten PANORAMA-Crew den Glauben eingepflanzt, „PANORAMA sei die wichtigste Opposition der deutschen Publizistik". Aber solche Indoktrinierungsarbeit hatte ich nicht nötig. Unsere durchaus erwachsenen Redaktionsmitglieder hätten sich nicht so lächerlich impfen lassen, sondern folgten ihrer eigenen Meinung. Als dieser undankbare Unfug erschien, war ich freilich schon Stellvertreter HENRI NANNENS, des „Stern"-Chefredakteurs, dessen redaktioneller Kurs AUGSTEIN besorgt machte, der „Stern" könne dem SPIEGEL die Rolle des „Sturmgeschützes der Demokratie" abnehmen, wie man sich dort gerne nennen ließ. Darüber mehr im Kapitel „Bouillabaisse".

Das „Sündenregister", Marke CDU/CSU, wäre leicht zu widerlegen gewesen. Aber dazu hätte es einer energischeren Haltung unseres Senders bedurft, des NDR. Dessen Pressestelle und, im Fall allzu bösartiger Polemik, dessen Rechtsabteilung hätten die Dinge sehr gut zurechtrücken können. Das aber setzte voraus, dass auch der Intendant für eine solche Reaktion gewesen wäre. Doch der Eifer des Intendanten GERHARD SCHRÖDER, nach außen hin für Mitarbeiter einzutreten, hielt sich in Grenzen. Die PANORAMA-Begeisterung hatte dem Intendanten zunächst bei seinen Parteifreunden genützt. Die SPD konnte als Oppositionspartei ein Fernsehmagazin, das sich kritisch mit den Regierenden befasste, nur genießen. Andererseits aber war SCHRÖDER für seine weitere Herrschaft im NDR auch von der CDU abhängig, da die SPD nicht genug Stimmen im Verwaltungsrat hatte. Wir bekamen allmählich von „unserem" Intendanten mehr Intrigen zu spüren als Förderung – und schon gar keine Initiative zur Erarbeitung einer publizistischen Linie, die wir hätten gemeinsam durchhalten können. Zu Beginn hatte SCHRÖDER auf meine Frage, ob wir dem NDR zuviel Krach einbrockten, geantwortet: „Ich will Krach". Kaum ein Jahr später, nach unseren Sendungen über die SPIEGEL-Affäre, versprach er der CDU, Paczensky unter Kontrolle zu bringen oder jedenfalls in PANORAMA zu entschärfen.

So steckte der NDR, wie sehr auch seine Magazinchefs PROSKE und PACZENSKY diffamiert wurden, den Kopf in den Sand. Über uns konnten die wüstesten Dinge behauptet und nachgeplappert werden. Eines Tages, als ich schon lange nicht mehr beim NDR war, riss mir die Hutschnur. Ich zwang den CSU-„Bayern-Kurier" durch alle Gerichtsinstanzen hindurch zu folgender, seine Leser sicher sehr verblüffenden Erklärung:

> „*Widerruf*
>
> Im Bayern-Kurier vom 25. Juni 1964 erschien unter der Überschrift ‚Wollen wir eine sterilisierte Presse' eine Buchrezension aus der Feder RICHARD TÜNGELS, die folgenden Absatz enthält:
>
> ‚Was den Herausgeber ... dazu bewogen hat, ausgerechnet Paczensky zur Mitarbeit aufzufordern, von dem doch bekannt ist, und der „Rheinische Merkur" hat dies ausdrücklich bewiesen (...), dass er als Leiter der Sendung PANORAMA im Fernsehen notorisch Dokumentationsfälschungen veranlaßt hat,
> ist einigermaßen schleierhaft.'
>
> Die darin enthaltenen Behauptungen, von Paczensky habe als Leiter von PANORAMA im Ersten Fernsehen notorisch Dokumentationsfälschungen veranlaßt, dies sei bekannt, und der „Rheinische Merkur" habe dies bewiesen, widerrufen wir hiermit."

Diese klare und eindeutige Zurücknahme einer ganzen Kampagne verdankte ich nicht dem NDR, sondern dem „Stern". Dieses Haus legte

Wert darauf, die Ehre seiner Mitarbeiter nicht ungestraft antasten zu lassen, und gewährte mir rechtlichen Beistand.

Für mich, und damit für PANORAMA, ergab sich auch noch etwas sehr wichtiges, was sich späteren parteipolitischen „Kritikern" unserer Sendungen nicht genügend deutlich eingeprägt hat. Der Bundesgerichtshof erklärte nämlich, „der Kläger" (also Paczensky) „hat zu dem Weisthaler[4]-Bericht im einzelnen Stellung genommen und Beweis dafür angetreten, dass seine Berichterstattung in der PANORAMA-Sendereihe entgegen der Kritik objektiv und fair gewesen sei". Und unter den Entscheidungsgründen: „Es muß ... mit dem Berufungsgericht davon ausgegangen werden, dass dem Kläger zu Unrecht der Vorwurf gemacht wurde, er habe als Leiter der Sendung ‚PANORAMA' über das tatsächliche Zeitgeschehen bewußt falsch berichtet und die Öffentlichkeit getäuscht."

Im Dunstkreis der damaligen haltlosen CDU-Propaganda haben dann unsere Gegner hilfsweise verbreitet, unsere Recherchen seien fehlerhaft gewesen, und gerade das habe die Sendung angreifbar gemacht. Auch das ist nachweisbar falsch. Unsere Sachfehlerquote war gerade in den Gründerjahren weit geringer als die aller anderen Magazine. Vielleicht, weil die meisten von uns in Agenturen und Zeitungen Recherchieren gelernt hatten. Aber das passte manchen Herrschaften nicht in das Bild, das sie gern von der Ära PROSKE – PACZENSKY malen wollten. Solches Gerede übernahm auch der Intendant des Süddeutschen Rundfunks, HANS BAUSCH, im NDR selbst einer meiner späteren Nachfolger, WALTER MENNINGEN, und vorübergehend auch der Chef des Funkhauses Hannover, ERNST GOTTFRIED MAHRENHOLZ (später Vizepräsident des Bundesverfassungsgerichtes), der das dann, nachdem er sich sachkundig gemacht hatte, in sehr nobler Weise zurücknahm. Von der Magazin-Konkurrenz stieß CLAUS H. CASDORFF, Leiter von „Monitor", in das gleiche falsche Horn. Dieser pikanterweise, kurz bevor „Mo-

4 So hieß der Verfasser des „Sündenregisters"

nitor" mit einer Sendung über angebliche Tupamaros in Berlin hereinfiel – die waren „getürkt", gestellt von Laienschauspielern.

Zu den Verbreitern, deren ich habhaft werden konnte, gehörte auch die angeblich so neutrale Wochenzeitung „Das Parlament", die sich dann unter dem Eindruck gerichtlicher Ermahnung zur Zurücknahme entschloss. Ferner ein Briefmarkenblatt-Verleger („Der Deutschland-Sammler"), dem die Wiederholung solcher Behauptungen in allen Instanzen bis herauf zum Bundesgericht verboten wurde, und der uns nun schon bekannte F. W. HYMMEN in „Medien", wieder einmal einer evangelischen Publikation.

In der ARD, besonders ihren süddeutschen, der CDU/CSU-Regierung nahe stehenden Sendern, wirkte die Diffamierungskampagne noch lange nach, und von vielen weiteren Verleumdungen habe ich vermutlich gar nichts erfahren. Aber ich konnte mir meinen Teil denken, als ich 1977 von CORDULA ZYTUR ausführlich für eine ARD-Broschüre „25 Jahre Fernsehprogramm in Deutschland" interviewt wurde und das Interview dann nicht erschien. So erging es übrigens auch JOACHIM FEST – er hatte sich nach Meinung der ARD-Pressesprecher, die das von der Programmdirektion in München veranstaltete Unternehmen zu begutachten hatten, zu kritisch über die ARD geäußert.

Zurück zum Ende meiner PANORAMA-Zeit. Eines Tages erfuhr ich sehr indirekt, nämlich durch einen SPIEGEL-Reporter, dass beschlossen sei, mich zu „neutralisieren", und auch wie: durch JÜRGEN NEVEN-DUMONT, der seine noch junge Stellung als Chefreporter des NDR-Fernsehens keinem anderen als mir verdankte; ich hatte ihn nach Absprache mit PROSKE überredet, sich vom Hessischen Rundfunk zum NDR abwerben zu lassen. Nun sollte er PROSKES Stellvertreter als Hauptabteilungsleiter werden, was bis dahin MAX HELMUT REHBEIN und ich abwechselnd ausgeübt hatten, wer halt gerade verfügbar war, also mir vor der Nase sitzen. Dagegen hatte ich nichts, aber er sollte auch in PANORAMA, wo ich bisher verabredungsgemäß völlig gleichberechtigt mit PROSKE gewirkt hatte, zwischen PROSKE und mir eingeschoben werden und in Zweifels- oder auch Streitfällen mein Vorgesetzter sein. Das gedachte ich nicht zu akzeptieren, und ich habe NEVEN sehr verübelt, dass er sich zu diesem illoyalen Spiel hergab. Gelohnt hat es sich für ihn kaum – auch er bekam schnell Krach mit dem Intendanten und verließ den NDR ziemlich bald.

Meine Lage wurde gleichzeitig kompliziert und erleichtert durch die Tatsache, dass mein Zeitvertrag mit dem NDR am 31. Oktober 1963 ablief und über seine eventuelle Verlängerung spätestens im April 1963 neu verhandelt werden musste. Dies bot die Chance, einen völlig anderen Vertrag auszuarbeiten. So sehr mich die Sache mit NEVEN gekränkt hatte – an meinem Status im Hause lag mir wenig, aber an PANORAMA wollte ich festhalten. Ich schlug also einen Honorarvertrag vor, der mich aus der hierarchischen Organisation des NDR herausnehmen und lediglich meine Tätigkeit für PANORAMA beinhalten sollte. Das Justitiariat und ich einigten sich sogar, aber das war ganz überflüssig. Die CDU-Mitglieder des Verwaltungsrates, der dem neuen Vertrag zustimmen musste, drohten mit Sitzungsboykott, da einer von ihnen wegen Urlaubs fehlte und sie bei einer Abstimmung unterlegen wären. Ohne sie gab es aber kein Quorum und der Verwaltungsrat war beschlussunfähig. So drohten sie – HANS WATERMANN und WILLY WEBER aus Niedersachsen, KURT SIEVEKING aus Hamburg – zweimal, und dann kapitulierte die SPD-Hälfte des Verwaltungsrates. Der Intendant hatte keine Lösung vorgeschlagen.

SCHRÖDERS Verzicht, für seinen Mitarbeiter zu kämpfen, wie einige Jahre später sein Nachfolger MARTIN NEUFFER erfolgreich für meinen Nachfolger Nummer vier, NDR-Chefredakteur PETER MERSEBURGER kämpfte, hat natürlich schon damals den Gedanken nahe gelegt, dass er über diesen Ausgang froh war. Nur ein halbes Jahr später wurde – immer noch unter dem Intendanten SCHRÖDER – auch RÜDIGER PROSKE entfernt (siehe Kapitel „Der Abhörknopf").

So verschwand ich nicht nur aus PANORAMA, sondern für rund zehn Jahre ganz aus dem Fernsehen, von zwei Sendungen als Gast-Mitarbeiter für den Berliner SFB abgesehen, dessen Chefredakteur Peter Pechel mir die Treue hielt. Und so erfüllte sich die „Bild"-Forderung, „Der Spitzbart muss weg!", die anfänglich „nur" in einem Leserbrief gestanden hatte, aber bald zum oft wiederholten Slogan geworden war.

Eine Generation später zeigte sich im NDR endlich eine andere Mentalität. Der Sender feierte im Juni 2001 den 40. Geburtstag von PANORAMA, zusammen mit dem 25. von „Extra 3". Eingeladen waren frühere und jetzige Moderatoren und Mitarbeiter, und da hörten wir den Intendanten Jobst Plog in seiner Ansprache an die Gästeschar nicht nur allerlei Rühmliches aus der Magazinvergangenheit erzählen, sondern auch sagen, der NDR sei stolz auf PANORAMA.

Das hätte sein Vor-Vorgänger Schröder wohl nicht hören können, ohne rot zu werden.

Kongo

Rund ein Jahr nach meiner Sendung „Der Siebenjährige Krieg" über Algerien griff ich das explosive Thema der Kongo-Krise auf, wieder im 1. Programm. Die Sendung „Der Tod kam wie bestellt" lief am 6. Februar 1962. In diesem Jahr hatte die Fernsehgemeinde stark zugenommen. Wir erreichten eine Sehbeteiligung von 47% (wir: an der eindrucksvollen optischen Gestaltung des Films hatte KLAUS WILDENHAHN wesentlichen Anteil). Wir konnten wohl mit etwa 9 Millionen Zuschauern rechnen.

Hintergrund war die katastrophale belgische Kolonialpolitik. Ich zeigte die Verflechtung internationaler, besonders belgischer, britisch-südafrikanischer und französischer Wirtschaftsinteressen in der „Katangalobby". Die bekämpfte den ersten frei gewählten Regierungschef nach der Unabhängigkeit, PATRICE LUMUMBA, und wollte, wenn sie schon die Herrschaft über die ganze Kolonie verlor, das rohstoffreiche Katanga vom Kongo-Staat abspalten. Natürlich gehörte auch die Ermordung PATRICE LUMUMBAS und der verdächtige Flugzeugabsturz des UNO-Generalsekretärs DAG HAMMARSKJÖLD zu meinen Themen.

Fast vierzig Jahre später gaben Belgier zu, sogar im deutschen Fernsehen, LUMUMBA in amtlichem Auftrag umgebracht zu haben, und etwa um die gleiche Zeit waren aus Johannesburg Hinweise bekannt geworden, dass eine „internationale Verschwörung" unter Beteiligung südafrikanischer Geheimdienstler einen Sprengstoffanschlag auf

Hammarskjölds Flugzeug verüben wollte. Im Jahr 2002 endlich entschuldigte sich die belgische Regierung für ihre „Verwicklung" in den Mord an Lumumba und die vorausgegangenen Ereignisse.

Die Sendung fand ein gewaltiges Echo, noch weit größer als der Algerienfilm, und löste, wie damals, offizielle Proteste aus. Belgien beschwerte sich, das Auswärtige Amt schloss sich etwas gewunden an und bezeichnete die Sendung in der Fragestunde des Bundestages als „unobjektiv". Staatssekretär Karl Carstens forderte den Intendanten sogar in einem Fernschreiben auf, sich von der Sendung zu distanzieren und „möglichst noch heute im Rahmen des Fernsehprogramms erklären zu lassen, daß die gestrige Sendung die persönliche Meinung eines Mitarbeiters des Norddeutschen Rundfunks wiedergegeben habe, mit der der NDR sich nicht identifiziere" (7. Februar 1962). Zu allseitiger Verblüffung fand aber der NDR-Verwaltungsrat einschließlich seiner CDU-Mitglieder, dass die Sendung „keinen Verstoß gegen die dem NDR gesetzlich auferlegten Verpflichtungen" dargestellt habe. Als Antwort auf das Ansinnen des Staatssekretärs bot der NDR den Belgiern an, ihren Standpunkt in einer Diskussionssendung mit mir zu vertreten. Da schwiegen sie. Das kannte ich schon vom Algerienfilm her.

Doch der Protest des belgischen Botschafters und das dafür offene Ohr des Staatssekretärs genügte, nicht wenige deutsche Zeitungen davon zu überzeugen, dass die Sendung tendenziös, verzerrt gewesen sei. Indes hatte ich, wie schon beim Algerienfilm, genug Stimmen auf meiner Seite. Ein Stapel von Briefen für und wider zeigte zwar eine starke, deutlich von nur wenig Sachkenntnis getrübte „Belgien-Lobby" unter den Zuschauern. Doch Infratest erhob neben der großen Sehbeteiligung, ebenso wie damals bei der Algeriensendung, eine große Mehrheit von Zustimmung.

Dieses Mal nahm nicht nur die „Süddeutsche Zeitung" enthusiastisch für die Sendung Partei („... ein Bericht, der durch sachliche Klarheit wie durch unabhängiges Urteil bestach"). Zu meiner Verblüffung stach von der gewohnten Verdammung durch die Springer-Blätter – schließlich hatten wir ja eine Vorgeschichte – „Bild am Sonntag" geradezu sensationell ab. Dort las man aus der Feder des Fernsehkolumnisten „Ferdinand": „Ferdinand hat in den letzten Wochen keine Dokumentarsendung gesehen, die ihn so fesselte wie diese. Was der Autor Gert von Paczensky zu sagen hatte, sagte er deutlich. Ferdinand bekennt, dass er nur selten eine so ausgeprägte Meinung im Fernsehen zu hören bekam wie hier … Einen Punkt hat der lobenswerte Autor bedauerlicherweise übersehen. Als er beiläufig der deutschen Presse vorwarf, der „Kongo-Lobby" aufgesessen zu sein und ihre Leser hinters Licht geführt zu haben, vergaß er das Fernsehen … Hand aufs Herz, Gert von Paczensky, wenn das Fernsehen während der Kongo-Wirren das berichtet hätte, was ein Teil unserer Presse zu berichten versäumt hat, dann wäre Ihre Sendung doch gar nicht so aufsehenerregend gewesen, wie jetzt überall gesagt wird …" Daran schloss er ein Plädoyer fürs Privatfernsehen an. Das kannten wir von den Springer-Blättern schon.

Ganz anderer Meinung war da die CDU. Zu Paczenskys Sündenregister im „Rheinischen Merkur" (siehe PANORAMA) gehörte ja auch: „… richtete von Paczensky heftige Angriffe gegen die belgische Verwaltung im ehemaligen Mandatsgebiet" (Unsinn; es war Kolonie) „Kongo … Für das Blutvergießen im Kongo und auch für den Tod HAMMARSKJÖLDS wurde der Westen und besonders Belgien verantwortlich gemacht". Eben. Nur dass ich keineswegs pauschal „den Westen" aufs Korn genommen hatte. Die USA wurden ausgesprochen positiv erwähnt. Sie befanden sich in der Kongo-Krise in krassem Gegensatz zu den Regierungen in Brüssel, London und Paris, was ich sehr deutlich gemacht hatte.

Der Abhörknopf

Mein Abgang von PANORAMA bedeutete keineswegs das Ende der Auseinandersetzungen zwischen der CDU/CSU und mir. Meine neue Stellung als stellvertretender Chefredakteur des „Stern", eines durchaus kampflustigen Hauses, ermöglichte mir, mich gleich beim nächsten Streit zwischen PANORAMA und der Bundestagsmehrheit wieder zu melden. Das war die Affäre um einen in der Telephonzentrale des Bundeshauses angeblich vorhandenen Abhörknopf.

Knöpfe zum Mithören von Gesprächen existierten in vielen handbedienten Telephonvermittlungen. Das gab es schon beim Militär und zu Zeiten, als das Recht auf die Privatsphäre wenig galt. Es hatte freilich auch den Sinn, der Vermittlung die Feststellung zu ermöglichen, ob eine von ihr zusammengesteckte Verbindung wirklich zustandegekommen sei, und gegen Ende die Frage, meist ins Leere, ob noch gesprochen werde. Die Mithörmöglichkeit in der Vermittlung des Bundestages war längst ausgebaut worden. Aber das Schildchen „Mithören" war dageblieben.

Verantwortlich für die Sendung darüber war der neue PANORAMA-Redakteur Karl Heinz Wocker. Aber in dem Getöse, das ausbrach, als sich diese Geschichte als falsch herausstellte, opferte Intendant Schröder nicht den für den falschen Bericht Verantwortlichen, sondern Rüdiger Proske, der ihn als „Moderator" präsentiert hatte. Wocker, vorher Londoner Korrespondent des NDR-Hörfunks, durfte unbeschadet auf diesen Posten zurückkehren.

Woher mochte die falsche Information gekommen sein? Die Redaktion schwieg eisern darüber. Sie hatte zwei Informanten gehabt, die sie wohl für seriös halten konnte. Es waren der SPD-Fraktionsgeschäftsführer Dr. Schäfer und, vor ihm, der damalige Sprecher des SPD-Vorstands, Franz Barsig. Während die CDU/CSU im Bundestag und ihre Verbündeten in der Presse immer lauter tobten und Intendant Schröder sich in aller Öffentlichkeit entschuldigte, war klar, dass ein Eingeständnis dieser hoch angesehenen Herrschaften, die Hamburger Redaktion auf eine falsche Fährte geleitet zu haben, den Fehler zwar nicht wettgemacht, wohl aber die Verantwortlichen der Sendung entlastet haben würde.

Über dieses Schweigen ärgerte ich mich besonders, als Proske seine Stellung verlor. Durch meine noch vorhandenen Verbindungen zum NDR fand ich in der Intendanz an der Hamburger Rothenbaumchaussee – nicht vom Intendanten – eines Abends die Rolle Barsigs heraus. Den rief ich noch am gleichen Abend an und fragte ihn, ob er nicht durch eine öffentliche Erklärung die PANORAMA-Redaktion und besonders natürlich Proske etwas entlasten wolle. Er war entsetzt, dass ich Bescheid wusste, verschanzte sich aber dahinter, es sei doch eine Regel, einen Informanten geheim zu halten. Gewiss, sagte ich, aber doch nicht, wenn nicht der des Schutzes bedürfe, sondern der durch seine Fehlinformation in Bedrängnis Geratene. Das wollte er nicht einsehen.

Also enthüllte ich es in der nächst möglichen Ausgabe des „Stern" in einem Artikel „Wer ließ PANORAMA platzen?" Das Hilfsblatt der Regierungspartei, die FAZ, tadelte „den Versuch einer Illustrierten, mit der Bloßstellung des Erstinformanten von der Fernsehsendung abzulenken", als „menschlich unerfreulich", als wisse es ebenso wenig wie Barsig, dass der Informantenschutz einen ganz anderen Sinn hatte, und erging sich in finsteren Andeutungen über die Hamburger Kumpanei, ausnahmsweise ohne sie so zu nennen.

Da im Ältestenrat des Bundestages auch die SPD mit den CDU/CSU-Wölfen gegen PANORAMA heulte, veröffentlichte ich im gleichen Heft eine Kolumne mit scharfer Kritik am Bundestag. Ich erinnerte die MdBs an die Verantwortung, die mit ihren Privilegien verbunden sei, und kontrastierte die Offensive gegen die Hamburger Redaktion mit einigen Fällen, in denen der Bundestag gegen ihm bekannte weit schwerere Missstände nichts unternommen hatte. Der Artikel sorgte für gewaltige Aufregung. Die CDU forderte Bundestagspräsident GERSTENMAIER auf, gegen mich Strafantrag zu stellen. Er war besser beraten und unterließ es. Das SPD-Präsidium verzieh BARSIG – sowohl den Verrat an PROSKE als auch, dass er Informant gewesen war – und lancierte ihn bald danach auf den Posten des SFB-Intendanten.

Überschrieben war mein Artikel „Sitzt ein Feigling im Bundestag?". Der CDU-Fraktionsgeschäftsführer hatte nämlich berichtet, im Ältestenrat habe jemand im Zusammenhang mit PANORAMA von „Ganoven-Moral" gesprochen. Der jemand wagte aber nicht, sich zu dieser Beschimpfung öffentlich zu bekennen.

Solcher Zurückhaltung entsprach eine deutliche Unlust des NDR-Intendanten, dem völlig überzogenen Gezeter der CDU/CSU entgegenzutreten. Eine kühle Entschuldigung für einen eingestandenen Fehler – das mochte hingehen. Aber SCHRÖDER überschlug sich förmlich in Ergebenheitsgesten. Er erklärte (auch noch) in der Konkurrenzsendung „Report", von PANORAMA sei ein „unverzeihlicher Fehler" begangen worden, kündigte an, die Redaktion werde ausgewechselt, und erschien bei den drei Regierungen der den NDR tragenden Bundesländer, also in Kiel, Hannover und Hamburg, um dort seine Zerknirschung zu beweisen.

Ein Redakteur, der mehr Rückgrat bewies als sein Intendant, war HELMUT W. M. KAHN, der erst am 1. April des Jahres von der Nachrichtenagentur dpa zum NDR gekommen war, in die Redaktion des „Weltspiegel". Doch wurde er gleich als außenpolitischer Redakteur zu PANORAMA versetzt. KAHN befand sich in Urlaub, als die Krise seiner neuen Redaktion begann, und schrieb an den Intendanten in einem langen Brief: „Auf Grund der Maßnahmen, die Sie nach der Sendung vom 23. 9. ergriffen oder unterließen, halte ich eine weitere Mitarbeit im NDR und besonders an dem von Ihnen seither angekündigten „neuen" PANORAMA für unzumutbar".

Kahn zitierte den SPD-MdB Peter Blachstein, Mitglied des NDR-Verwaltungsrates: „Intendanten sind für das Programm verantwortlich; es kann aber nicht sauber gemacht werden, wenn man ihre Mitarbeiter einschüchtert". Das heißt doch wohl – so Kahn – „dass Intendanten ihren Mitarbeitern den Rücken zu decken und zu stärken hätten? Wie ist es aber, wenn sich Intendanten einschüchtern lassen und, quasi als Transmissionsriemen, den Druck der Einschüchterung an ihre Mitarbeiter weitergeben und an diesen vollstrecken? Dann kann ein sauberes Programm erst recht nicht gemacht werden."

Kahn warf Schröder vor, er hätte „mit etwas Selbstbewusstsein und Skepsis der Beschuldigung des Ältestenrates entgegentreten können, PANORAMA habe ‚mit der Wiedergabe unhaltbarer Sachverhalte' das Ansehen des Deutschen Bundestages schwer geschädigt, denn diese Empörung wirkte unecht angesichts der Tatsache, dass sie ausgeblieben war in zahlreichen Fällen, wo die Würde des Hauses durch Politiker tangiert worden war". Und weiter: „Jedem Anstellungsvertrag liegt der Grundsatz Treue um Treue zugrunde. Das Vertrauen in Ihren Willen und Ihre Entschlossenheit, Ihre Untergebenen zu schützen, haben Sie zerstört. Sie haben also Ihre Hälfte des Vertrages verletzt".

Bouillabaisse mit Folgen

Vermutlich haben nicht viele deutsche Schüler schon im Alter von zehn Jahren von *Bouillabaisse* gehört. Aber einer meiner Lehrer in der Sexta des Berliner Falk-Realgymnasiums in der Lützowstraße, der Französischlehrer, erzählte gern und oft davon, wie er als junger Mann in Marseille gewesen war – der Name dieser Stadt sagte uns natürlich nichts – und dort zum ersten Mal in seinem Leben und dann anscheinend oft *Bouillabaisse* gegessen hatte. So ausführlich er diese Fischsuppe auch beschrieb – auch die genannten Fische und Zutaten sagten uns Sextanern nichts. Aber wir würdigten seinen erinnernden Enthusiasmus und baten ihn oft, mehr davon zu erzählen. Mit vergleichbarer Verve hat er über nichts gesprochen, schon gar nicht über französische Grammatik oder unregelmäßige Verben. Das war 1935.

Es vergingen fast zwei Jahrzehnte, bis ich einen Versuch machen konnte, ihm seine Begeisterung nachzufühlen. 1952 kam ich als Zeitungskorrespondent in Paris an. Einarbeiten, akklimatisieren, mein Französisch aufpolieren beschäftigte mich zunächst sehr. Doch ziemlich frühzeitig landeten auch wir am Mittelmeer, badeten an der damals menschenleeren Corniche bei Sète, aßen gegrillte Sardinen und Tintenfische in viel fetter alkoholischer Sauce bei Attila et Germaine in der „Bar des Pins“. Die Sauce machte Attila, dem die Deutschen im Lager seine Zähne zertrümmert hatten, der mich aber schnell akzeptierte und mir hauptsächlich beibrachte, dass man Aperitif – dort immer Pastis – im Stehen an der Bar trinken müsse, sonst rutsche er nicht schnell genug. Offenbar beeindruckte ihn, dass ich die Tintenfischsauce in einem ziemlich großen Topf gleich beim ersten Mal ganz aufgegessen hatte. Den Rest tunkte ich stets mit dem Brot auf. Die für mich bestimmte Portion wurde täglich größer. Ich vertilgte sie immer und war so zufrieden mit dem Lokal, dass ich überhaupt nicht an Bouillabaisse dachte. Die war ja auch eine Spezialität von weiter östlich entlang der Küste, eben Marseille und noch weiter. Aber auch Attila rühmte sich, eine gute zu machen.

Meine erste Bouillabaisse aß ich schließlich in St. Tropez. Trotz guten Geschmacks gefiel sie mir wenig. Zu den wichtigen Fischen dabei gehört die *Rascasse*, ein wahres Grätenbündel. Was nützte all der köstliche Geschmack von Fischsuppe mit viel Knoblauchmajonnaise, *Rouille*, wenn man ununterbrochen stachliges Zeug im Mund hatte und vorsichtig herausziehen musste. Also gab ich mich mit dieser einen Erfahrung zufrieden. Als nächstes probierte ich die *Bourride* – ähnliche Suppe, aber ohne Rascasse und viel weniger grätenreich, mehr von weißen Fischen, mit genau so viel stark knoblauchhaltiger *Rouille*. Für mich der größere Schlager!

Seither habe ich mich an Gräten gewöhnt. Grätenreichen Fisch zu essen ist ja nur eine Geduldsfrage. Doch Bouillabaisse bestellte ich ganz selten, Bourride öfter. Immerhin gewann eine etwa zehn Jahre später für mich unerwartet historischen Charakter. Ich aß sie in Nizza am Vorabend eines Treffens, das ich zwei Jahre vorher für undenkbar gehalten haben würde. Ich war am nächsten Vormittag mit Franz Josef Strauss verabredet, in seinem südfranzösischen Ferienhaus.

Als wir uns begrüßten, fiel mir sehr auf, dass er schon am Morgen stark nach Alkohol roch. Aber ich dachte mir, ihm werde seinerseits vielleicht meine Knoblauchfahne lästig fallen, die ich am Vorabend durch die Bouillabaisse erworben hatte; man selbst riecht sich ja nicht. Natürlich ließen wir uns nichts anmerken und tranken auch nicht etwa gleich etwas anderes als Kaffee.

Eine Begegnung STRAUSS – v. PACZENSKY hatte schon etwas Seltsames. So lange war es nicht her, dass PANORAMA unter meiner Leitung und mit mir als Moderator in der „Fibag“[5] – und der SPIEGEL-Affaire sein effektvollster Kritiker gewesen war. Und nicht wenige Kollegen hatten im Gedächtnis behalten, wie es Jahre vorher während zweier NATO-Konferenzen in Paris, über die ich für die WELT berichtete, spät abends in der Halle des Hotels Bristol, des Sitzes der deutschen Delegation, zu erbitterten und lautstarken Zusammenstößen zwischen ihm und mir gekommen war. Er warf nicht nur mir, sondern den führenden Leuten in der WELT, unsere Gesprächsbereitschaft gegenüber dem Osten vor, für ihn, den deklarierten Kalten Krieger, schmähliches Aufweichlertum. Das hatte sich vielleicht AXEL SPRINGER zu Herzen genommen, wenn auch weniger aus Freundschaft zu STRAUSS sondern aus Ärger über Chruschtschow, wie erzählt.

Die SPIEGEL-Affaire kostete STRAUSS seinen Ministerposten im Kabinett ADENAUER, aber bald danach, wie erinnerlich auch mich meine Stellung in PANORAMA. Nun war ich im „Stern“ Stellvertreter des Chefredakteurs HENRI NANNEN. Auch der „Stern“ war alles andere als ein Strauß-freundliches Blatt.

Es war die Zeit, in der HENRI NANNEN den „Stern“ „politisiert“ hatte. Das mag ein zu starker Ausdruck sein, denn der „Stern“ blieb eine Illustrierte nach damaligen Standards mit viel Busen (so viel wie heute duldete aber die Kontrollstelle für Jugendgefährdung noch nicht), Mode, Klatsch und dergleichen. Aber er enthielt auch mehr und mehr politische Reportagen und Kommentare, die der „seriösen“ Tages- und Wochenpresse ebenfalls gut angestanden hätten. Die Veränderung schadete keineswegs der Auflage. Die stieg. Vermutlich spielte auch die herandämmernde Umbruchstimmung ihre Rolle, die sich dann in der 68er Explosion entlud und jahrelang weiterwirkte, und auch der Verdruss immer größerer Kreise mit KONRAD ADENAUERS „Kanzler-Demokratie“

5 Diese Firma hatte mit Unterstützung von Strauß am Bau von Unterkünften für US-Truppen verdienen wollen. Ob Strauß finanziell beteiligt war, wurde nicht untersucht.

und der CDU als seinem Wahlverein, das Aufwachen der intelligenteren Jugend aus der unpolitischen „Ohne-Mich"-Haltung und dergleichen mehr. Im „Stern" lasen die Bundesbürger zum ersten Mal die Enthüllung des JOHNSON'SCHEN Komplotts gegen Indochina und andere antikolonialistische Berichte, auch viel Kritisches über Westdeutschland, das in anderen Illustrierten unvorstellbar war und in der „seriösen" Tagespresse verschwiegen wurde. Und HENRI NANNEN hatte sein Herz für WILLY BRANDT entdeckt.

Diese „Politisierung", die eine wachsende Zahl bekannter und fähiger politischer Journalisten in der Redaktion trug, auch SEBASTIAN HAFFNER gehörte als Kolumnist dazu, missfiel Rudolf Augstein sehr, der die Wider-den-Stachel-Führungsrolle des SPIEGEL gefährdet sah und beständig auf NANNEN einredete, sie zu lassen. Im „Stern" waren ja plötzlich auch einige von den Leuten, die AUGSTEIN drei Jahre vorher für das von ihm geplante Wochenblatt hätte haben können, wenn ihm da nicht der Schneid abhanden gekommen wäre – PAUL SETHE, PACZENSKY, von UEXKÜLL, LEO. NANNEN hat mir damals oft genug erzählt, wie AUGSTEIN sich bemühte, ihm die Rückkehr zur Illustrierten alten Stils schmackhaft zu machen. Doch so lange wir da waren, und ich sein Stellvertreter, den ein großer Teil der Redaktion schnell akzeptiert hatte, und dem er das Blatt ruhig überlassen konnte, wenn er seiner Lieblings-Freizeit-Beschäftigung nachging, mit seiner Jacht „Positano" durchs Mittelmeer zu schippern – solange hatte AUGSTEIN keine Chance. In der Zeit, in der ich den „Stern" mit- und oft allein „regierte", stieg die Auflage auf 1,5 bis 1,6 Millionen. Der SPIEGEL verkaufte etwa ein Drittel davon.

Der Erfolg war durchaus auch meiner. „Stern"-Reporter und -Rechercheure besprachen allmählich ihre Projekte lieber mit mir und brachten eine Reihe sensationeller, aber seriöser Berichte und Reportagen ins Blatt. NANNEN war bei all seinen journalistischen Fähigkeiten ein Zauderer. Es dauerte Nächte lang, bis er sich aus der vorliegenden Photo-Auswahl zum Titelbild der nächsten Ausgabe entschloss, und fast so lange, bis er festlegte, wie er es haben wollte – „angeschnitten" oder eingeklinkt und dergleichen. Auch die Entscheidung über redaktionelle Projekte fiel ihm oft schwer. Sehr bald nach meiner Ankunft begann ein Redakteur nach dem anderen sich darüber zu freuen, dass ich schnell entschied. Ich war ja weitgehend für den aktuellen, politischen und Reportage-Inhalt zuständig und übrigens auch für die Redaktionskasse.

Der Erfolg gefiel natürlich auch NANNEN, aber manchmal fand er doch, sein Blatt sei zu ernst geworden, und nicht nur mir ist sein Ausruf während einer Redaktionskonferenz im Gedächtnis geblieben: „Alles schön und gut! Aber im „Stern" wird überhaupt nicht mehr gevögelt!" Das war nur theatralisch gemeint, denn die Sittenwächter hätten solches in der ersten Hälfte der sechziger Jahr nicht zugelassen, sie maßen ja die Busenausschnitte nach und, wie nahe Fotos an Schamhaar herankamen. Dafür gab es natürlich in der Redaktion genug Spezialisten, die sich jederzeit aktivieren ließen. Aber so lang die Auflage so gut blieb, bestand, wie man heute sagt, „kein Handlungsbedarf".

Die günstige Verkaufskurve hatte freilich einen Nachteil, auf den ich zunächst nicht vorbereitet war. Eines Tages kam in mein Büro unsere Archivarin, die gut bekannt mit bedeutenden Hamburgern war. Verleger GERD BUCERIUS habe in einer Gesellschaft darüber gesprochen, wie zufrieden er mit mir sei, erzählte sie, nun könne NANNEN endlich Ferien machen, ohne sich um den „Stern" sorgen zu müssen – „und das ist leider schlimm. Wenn NANNEN das zu Ohren kommt, und das wird es, wird er Sie für den potentiellen Nachfolger, also Konkurrenten halten. Das kann er nicht ab, dafür ist er bei allem Stolz viel zu unsicher". Ähnliches habe schon früher einmal ein Stellvertreter erlebt – „damit war sein Ende besiegelt, und er war nicht mehr lange hier". Was sollte ich machen? Natürlich nichts.

Nun saß ich also bei STRAUSS in Südfrankreich. Das Gespräch hatte ich mir am Vorabend bei der Bouillabaisse in Nizza gut überlegt. Wir schrieben 1964. Nicht nur HENRI NANNEN hatte ein Faible für WILLY

Reportagefahrt in die Schweiz

BRANDT, PACZENSKY auch. Ich gedachte, dem ehemaligen Berliner Bürgermeister eine bundesweite Plattform zu verschaffen, wie sie ihm sonst kaum jemand bieten konnte: eine regelmäßige große Kolumne im „Stern". Aber so „links" war der „Stern" natürlich wiederum nicht, dass er sich einen solchen Kolumnisten – und SEBASTIAN HAFFNER schrieb ja schon bei uns regelmäßig gegen den amtlichen Kurs – allein leisten wollte. Das Schlagwort der „Ausgewogenheit" grassierte nicht nur im Fernsehen. Wer den Chef der Opposition sprechen lassen wollte, musste die Optik wahren und alternierend auch einen Vertreter des Regierungslagers einladen. Das durfte natürlich für den „Stern" keiner der Langweiler sein, an denen die CDU reich war. In Frage kam nur eine profilierte, kontroverse und deswegen in seinen Kolumnen hoffentlich aufregende, provozierende Figur: kein anderer als STRAUSS.

Ein solches für den „Stern" neues und vielleicht auch gewagtes Projekt konnte ich natürlich nicht allein veranstalten. Zunächst fragte ich EGON BAHR, ob BRANDT zum publizistischen Zweikampf mit STRAUSS vor einem Millionenpublikum bereit sein würde. Die Antwort war ein enthusiastisches Ja. Nun konsultierte ich unseren Verleger BUCERIUS. Er, der frühere CDU-MdB, war ja wegen des Kraches, den ein „Stern"-Artikel entfesselt hatte (JÜRGEN V. KORNATZKIS „Brennt in der Hölle noch ein Feuer?") aus der CDU ausgetreten, aber deswegen kein Sozialdemokrat geworden. Die Antwort: Fabelhafte Idee, aber fragen Sie NANNEN. Das hatte ich natürlich vor. NANNEN befand sich auf der „Positano" irgendwo auf dem Mittelmeer, aber es gab Funktelephon. Viel zu erklären war nicht. „Machen Sie mal" war sein Bescheid.

So rief ich STRAUSS an. Der sagte, das müssten wir eingehend besprechen, und so fuhr ich zu ihm. Natürlich war er sofort einverstanden, aber er wollte mir doch vorher ausdrücklich klar machen, dass er nicht so sei, wie unsereiner glaube, dass er ein Opfer von Verleumdungen sei und, was mich erstaunte, dass er auch ein Opfer ADENAUERS sei, der ihn missbraucht habe. Zwischendurch brachte MARIANNE STRAUSS Häppchen, er öffnete eine Flasche Roten, dann eine weitere. Als ich mit einem Taxi nach Nizza zurückfuhr, waren wir beide zufrieden mit unserer Abmachung. In Nizza aß ich zur Krönung dieses Abenteuers noch einmal eine Bouillabaisse, aber mehr die Suppe mit viel Rouille und Croutons als die separat servierten Fische, und allein vor meinem Teller dachte ich, eine gute Sache für die Sozialdemokratie zustandegebracht zu haben – und für den „Stern". Ich meinte, nun würden STRAUSS-Freunde und -Wähler den „Stern" lesen. Damit eröffneten sich einer liberalen Publizistik neue Wirkungsmöglichkeiten.

Für zahlreiche Wähler, Freunde oder Förderer von STRAUSS, besonders in streng katholischen Kreisen, war ja nicht STRAUSS unmöglich, sondern der „Stern". Ich hoffte, das Arrangement BRANDT-STRAUSS im Heft werde die politische Bedeutung des Blattes wesentlich verstärken und dazu beitragen, es endgültig als ein politisch bedeutsames und wirksames Massenmedium zu etablieren.

Als die Sache bekannt wurde, gab es großes Aufsehen. Zufrieden waren hauptsächlich BRANDT, BAHR, STRAUSS und ich, soweit ich erinnere auch BUCERIUS, und einige der „Stern"-Redakteure, die für die „Politisierung" waren. Andere aber begriffen nicht, welche Chance wir BRANDT boten, oder nur zu gut, und regten sich über „STRAUSS im

Stern" gewaltig auf. ERICH KUBY und der Photograph ROBERT LEBECK kündigten. FRITZ RADDATZ, damals Lektor bei Rowohlt, schrieb mir, mein Schritt „trifft bei mir auch nicht auf das geringste Verständnis", und kündigte die geplante Zusammenarbeit an einem rororo-aktuell-Band auf. Aber die meisten sahen doch, was wir für den Wechsel von der CDU zu BRANDT taten. Die Kolumnen liefen regelmäßig.

Doch nun meldete sich nach seiner Rückkehr HENRI NANNEN, offenbar alarmiert von AUGSTEIN und von unzufriedenen „Stern"-Redakteuren. Daran, dass er der Sache zugestimmt hatte, ließ er sich von mir ungern erinnern. Und eines Tages, aber lange, nachdem ich den „Stern" verlassen hatte, „entließ" er STRAUSS in einer ziemlich theatralischen eigenen Kolumne.

Aber – fast zwanzig Jahre später, Anfang Dezember 1983, schrieb er an den „Stern"-Redaktionsbeirat einen zornigen Brief über die redaktionelle Entwicklung des Blattes, aus dem er sich zurückgezogen hatte. NANNEN tadelte die Redaktion wegen mangelnder journalistischer Initiative, vermisste eine Volksbefragung im „Stern" zur Nachrüstung und „ein Streitgespräch zwischen WÖRNER und BAHR und dann eine breit angelegte Umfrage ... Ein Streitgespräch zwischen BAHR und WÖRNER hätte der ‚Stern' nicht zuwege gebracht, höre ich. Aber früher haben BRANDT und STRAUSS im ‚Stern' geschrieben und SCHMIDT und BARZEL." Na also!

Wie ich den „Stern" verließ, hatte nichts mehr mit STRAUSS zu tun, sondern war Folge einer, im wahrsten Sinne, Küchenintrige. Wir hatten wie viele andere eine Rubrik „Küche", geschrieben von ARNE KRÜGER. Der war damals ein bekannter Kochbuchautor, schrieb in den Ur-Nummern des „Feinschmecker" und anderswo. KRÜGER schnitt als „Stern-Koch" eher besser ab als seine Kollegen in anderen Blättern, aber die für ihn zuständige Redakteurin bei uns hätte lieber einen anderen gehabt und schimpfte ständig auf ihn, weil er so oft zu spät liefere. Ich fragte KRÜGER danach, und hörte, er sei allmählich verzweifelt: die Frau verlange immer frühere Anlieferung, wo doch klar sei, dass die

„Küche" erst lange danach und lange im Voraus gedruckt würde, und auf ihn wirke es eher als Schikane denn als redaktionelle Betreuung.

Mein Verhältnis zu NANNEN und umgekehrt war inzwischen gestört – der BUCERIUS-Effekt? Ich weiß es nicht. Aber NANNEN zeigte sich allmählich immer weniger kooperativ, billigte meine redaktionellen Entscheidungen kaum noch ohne lange Diskussionen. Allmählich waren wir wie Katz und Maus. Klar war, dass eine Initiative NANNENS zur Trennung viel Geld kosten würde. Sollte ich sie ergreifen, würde ich natürlich nichts bekommen. Sollte er es als erster sagen, würde der Verlag meinen Vertrag auszahlen müssen. Und eines Abends kamen wir tatsächlich ausgerechnet über die „Stern-Küche" in Streit. Die Redakteurin war bei ihm, und zu meiner Verblüffung beschwerte nun er sich über die angeblich späten Ablieferungen von KRÜGER. Das Thema kannte ich ja schon, und ich antwortete ziemlich unverblümt. Worauf er ausrief: „Also Pacz, wenn Sie so reden, können wir nicht mehr zusammenarbeiten!" Das entscheidende Wort! „Soso", antwortete ich, „Sie hören aber noch von mir". Ging in mein Büro und entwarf einen Brief an den Verleger. Ich bekam meine Abfindung – und mit NANNEN, der offensichtlich hauptsächlich froh war, mich als potentiellen Konkurrenten los zu sein, hatte ich bald wieder ein gutes Verhältnis. Als er mit dem SPIEGEL Krach machte, weil der beim Abdruck von Fotos aus dem „Stern" keine Quelle angab, berichtete der Branchendienst „Aus unseren Kreisen": „In Sachen Kollegialität verweist NANNEN auf das „Deutsche Panorama" (siehe nächstes Kapitel) seines ehemaligen Stellvertreters Gert v. Paczensky, das fast zwei Dutzend „Stern"-Fotos enthält – und Paczensky ist im Krach von Nannen weggegangen. Paczensky hat die „Stern"-Bilder gekennzeichnet, was der SPIEGEL nie getan hat" (3. 2. 1966). Ich habe später auch noch Frankreich-Reportagen für den „Stern" gemacht. Noch später, 1975, hat der „Stern" dann meine Serie über schlechte Restaurants und Köche in Deutschland gedruckt, die zunächst im Norddeutschen Rundfunk gesendet worden war.

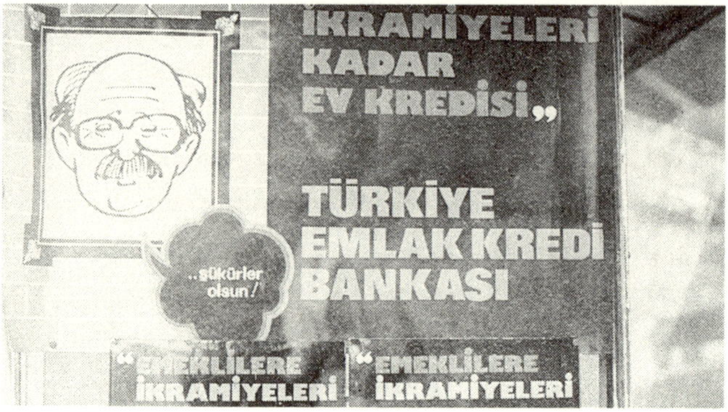

Werbung für eine türkische Bank

Diese Serie illustrierte für den „Stern" Hanno Engler mit einer lustigen Karikatur von mir; mit hochgehaltenem Messer und dreizinkiger Gabel vergnügt hinter einem Teller. Offenbar verführte die Zufriedenheit, die er in mein Gesicht legte, mindestens einen Werbemann in der Türkei. Bremer Studenten entdeckten 1979 in Istanbul, auf der asiatischen Seite, ein Werbeplakat mit diesem meinen Gesicht. Nun „warb" ich da für eine Bank, die Kredit für Rentner anbot. Messer und Gabel waren weggelassen.

Schulbrot in der Gewerkschaftsbank

Es war eine große Tafel. Seltsam gedeckt freilich – Schreibzeug von der feinen Sorte: Leder-Unterlagen, Stifte, Kugelschreiber, viel weißes Papier, auch viele Aschenbecher, und in der Mitte des Tisches erinnere ich Zigarrenkisten. Hier konnten zwei Dutzend bedeutende Männer auf bequemen Lehnstühlen sitzen und Großes beraten. Auf jedem Platz lag außer dem Bürokram ein dickes Paket, eingewickelt in eine Art Pergamentpapier – ja: Stullenpapier wie früher, vor langer Zeit, gewickelt um die Schulbrote mancher meiner Schulkameraden, auch meine. Die übliche Blechschachtel, die wahrscheinlich Schulhefte und Bücher in Ranzen und Mappen besser schonte, erinnere ich von anderen Mitschülern. Ich selbst und meine Freunde hatten keine. Das hatten unsere Mütter uns erspart. Es galt wahrscheinlich nicht als fein.

Was in den Pergamentpäckchen oder auch den Blechdosen steckte, das wusste ich. Es war während meiner letzten Schuljahre in Liegnitz, einem schlesischen Städtchen, das nur durch eine ziemlich gewaltige Garnison so gerade eben die Einwohnerzahl einer Großstadt erreichte, umgeben von Bauerndörfern und Gutshöfen. Von denen kamen viele Mitschüler, und sie brachten stets so viele belegte Brote mit, als müsste der Vorrat für mehrere Tage reichen und würde nicht schon am nächsten Tag neu zurechtgemacht. Der dicke Belag – das war meistens Wurst, die uns Stadtkindern den Mund wässrig machte. Wir hatten nichts so Bedeutendes, sondern mehr Käse oder Marmelade, manche Margarine statt Butter oder Schmalz. Es war ja schon Krieg, Lebensmittel waren rationiert.

Zum Glück hatten einige der Landkinder nie soviel Hunger, wie ihre Mütter gemeint haben mögen, und gaben freigiebig ab. Auch mir. Mit Abstand die besten Brote gehörten Dieter Schwedler, Sohn vom Rittergut Kunitz. Die fabelhafte Wurst lag zwischen Schnitten aus überaus köstlichem Landbrot, wie wir es in der Stadt kaum noch kaufen konnten. Mein Glück war nicht nur, mit ihm befreundet zu sein – der hoch aufgeschossene und ganz magere Dieter hatte besonders wenig Appetit. Sicher versorgte seine Mutter ihn deswegen so gut. Seine Brote landeten oft in meinem Magen.

Was aber mochten an jenem Abend des 11. November 1965, auf dieser großen Konferenztafel, die Päckchen bedeuten? Am Tisch saßen einige der einflussreichsten Männer Westdeutschlands: Chefs der bundesdeutschen Industriegewerkschaften. Es war die Konferenzetage hoch oben im Turm der Bank für Gemeinwirtschaft, abgekürzt BfG. Die großen Fenster erlaubten einen zauberhaften Blick auf das abendlich leuchtende Frankfurt. Den Vorsitz führte der Hausherr, Walter Hesselbach, Chef dieser Bank, die Geld und Gewicht den Einlagen der Gewerkschaften verdankte und ein wichtiger Faktor im bundesdeutschen Wirtschaftsleben geworden war.

Die Herren hatten eine interessante Tagesordnung, doch deutlich auch großes Interesse an den Päckchen vor ihnen. Walter Hesselbach lüftete schnell das Geheimnis, das für sie wegen häufiger Wiederkehr eigentlich längst keines mehr sein konnte. „Da habt Ihr etwas Wurst und Schinken aus unserer eigenen Landwirtschaft“, sagte er. Brot und Butter lagen auch dabei, wer weiß was noch. Es war sehr eindrucksvoll. Immerhin tobte weder Krieg noch herrschte Mangel, und die Gewerkschaftschefs litten keine Not. Ich versäumte leider, zu fragen, ob solche nahrhaften Gaben jede ihrer Sitzungen einleiteten und verschönten, geradezu wie das „Deputat“, das früher, vielleicht noch heute, Gutsbesit-

Chefredakteur von „deutsches panorama"

zer oder Großbauern ihren Arbeitern und Knechten als Teil der Löhnung gewährten. Eigentlich waren die Gewerkschaften ja eher die Herren der BfG als umgekehrt, als Groß-Einleger.

Bernt Engelmann und ich als Zeugen der Szene konnten allerdings nicht lange staunen. Wir sollten vor diesem erlauchten Gremium ein Projekt vorstellen. Wir waren hier, um Geld zu erbitten, wie es in einer Bank nicht gerade ungewöhnlich ist. Wir wollten eine Monats-Zeitschrift namens „deutsches panorama" gründen. Engelmann , selbst aktives Gewerkschaftsmitglied, hatte den Boden gut vorbereitet und die Fürsprache von Otto Brenner (IG Metall) und Wilhelm Gefeller (IG Chemie) gewonnen. Ich hatte mich an meinen alten Freund Egon Bahr gewandt, der nun als Vertrauter Willy Brandts Chef des Berliner Presse- und Informationsamtes war. Er versprach, bei der SPD in Bonn darüber zu reden.

Ich malte nun aber, nach optimistischer Schilderung unseres Projekts, ein recht düsteres Bild von den finanziellen Risiken und dem zu erwartenden Millionen-Bedarf über Jahre hinweg. Ich wollte mir nicht später nachsagen lassen, wir hätten die Aussichten zu schön gefärbt. Gefeller meinte nach meinem Vortrag, nun habe seine Begeisterung stark nachgelassen.

„deutsches panorama" Vorstellung der Mitarbeiter im ersten Heft

Rund sechs Wochen vorher, am 3. Oktober 1965, hatten Bernt und ich in der BfG zwei Vertretern der Bank einen Überblick über unsere finanziellen Vorstellungen gegeben. Unsere Berechnung besagte, dass bei einer ungünstigen Entwicklung, die wir durchaus für möglich halten mussten, in den ersten zwei Jahren 3 Millionen Mark verbraucht sein würden. Drei Tage später schrieb mir HESSELBACH: „Es ist tatsächlich so, daß ich Ihrem Vorhaben, ein deutsches panorama" herauszubringen, größtes Interesse entgegenbringe." Er mache jedoch seine endgültige Entscheidung von Gesprächen mit BRENNER und GEFELLER abhängig. „Nur ein positives Arrangement mit diesen beiden Herren" könne zu Detailgesprächen über „eine Beteiligung bei Ihrer Verlagsgesellschaft und eine darüber hinaus notwendige Kreditgewährung" führen.

Die Gewerkschafts-Gewaltigen schickten uns aus dem Saal. Die Runde beriet, und dann ermächtigte sie HESSELBACH, bei uns mitzu-

DR. HANS FLEIG

GÖSTA v. UEXKÜLL

JÜRGEN SANDMANN

LUTZ LEHMANN

GERHARD GRONEFELD

MANFRED DELLING

DR. INGOLF WACHLER

HORST PEETS

machen. Wir vernahmen das, als wir wieder hereingerufen worden waren, mit begreiflicher Freude. Hätten Sie irgendwelche Themenvorbehalte oder Tabus, fragte ich. Die würden wir natürlich respektieren, denn wir seien ja nicht weltfremd. Antwort: allgemeines Nein. Wir sollten doch gerade kritisch und unabhängig sein. So bekamen wir Anlaufgeld und die Zusage weiterer Kredite.

Die Bank riet uns, noch einen anderen Partner zu suchen. ENGELMANN und ich verhandelten mit dem Verleger GEORG VON HOLTZBRINCK, der sich interessiert zeigte, unter anderem, um seiner Hamburger Druckerei einen Kunden zu verschaffen. Er erklärte sich bereit, sich mit einer Kommandit-Einlage von einer halben Million zu beteiligen, und so schritten wir fröhlich zur weiteren Planung. Doch als wir schon recht weit waren, änderte er sein Angebot. Vielleicht hing das damit zusammen, dass er den Fischer-Verlag und damit den „Monat" gekauft hatte. Nun gehörte ihm ja ein Monatsblatt – warum sollte er ihm Konkurrenz machen? Statt der Kommandit-Einlage bot er uns ein Darlehen in gleicher Höhe. Die BfG riet uns, uns nicht „erpressen“ zu lassen und es abzulehnen. Natürlich folgten wir ihrem Rat.

Enthusiastisch zum Mitmachen bereit war unser holländischer, damals in Hamburg wohnender Freund Jack Grootendorst. Er hatte viel Geld im Erdöl-Gewerbe verdient, aber nicht als Mann eines der großen Multis. Wir gründeten nach den Hinweisen der BfG eine Gesellschaft, und in deren Beirat entsandte die Bank einen Vertrauten Hesselbachs, Horst van Heukelum, der gleich anschließend Direktor wurde. Im Dezember sagte uns die Bank einen Buchkredit von 1,5 Millionen Mark zu. Wir bezogen eher romantische als praktische kleine Büros im Stella-Haus, Rödingsmarkt, direkt am Hamburger Hafen (später zogen wir nach Altona), und im Februar 1966 erschien die erste Ausgabe. Das Heft hatte einen großen Neugier-Erfolg.

Hier hatten sich durchs Fernseh-PANORAMA bekannt Gewordene mit auch schon vorher Prominenten zusammengetan, die sich mit brisanten Themen auseinandersetzten, aber auch die Kultur nicht vernachlässigten. Auf die Liste unserer Mitarbeiter waren wir stolz: Sebastian Haffner, Eugen Kogon, Dieter Hildebrandt, Frank Arnau, Hans Fleig, Susanne v. Paczensky, Rüdiger Proske, Ingolf Wachler als unser Jazz-Spezialist, dann Joachim Ernst Berendt, auch Max von der Grün kam dazu und Lutz Lehmann. Zur Redaktion gehörten außer Engelmann, Gösta v. Uexküll und mir Jürgen Sandmann und Ivar Radowitz (Lay-out), bald kamen dazu Werner G. Backert, Helmut W. M. Kahn, Erwin Fischer, dann Jochen Klicker (Bildredaktion) und Gabriele Seelhorst.

Unsere Themen waren natürlich in erster Linie Politik und Zeitgeschehen, aber auch Film, Musik, Medizin und von Anfang an Sexual-Aufklärung, was Mitte der sechziger Jahre noch ziemlich tabu war. Zu den ersten enthusiastischen Gratulanten gehörten Wolf Vostell und Henri Nannens Stellvertreter und Vertrauter im „Stern“, Victor Schuller, und nach einer Weile bot mir Erika Mann regelmäßige Mitarbeit an.

Heft 1
„deutsches panorama"

Den ersten Verriss, einen nicht minder enthusiastischen, schickte mir Walter Kempowski: „... so ein Durcheinander ... abgedroschene Redewendungen ... Mischmasch zwischen Jungmädchen-Bücherei und ‚Karlchen spielt Reporter' ... ein Reinfall ... Platzverschwendung ... so langweilig ... wie schade!" Ich antwortete, ich hoffte, das nächste Heft gefalle ihm besser.

Vom ersten Heft verkauften wir etwa 140 000. Die größte Resonanz hatten Sebastian Haffners Artikel „Wider die allgemeine Sexpflicht" und unsere analytische Untersuchung „Lügt die Tagsschau?". Mit zahlreichen Belegen über Sendungen der Hauptausgabe und des Wochenspiegels wiesen wir ihr keine „Lügen" in dem Sinne nach, dass dazu die Absicht gehört, wohl aber eine Vielzahl von Verdrehungen, Verfälschungen und Auslassungen. Dazu eine Autoritätshörigkeit, die allein schon genügt hätte, diese wichtigste Informationssendung des deutschen Fernsehens als unzuverlässig erscheinen zu lassen.

Doch unser Erscheinungstermin war denkbar ungünstig. Haupt-Lese- (und Auflage-) Zeit nicht nur für Zeitschriften sind Herbst und Winter, aber die hatten wir wegen zunächst langwieriger Suche nach Geldgebern nicht geschafft. Die Verkaufskurven gehen im Frühjahr und noch mehr im Sommer mehr oder minder steil nach unten. Wir hatten uns für den Vertrieb an „Konkret" angehängt, dessen Vertriebsleiter uns große Hoffnungen machte und dessen Schwäche wir zu spät erkannten. Er schien außerstande, uns gleichmäßig überall zu verbreiten und, was schlimmer war, uns schnell über die Auflagenentwicklung zu informieren. Wir kündigten zeitig. Der übliche hohe Einführungsrabatt für die Zeitschriftenhändler hörte, wie ebenfalls üblich, nach kurzer Zeit auf – gleich war „deutsches panorama" an den Kiosken nicht mehr so gut zu sehen.

Die Auflage sank. Nun wäre verstärkte Werbung fällig gewesen, zumal wir, trotz interessanter Informationen und provokanter Artikel, nach unserer ersten Ausgabe von der Presse so gut wie überhaupt nicht erwähnt wurden; die damals noch starken SPD-Zeitungen machten da kaum eine Ausnahme. Der SPIEGEL, der gerade einen aufsehenerregenden Druckvertrag mit Springer abgeschlossen hatte, schon gar nicht. Doch für mehr Werbung fehlte uns das Geld, etwa so viel, wie uns durch das Nicht-Mitmachen v. Holtzbrincks entgangen war. Die BfG erhöhte im Sommer 1966 unsere Kreditlinie um eine weitere Million, doch das langte im Wesentlichen nur für den laufenden Betrieb.

Wenn dies auch keine sehr angenehme Lage war, so dachte ich doch beruhigt daran, dass ich in meinen Anfangsberechnungen für die BfG auch eine verkaufte Auflage von nur 50 000 ins Auge gefasst hatte. Diese Zahl hatte ich ebenfalls in einem Interview mit der ZEIT genannt, das sie am 4. Februar 1966 veröffentlichte. Es wäre ja ein Wunder gewesen, sich binnen eines Jahres, selbst in zwei oder drei schon durchzusetzen. Die ZEIT, die einem der reichsten Verleger gehörte und vom erfolgreichen „Stern“ durchgezogen wurde, brauchte zwanzig Jahre, um aus den roten Zahlen in die schwarzen zu kommen, und etwa neunzehn, um eine Auflage von 200 000 zu erreichen. „Die Woche“ aus der ebenfalls kräftigen GANSKE-Gruppe stellte Anfang 2002 das Erscheinen ein, nach neun verlustreichen Jahren; der Verlust wurde auf 80 Millionen Mark geschätzt. Zur Einführung einer neuen Zeitschrift gehört eben die Fähigkeit, eine ziemlich lange Durststrecke durchzustehen. Dementsprechend hatte ich der BfG jahrelange Verluste vorausgesagt.

Da entzündete sich im siebenten Monat unserer Erscheinens, zunächst von niemandem bemerkt, eine Zeitbombe.

Im August-Heft, das wie üblich schon in der letzten Juliwoche vertrieben wurde, veröffentlichte ich zum 10. Jahrestag der Verstaatlichung des Suezkanals durch den ägyptischen Präsidenten NASSER einen Artikel unseres außenpolitischen Mitarbeiters in Zürich, HANS FLEIG, über den Suez-Krieg. Unsere Überschrift lautete: „Araber darf man bombardieren … dachten zwei Weltmächte und mußten teuer dafür bezahlen. Der Suezkrieg war ganz anders.“ Der Schweizer FLEIG, einer der beschlagensten außenpolitischen Autoren im deutschsprachigen Raum, schilderte das detailliert mit Quellennachweis, überwiegend gestützt auf westliche Quellen. Es war keineswegs die Hauptgeschichte in dieser Ausgabe von „deutsches panorama“ – das war nämlich der Beginn von BERNT ENGELMANNS Serie über den Rüstungs-Beschaffungs-Skandal um den Schützenpanzer HS 30. Größer und weit vorn im Heft aufgemacht hatten wir auch GORDIAN TROELLERS Bericht über die Lage in Vietnam, über die unsere Öffentlichkeit jahrelang getäuscht worden war. HANS FLEIGS Suez-Artikel begann auf Seite 81.

Da nun einmal nicht zu leugnen ist, dass Großbritannien und Frankreich die Aggressoren waren (Israel hatten wir in der Überschrift nicht erwähnt, aber natürlich im Text), konnte kaum ein Tabu-Bruch sein, dass FLEIG auch den israelischen Anteil am Suez-Abenteuer schilderte. Dass freilich auch die leiseste Kritik an Israel zornige Reaktionen auslösen würde, waren wir in den sechziger Jahren noch weit mehr gewöhnt als heute. Also las ich mit geringer Überraschung einen langen Leserbrief aus Köln, dessen Verfasser auf Fleig mit einem sozusagen anti-ägyptischen Leitartikel antwortete, mit Seitenhieben auf FLEIG und deutlicher Unlust, sich mit den Tatsachen auseinanderzusetzen, die FLEIG angeführt hatte.

Zu meiner Verblüffung meldete sich fast sofort HORST VAN HEUKELUM, HESSELBACHS Hauptverbindungsmann und Vertreter in unserem Beirat, und erkundigte sich, ob der Brief erscheinen werde. Die Bank hatte ihn veranlasst. Ich erklärte ihm, ich hätte keine Lust, einen wichtigen Mitarbeiter zum Narren oder voreingenommenen Hetzer abstempeln zu lassen, sei aber natürlich zum Abdruck eines Briefes bereit, in dem sachlich argumentiert werde. Den wollte HEUKELUM besorgen.

Bald danach meldete sich HESSELBACH brieflich selbst. Er wolle sich ja nicht in Redaktionelles einmischen, aber … Die BfG werde seit Jahren von der Arabischen Liga und besonders von Ägypten boykottiert, gegen ihn selbst „und mit uns befreundete Firmen" seien mehrfach Boykottdrohungen geäußert worden. Der Artikel habe „eine sehr empfindliche Seite bei mir getroffen". Er sei in der Schweiz auf FLEIG angesprochen worden. „Auch die Arabische Liga versteht es, sich Freunde zu machen", schrieb er und, schon vorher in seinem Brief, „Der Antisemitismus hat sehr differenzierte Erscheinungsformen." Ich dachte an jene Sitzung in der Bank vor unserer Gründung und das allseitige „Nein" auf meine Frage, ob wir redaktionell irgendwelche Tabus zu berücksichtigen hätten …

Inzwischen hörten wir von Mitarbeitern der Bank, was vorgegangen war. HESSELBACH, der die BfG sehr stark in Israel engagiert hatte, war mit dem israelischen Botschafter in Bonn befreundet. ASHER BEN NATHAN besuchte ihn in seinem Schweizer Haus, sah dort „deutsches panorama" liegen, blätterte, entdeckte den Artikel und sagte: „Walter – das finanzierst Du?"

Ein paar Tage nach HESSELBACHS Brief lag der angekündigte zweite „Leserbrief" auf meinem Schreibtisch, begleitet von der Visitenkarte VAN

Heukelums, auf der kurz und bündig stand: „Ein neuer Leserbrief, von dem ich hoffe, dass er in der nächsten Ausgabe von P. erscheint."

Ich betrachtete mich keineswegs als Befehlsempfänger unseres Geldgebers. Hesselbachs unmissverständliche Anspielungen auf Fleig als Antisemiten im Sold der arabischen Liga hatten mich schon sehr gereizt, und ich wies sie in einem weiteren Briefwechsel mit ihm zurück. Der neue „Leserbrief" war ebenso lang wie der erste, setzte sich noch weniger mit Fleigs Argumentation auseinander, außer abwertend, und war abermals ein langes Sündenregister Ägyptens und eine Rechtfertigung Israels. Ich sagte zu, ihn zu veröffentlichen, aber mit redaktionellen Anmerkungen, um die darin enthaltenen Fehler richtig zu stellen. Hesselbach bat darum, diese rechtzeitig lesen zu können. Ich schickte ihm die Druckfahnen am 1. September.

Nach kurzer Zeit wurde mir bedeutet, die Bank lege keinen Wert mehr auf den Abdruck des Briefes. Nicht lange danach machte sie deutlich, dass sie auch keinen Wert mehr auf das weitere Erscheinen von „deutsches panorama" legte – nur wenige Wochen nach der Aufstockung der Kreditzusage, und insgesamt nur acht Monate nach unserem ersten Erscheinungstag. Van Heukelum teilte Engelmann und mir diesen Beschluss bei einem (guten) Essen in Hamburg mit, das wir bezahlten. Die Begründung war so unseriös wie nur möglich: dass Auflage und Anzeigenaufkommen sich zu schlecht entwickelten. Das war nach der Vorgeschichte denn doch zu sehr an den Haaren herbeigezogen. Die Begründung wurde nicht seriöser dadurch, dass Hesselbach mir dann vorwarf – also vermutlich auch weiter verbreitete – es liege an meinem Unvermögen, „die gebotene Möglichkeit journalistisch und unternehmerisch zu nutzen." Dagegen hatte das Branchenblatt „kress report" gerade erst, im Oktober, geschrieben: „Paczenskys Blatt, von der übrigen Presse und von den Politikern lange Zeit totgeschwiegen, hat sich durch die ‚Affaire HS 30' und das Wehner-Interview in die Aufmerksamkeitszone geboxt". Die BfG schaffte aber, dem SPIEGEL zur Veröffentlichung weiszumachen, ich hätte zu positive Prognosen gestellt

(SPIEGEL 29. 5. 1967). Wohl um Gesicht zu wahren, beließ uns die Bank noch Mittel für einige Monate weiteren Erscheinens.

Der Ausmarsch der BfG war natürlich nicht geheim zu halten, zumal auch Mitarbeiter der Bank offen darüber redeten. Außenstehende der Pressebranche zogen in Unkenntnis unseres Suez-Streits den Schluss, die am 1. Dezember 1966 entstandene Große Koalition CDU-SPD sei schuld – wir seien, schrieb „kress report", „zur falschen Zeit in die falsche politische Landschaft geraten. Solange SPD und CDU in der Großen Koalition Brüderlein und Schwesterlein spielen, kann es nicht gut gehen, daß ein von links Subventionierter dem rechten Milchbruder ständig auf die Zehen tritt." Das mag noch hinzugekommen sein. Die SPD-„Baracke" bewies uns – trotz BAHRS und vielleicht auch BRANDTS Hilfestellung aus Berlin – kein besonderes Wohlwollen. Wir druckten Mitte Oktober jenes WEHNER-Interview, das GÜNTER GAUS für einen danach erscheinenden rororo-Band geführt hatte. Was folgte, schilderte „kress report": „Eigentümliche Eigentums-Vorstellungen bewies die Bonner SPD-Baracke … Das Interview wurde – ungefragt – aus dem Blatt abgeschrieben und vervielfältigt an die Presse ausgegeben, was der Zeitschrift eine erhebliche Verkaufseinbuße im Bonner Raum eintrug."

Ein bisschen genierte sich HESSELBACH wohl vor den Gewerkschafts-Chefs. Als ihn Anfang Dezember WILHELM GEFELLER und OTTO BRENNER auf uns ansprachen, bestritt er entschieden, uns „die Luft abdrehen" zu wollen. Aber der weitere Verlauf der Angelegenheit strafte ihn Lügen. Die BfG stellte uns zwar anheim, einen neuen Partner zu finden, und als wir tatsächlich mit Auerdruck in Hamburg ins Geschäft kamen, stockte sie schließlich den Gesamtkredit sogar weiter auf. Doch Auerdruck war selbst zu schwach, als dass dies genügt hätte, und dann zeigte sich, wie wenig die Bank, oder sagen wir ruhig HESSELBACH, Wert darauf legte, uns weitermachen zu lassen und dadurch ihre Investition noch zu retten. Ein norddeutscher Unternehmer, der uns eine große Bürgschaft in Aussicht stellte, wurde von der BfG regelrecht abgeschreckt und schrieb uns, die „Bank hält von Ihrem Unternehmen praktisch nichts". Als sich ein wesentlich potenterer Interessent meldete – da zitiere ich am Besten aus meinem letzten Brief an Hesselbach:

„Das Haus Bertelsmann, vertreten durch Herrn Dr. Fischer, hat sich etwa drei Monate vor der Einstellung des „deutschen panorama" interessiert gezeigt, eine Mehrheitsbeteiligung an der P & E zu übernehmen." (P & E = Paczensky & Engelmann, Komplementär in der Kommanditgesellschaft). „Ihr Herr van Heukelum informierte mich von der Bertelsmann-Anfrage, erhielt meine prinzipielle Zustimmung und verpflichtete mich zu strengster Diskretion. Als ich mich viele Wochen später selbst mit Dr. Fischer in Verbindung setzte, äußerte dieser sein Erstaunen, dass ihm noch immer nicht gelungen sei, in dieser Angelegenheit einen kompetenten Herrn der BfG zu sprechen. Herr van Heukelum habe ein schon geplantes Treffen auf Anfang Juni verschoben ... Später hat mir Herr Dr. Fischer noch einmal – in ziemlich drastischen Ausdrücken – bestätigt, wie seltsam ihm das Verhalten der BfG vorgekommen sei."

Den Brief, in dem van Heukelum die für den 18. Mai vorgesehene Besprechung auf den 1. Juni verschob, schrieb er am 25. April 1967. Die letzte Ausgabe von „deutsches panorama" erschien am 25. Mai. Offenkundig wurde die Chance, das Blatt (und den Druckauftrag für den sozialdemokratischen Auerdruck) zu retten, absichtlich vertan. Und so gingen Kredite von mehr als drei Millionen Mark definitif und unwiedereinbringlich verloren – Gewerkschaftsgelder. Auf der Seite der Gewerkschaften hatte „deutsches panorama" in der reaktionären Ära Adenauer-Ehrhard fechten wollen.

Die andere Welt

Die Zeit nach der Einstellung von „deutsches panorama" war, so verblüffend es klingen mag, beruflich eine meiner glücklichsten. Ich tat, was ich immer vorgehabt, aber nie geschafft hatte, weil ich zu sehr in meine bisherigen Tätigkeiten eingespannt gewesen war: Ich recherchierte die Geschichte des Kolonialismus. Natürlich hatte ich in meiner Zeit als Korrespondent in London und Paris vieles darüber gelernt und viel Material gesammelt. Der Boden unseres Hauses in Hamburg-Blankenese, auf dem ich Regale installiert hatte, beherbergte schon ein ansehnliches Archiv aus einschlägigen englischen und französischen Zeitschriften und anderes von Belang. In der deutschen Zeit hatte ich weiteres Material beschafft. Nun, an keine Büro- und Redaktionspflichten mehr gebunden, leistete ich mir eine große Buchrecherche in Antiquariaten in Frankreich, England, Holland, Belgien, der Schweiz, Österreich und natürlich auch Deutschland. Antiquariate, weil zu diesem Thema früher weit mehr veröffentlicht worden war.

Teils nutzte ich die Flugmöglichkeiten, die uns Anzeigen-Gegengeschäfte von „deutsches panorama" hinterlassen hatten, teils reiste ich „auf eigene Kosten". Und da ich in dieser Zeit auch Frankreich-Reportagen für den „Stern" unternehmen konnte, ließ ich keine Möglichkeit aus, in den Orten, durch die ich mit dem „Stern"-Fotographen Eberhard Seeliger fuhr, Antiquariate zu durchstöbern nach Augenzeugenberichten aus der Kolonialzeit. Manchmal brachten mich die Händler in

Scheunen, in denen sie kistenweise Bücher gelagert hatten, und ließen mich dort suchen.

So trug ich ein gewaltiges Material zusammen, darunter wahre Schatzstücke, das gar nicht so leicht auszuschlachten und aufzuarbeiten war. Und dann machte ich mich an die Arbeit, ordnete, exzerpierte und schrieb. Nicht in der günstigsten Atmosphäre, denn meine damalige Frau missbilligte, dass ich „stellungslos" war, und hätte mich lieber jeden Morgen in ein Büro verschwinden sehen. Mich hätte aber wohl damals niemand zu vernünftigen Bedingungen eingestellt. Unsere Ehe bewegte sich ohnehin, und immer deutlicher, auf den kritischen Punkt zu.

Die Arbeit an „Die Weißen kommen" dauerte etwa eineinhalb Jahre. Den Verlag Hoffmann & Campe hatte mir SIEGFRIED LENZ vermittelt, der vor etlichen Jahren wie ich in der WELT gearbeitet hatte. Das Manuskript für den Wälzer lieferte ich Ende 1968 ab, und dann hatte ich das Vergnügen eines nahtlosen Überganges, einer Rückkehr in den Journalismus, allerdings nicht in Hamburg, sondern in Bremen.

Radio Bremen hatte eine Lücke zwischen zwei Chefredakteuren schließen wollen. HARRY PROSS ging als Professor nach Berlin. Sein designierter Nachfolger, ULRICH SCHILLER, ARD-Hörfunk-Korrespondent in Moskau, wurde von seinem Stammsender WDR nicht früh genug von seinem Vertrag entbunden. Die zeitliche Lücke war dem Bremer Intendanten HANS ABICH zu lang. Also suchte er einen Interims-Chefredakteur, und das war dann ich. Am Ende dieser Zeit, in die auch die endgültige Trennung von Susanne fiel, erschien dann Anfang 1970 das Buch.

Es erhielt eine Vielzahl positiver Kritiken, auch da, wo ich es nicht erwartet hatte, zum Beispiel in der „Frankfurter Allgemeinen Zeitung", der „Neuen Zürcher" und, was mich besonders verblüffte, in der WELT der LITERATUR. Nach Strich und Faden verrissen wurde es in der ZEIT von einem Jüngling der 68er Szene, der kaum schon die nötigen Kenntnisse haben konnte – nicht wegen etwaiger Fehler, sondern wegen überflüssiger „Faktenhuberei". Nach seiner Meinung hätte ich ein ganz anderes Buch schreiben sollen, nämlich, warum sich die europäische Arbeiterschaft für den Kolonialismus hergab. In der Tat auch ein faszinierendes Thema, aber eben nicht meins.

Dass ich in diesem Buch auch die deutsche Kolonialvergangenheit mit ihren Missetaten ausführlich behandelte, machte keinen besonderen Eindruck – außer dass der SPIEGEL einen jungen Afrikanisten, PROFESSOR FRANZ ANSPRENGER, das Buch herablassend als olle Kamelle, nichts Neues und dergleichen abwerten ließ. Der vermisste auch Kapitel über die Barbarei Japans in China vor 1945, die Politik Chinas in Tibet und die arabischen Sklavenjagden – aber es hieß ja nun einmal „Die Weißen" –, bezweifelte, dass die Kolonialherrschaft den Reichtum der weißen Nationen begründet habe – eine beliebte Abwehr der Kolonialisten, deren begünstigte Nachkommen es lieber der eigenen „Leistung" zuschreiben –, bemängelte, dass der europäische Antikolonialismus bei mir zu kurz komme und war empört, dass ich „die positiven Auswirkungen der Kolonialherrschaft" mit ein paar Seiten abgetan hätte. Heute ist in der außerdeutschen Wissenschaft überdeutlich belegt, wie dürftig diese „positiven" Auswirkungen sind und wie gewaltig sie von den negativen überschattet wurden. Aber dass große Teile der deutschen Historikerzunft die Kolonialgeschichte durch eine schönfärbende Brille oder noch lieber überhaupt nicht betrachten wollen, hat ja Tradition.

Man bedenke, wie die DDR nach wenigen Jahrzehnten sowjetischer Herrschaft heruntergewirtschaftet war, ebenso wie Polen und andere Ostblockländer, deren Lebensstandard dem der Russen vorher weit überlegen gewesen war, und wie die Sowjetunion in dieser Zeit erhebliche Wiederaufbauleistungen vollbringen konnte. Dann kann man nur den Kopf schütteln darüber, wie beharrlich konservative Europäer und Amerikaner den Zusammenhang zwischen Armut der Ausgebeuteten und Reichtum der Ausbeuter leugnen und wegdiskutieren wollen.

Als beliebtes Argument galt (und gilt noch immer) bei jenen, die nicht Bescheid wissen wollen, dass doch einige Länder Afrikas und Asiens keine Kolonien gewesen und dennoch bitter arm seien. Als wenn die Armut nur einen einzigen Grund haben müsste. Ganz abgesehen davon, dass von armen, ausgesaugten Kolonien umgebene afrikanische Länder, die ohnehin unter ungünstigen klimatischen Bedingungen leiden, sehr viel schlechtere Chancen hatten, einen Aufschwung zu schaffen. Dazu gehören ja auch Handelsmöglichkeiten, also offene Grenzen und weniger lähmende Herrschaftsformen, als etwa Abessinien hatte. Italiens Eroberung und Plünderung dieses Landes in den dreißiger Jahren des vergangenen Jahrhunderts war auch nicht gerade förderlich.

Ein großer Erfolg war das Buch trotz der vielen guten Besprechungen nicht. Auf etwa 11 000 verkaufte Exemplare der gebundenen Ausgabe folgte ein paar Jahre später ein Fischer-Taschenbuch mit insgesamt weiteren 15 000, was meine Enttäuschung etwas wettmachte. Das gibt es immer noch, unter dem Titel „Weiße Herrschaft" lieferbar beim Hädecke-Verlag.

Im Herbst 1969 fragte mich Conrad Ahlers, ob ich Interesse am demnächst freiwerdenden Posten des Pressesprechers für das „BMZ" hätte. Der „Minister für wirtschaftliche Zusammenarbeit" war Erhard Eppler, für den in Fragen der Entwicklungshilfe und -politik zu arbeiten mich ausgesprochen reizte. Allerdings war unklar, wann mein potentieller Vorgänger ausscheiden würde, denn er war unkündbar und musste auf einen guten anderen Posten weggelobt werden. Der wurde noch gesucht. Ich einigte mich mit Eppler und seinem Staatssekretär Karl-Heinz Sohn schnell über die eventuellen Bedingungen. Der Wechsel schien auch deswegen unproblematisch, weil ich nach Beendigung meines Radio Bremen-Jahres sowieso nach Bonn zog. Ende März 1970 informierte mich Sohn, nun sei es so weit, dass wir abschließen könnten.

Doch nun waren mir schwere Bedenken gekommen. Wollte ich wirklich eine ministeriale Existenz? Da meldete sich in mir eine ganz platte, private, körperliche Abneigung. Erfahrungsgemäß würde der Pressesprecher wohl für seinen Minister in aller Frühe eine aktuelle Presse-Übersicht zusammenstellen müssen, die der beim Eintreffen im Büro vorfinden sollte. Das ging nur, wenn der Sprecher noch viel früher aufstand als der Minister – und Frühaufstehen hasste ich. Dazu hatte ich mich jahrelang gezwungen gefühlt – und nun schon wieder? Und noch viel früher? Ich besprach das einmal mit SOHN, der beruhigend meinte, da ließen sich wohl Arrangements treffen. Doch war mir klar, dass die nicht lange einer Belastung standhalten können würden. Außerdem hatte ich inzwischen meinen „Vorgänger" kennengelernt und mir praktische und atmosphärische Dinge über das Amt erzählen lassen. Nichts davon wog so schwer wie das Problem des Frühaufstehens, aber alles zusammen bestärkte mich in dem Glauben, vor einem Holzweg zu stehen. Da kehrte ich doch lieber um und sagte ab, aus „zwingenden persönlichen Gründen". Der Minister und sein Staatssekretär nahmen mir das nicht übel, und ich habe später noch Arbeiten und Expertisen für meinen „Nachfolger" angefertigt. Denn Experte auf diesem Gebiet wurde ich allmählich.

Bald nach Erscheinen meiner Kolonialismusgeschichte lernte ich BERND DREESMANN kennen, damals Generalsekretär der „Welthungerhilfe", die sich auch „Aktion für Entwicklung und Partnerschaft" nannte und der FAO verbunden war, der UNO-Organisation für Ernährung und Landwirtschaft. Durch DREESMANN kam ich zum ersten Mal auf einen FAO-Kongress, einen „Welthungerkongress". Er fand im Juni 1970 in Den Haag statt. Ich war ein interessierter Zuhörer und sehr beeindruckt von einigen Deutschen, die höhere Funktionen in der FAO innehatten und denen ich in der Folgezeit viele Anregungen und interessante Erfahrungen verdankte.

Meine neu gewonnenen FAO-Gönner arrangierten für mich sehr bald eine Reise nach Thailand, um dort Entwicklungsprojekte zu besichtigen. Es wurde eine faszinierende Recherche. Kompetente FAO-Leute der Zentrale in Rom wiesen mich in die Thematik ein. In Bangkok erhielt ich weitere *Briefings* von FAO-Vertretern. Sodann besuchte ich ein Bewässerungsprojekt in Kalasin bei KhonKaen, ein Forschungs- und Ausbildungszentrum für „Rice Protection & Plant Protection" und schließlich eine Kautschukfarm nahe Songkla, das „Rubber Research Centre" in Hat Yai schon weit im Inneren. Das leitete ein englischer Direktor.

Den größten Eindruck machten mir ein enthusiastischer Thai *Development officer*, der mehrere Dörfer betreute und ihnen mit großer Geduld bessere Bewässerungsmöglichkeiten beibrachte, und die Bekanntschaft mit ERSKINE CHILDERS in einem Büro in Bangkok. Sohn des (ersten protestantischen) irischen Staatspräsidenten, verheiratet mit einer Inderin, war er ein brillanter Kritiker vieler Entwicklungs-Sünden, der früher als andere einsah, warum so viele Projekte und „Hilfen" nicht funktionierten: Weil sie ohne Rücksicht auf die betroffenen Menschen von Regierungen und Ämtern veranstaltet wurden, die nicht für nötig hielten, die Meinungen und Erfahrungen der Landbevölkerung zu berücksichtigen. CHILDERS entwarf ein regelrechtes Brevier, wie diese Entwicklungsbremsen zu beseitigen seien. Er war Chef des „Development Support Communication Service", der später zur UNO nach New York zog.

Dem erwähnten enthusiastischen Thai verdankte ich eine seltsame Übernachtung, von der ich noch heute manchmal träume. Allein in einem einsamen „Rasthaus", einem sehr rudimentär eingerichteten ohne verschließbare Tür, mitten im Dschungel (oder was ich dafür hielt), schlief ich sehr spät ein, weil es um mich herum im Finsteren fauchte, zischte, kratzte, tappte und brüllte. Aber ich wachte doch unbeschädigt auf, und wie ich bei Helligkeit sah, war das Haus meines Gastgebers nur zweihundert Meter entfernt.

Ein Amerikaner von der Kautschukplantage machte mich auf einem Dorfmarkt mit *Ginsengwasser* bekannt, das gegen Magenverstimmung gut sein sollte und zu meiner Überraschung auch war. Zu meinem Entsetzen schöpfte es der Verkäufer aus denkbar unhygienisch wirkendem Geschirr in ebensolche Becher, die er aus einer Art Waschbecken mit wenig kaltem Wasser zog. Mein Begleiter sagte, das trinke er fast jeden Tag. Ich verspürte keine schädliche Folge. Eine Köstlichkeit waren hier und in anderen Dörfern gefüllte kleine Teigtaschen – mit Spinat, anderem Gemüse oder auch, seltener, Fisch oder Fleisch. In „normalen" Thai-Lokalen war Rindfleisch so hart wie in den meisten Thai-Restaurants in Deutschland. Bei manchen Bewirtungen in Lokalen kostete ich, durchaus mit Appetit und Interesse, getrocknetes Rind, heiße Hühnersuppen, Reis mit scharfen Chili-Schoten und kaltes Spiegelei. Die Einheimischen tranken dazu meist *Mekong-Whisky*, der mir eher wie missglückter Weinbrand schmeckte. Ich zog *Singha-Beer* vor. Am lustigsten fand ich Fischlokale in den Dörfern: man ging in die Küche, um sich aus den dampfenden Pfannen und Schüsseln auszusuchen, was man begehrte; es schmeckte mir immer sehr gut. In chinesischen Lokalen fand ich das Essen so scharf wie nirgendwo bei Chinesen in Deutschland.

Frühzeitig in meiner Beschäftigung mit „Entwicklungs-Hilfe" wurde mir klar, dass einer der Gründe für die verbreitete Enttäuschung über ihre mageren Ergebnisse, die sich in den Völkern der Geberländer ausbreitete, die geradezu gigantische Übertreiberei der Regierungen war. Sie rechneten in die „Hilfe" auch hinein, was gar keine war, sondern nur den Geberländern nützte, darunter Pensionszahlungen für Kolonialarmeen. So konnten sie für die Öffentlichkeit jene eindrucksvollen Summen zusammenbringen, deren offenkundige Nutzlosigkeit nicht nur mich schon früh verblüfft hat. Ich verdanke BERND DREESMANN, dass ich 1972 eine Schrift „Wieviel Geld für die Dritte Welt?" veröffentlichen konnte, in der ich die Schönfärberei und Übertreiberei aus den offiziellen Zahlen wieder herausrechnete. Das Ergebnis war eine so magere Bilanz der westlichen „Anstrengungen", dass man die Erfolglosigkeit nun viel besser verstand. Im amtlichen Milieu außerhalb der mit Entwicklungspolitik praktisch Befassten hat mich das Büchlein natürlich nicht sonderlich beliebt gemacht. Anderseits war das Sündenregister ohnehin ganz überwiegend eines der Engländer, Franzosen und Amerikaner. Verrissen wurde die Schrift, nicht mit irgendwelchen sachlichen Widerlegungen sondern dem Argument, ich sei voreingenommen und schon meine Kolonialismusgeschichte sei einseitig gewesen, ausgerechnet vom sozialdemokratischen „Vorwärts". Der zuständige Redakteur hatte, wie mir der Chefredakteur erzählte, den Kritiker gar noch aufgefordert, die schon ge-

In Luxor mit ägyptischem Führer

schriebene, offenbar zu milde kritische Rezension schärfer zu machen. Der Chefredakteur distanzierte sich dann zwar davon und wies den Redakteur schriftlich zurecht, aber das nützte mir natürlich nichts. Ich stellte meine sporadische Mitarbeit am „Vorwärts“ daraufhin ein.

In Bonn war ich inzwischen Deutschlandkorrespondent der „Zürcher Woche“ geworden, die sich auch „Sonntags-Journal“ nannte. Aus alter Freundschaft schrieb ich ebenfalls regelmäßig Artikel für das Monatsblatt „Spontan“, das Werner Backert herausgab und mit etwas zu viel Sex garnierte; er war Redakteur von „deutsches panorama“ gewesen. Das „Studio Bremen“-Programm von Radio Bremen sendete von Zeit zu Zeit längere Arbeiten von mir, und der Berliner SFB-Hörfunk regelmäßige Kommentare. Der SFB schickte mich auch für eine Fernseh-Dokumentation in den Nahen Osten.

Während ich mich gerade an die Existenz als „Freier Journalist“ gewöhnte, und Bonn als Regierungshauptstadt war eine gute Informationsquelle, auch für mein Interessengebiet „Entwicklungs-Politik“, begegnete ich eines Tages auf der Straße vor dem Bundespresseamt Conrad Ahlers, inzwischen Chef desselben in der Regierung Willy Brandts. Er erzählte, dass sein „Grundsatz-Referent“ der innenpolitischen Abteilung wegen schwerer Krankheit noch lange ausfalle. Ob ich

Mit Egon Bahr, damals Minister für wirtschaftliche Zusammenarbeit

nicht seinen Platz einnehmen wolle, mindestens bis zur nächsten Wahl zum Bundestag? Die wurde im Herbst 1973 erwartet. Nach kurzer Bedenkzeit sagte ich zu. Die Chance, etwas ganz Neues zu tun und zu lernen, in einer Regierung, die mir gefiel, und dies auch noch zeitlich begrenzt – das konnte man gar nicht ausschlagen. Zu so nachtschlafener Zeit aufstehen, wie ich als Pressesprecher von ERHARD EPPLER schließlich doch gezwungen gewesen wäre, musste ich hier ja nicht. Die Bundestagswahl wurde dann ein Jahr vorgezogen und fand schon Ende 1972 statt. Sobald der Termin feststand, kündigte ich wieder, sehr zur Verwunderung des Personalchefs, der mir klarzumachen versuchte, dass ich mir, wenn ich da bliebe, doch ein sorgenfreies weiteres Amtsleben bis zu günstiger Pensionierung sichern könne.

Ich nutzte die Zeit gleich nach meinem Ausscheiden zu einer höchst instruktiven ersten Reise nach Pakistan, die mir der pakistanische Presseattaché vermittelt hatte. Ich besichtigte den umstrittenen Tarbela-Damm, aber auch Lahore und die Ausgrabungsstätte der uralten Stadt Moenjo Daro, und berichtete über die pakistanische Problematik in „Jinnahs Erben", einer längeren Sendung für Studio Bremen.

Als herumreisender Regierungsgast mit einem amtlichen Begleiter kam ich mehrfach in den Genuss von Essens-Einladungen außerhalb der Hotels, in denen ich untergebracht war. Das Standard-Menü war stets: gebratenes Fischfilet – Huhn-*Tikka* – Hammelcurry und Reis, an dessen Stelle manchmal rundes Fladenbrot. Zwischendurch ein Teller mit Zwiebelscheiben, Tomaten und einer Art Sellerie. Bei einem Diner im

Islamabad-Club, das der für die Auslandspresse zuständige Beamte gab, kamen noch Hackbällchen (*Kofta*) in scharfer Sauce hinzu. Der Gastgeber trank übrigens zum Essen Scotch, während seine Landsleute keinen Alkohol nahmen. Mein Reisebegleiter freilich bevorzugte unterwegs, also nur in meiner Gesellschaft, Gin mit Mineralwasser. Im Lahore „Intercontinental" und anderen Häusern der Kette gab es im Restaurant ziemlich gewaltige Buffets aus warmen und kalten Speisen, dazu Bier in Literflaschen und eher abschreckende süßsäuerliche Weißweine. Hauptsächlich wurde auch da an den Tischen Whisky und anderes Scharfes getrunken, flaschenweise. In den Hotelbars entdeckte ich immer wieder Schilder für Gäste, die wie Muslime aussahen, sie sollten ihre Alkoholerlaubnis vorzeigen (*Drinking permit*).

Umweg über III nach 9

Ich war kaum aus Pakistan zurück, da begannen zwei völlig neue Abschnitte in meinem Berufsleben. Im Juni 1973 erschien meine erste Restaurantkritik in der Zeitschrift „essen & trinken", und im Sommer übernahm ich in Absprache mit Klaus Bölling, der im Anschluss an seine Zeit als ARD-Washington-Korrespondent Intendant von Radio Bremen geworden war, dort abermals die Chefredaktion – zunächst nur die des Hörfunks, dann auch die des Fernsehens.

Meine erste Initiative dort, die Öffentlichkeit für Probleme der armen Welt zu interessieren, war das Engagement Marie Claude Deffarges und Gordian Troellers für Radio Bremens Fernsehprogramm. Ich kannte die beiden aus meiner Zeit beim „Stern". Er war Luxemburger, sie Französin, beide über Archäologie zum Journalismus gekommen. Sie sprachen mehr als ein halbes Dutzend der wichtigsten Sprachen und konnten sich dank ausgezeichneter persönlicher Beziehungen ihrer hauptsächlich französischen Freunde ziemlich in der ganzen Welt leicht bewegen. Zu den Serien, die in der „Stern"-Zeit ihren Ruf begründet hatten, gehörte „Frauen dieser Welt".

Für den „Stern" zu arbeiten, was die beiden jahrelang taten, hieß freilich, einen sehr launischen Arbeitgeber zu bedienen. So sehr die Frauen-Serie und Berichte aus erster Hand über Krisenherde dieser Welt in das Informationsgemisch des Blattes zu passen schienen, als Henri Nannen auf stärkere Politisierung gesetzt hatte, so schwer ließ sich die Problematik der verarmten Welt, die Troeller und Deffarge bewegte, schließlich dem „Stern“ selbst klarmachen. Dass die beiden stets wohldokumentiert waren, fand man in höheren Redaktionsetagen nach einer Weile zu „dröge“. Sie bekamen weniger Aufträge, dann wurde ihr Garantievertrag nicht erneuert. Das schadete beiden insofern nichts, als sie schon Kontakt zum NDR und damit zum Fernsehen gefunden hatten, abgesehen von Abnehmern in Frankreich. Sie konnten nun eine Fernsehkarriere beginnen mit Reportagen, die das „gängige“ der Exotiksparte bequem ausstachen. Der Haken war nur, dass sie dort hauptsächlich im 3. Programm und ziemlich selten zum Zuge kamen. Das schien mir eine regelrechte Verschwendung ihrer Fähigkeiten zu sein. Ich war noch gar nicht Fernseh-Chefredakteur bei Radio Bremen, da bewog ich den von Bölling geholten neuen Fernsehdirektor, Dieter Ertel, sofortiger „Abwerbung“ des Teams Troeller-Deffarge vom NDR zuzustimmen. Wir sagten ihnen Sendezeit im Ersten Programm für je drei große Reportagen im Jahr zu und machten sie, woran sie natürlich selbst durch ihre Arbeit das Hauptverdienst hatten, zu einem Markenzeichen von Radio Bremen und damit der ARD. Das ging nicht ohne Protest der vorhandenen kleinen Bremer Fernsehmannschaft und des scheidenden Fernsehdirektors Eckhart Heimendahl. Aber bedeutende und erfolgreiche Serien wie „Im Namen des Fortschritts“ (zwei Dutzend Folgen), abermals „Frauen der Welt“ und schließlich „Kinder der Welt“, die noch länger lief als die anderen, bewiesen, dass wir recht gehandelt hatten.

Natürlich war ich auch selbst erpicht darauf, Sendungen zu machen, besonders über die Zusammenhänge zwischen reicher und verarmter Welt. Aber das konnte ich nicht so schnell. Vom Chefredakteur wurde nicht erwartet, dass er seine Redaktion wochenlang verlassen würde, wie es für Produktionen dieser Art nötig war. Als ich Fernseh-Chefredakteur geworden war, also entscheidenden Einfluss auf die Thematik des Senders hatte, bedeutete das zunächst eher stärkere Bindung ans Büro. Der Hörfunk lag im alten Radio Bremen-Gebäude am Rand der Stadt, das Fernsehen zehn Kilometer außerhalb. Ich pendelte hin und her. Und

Marianne Koch Wolfgang Menge, Paczensky

dann kam mir das Lieblingsprojekt unseres Programmdirektors in die Quere: „III nach 9“.

Ertel landete mit dieser Idee einer lebendigen Talkshow einen Volltreffer, wie sich schnell zeigte. Höchst selten gibt es ja wirklich Neues. Dies war neu und ungewöhnlich, verblüffte also die Zuschauer. Inzwischen hat wahrscheinlich kaum jemand nicht schon einmal „III nach 9“ gesehen. In den letzten Jahren las ich viel Geschimpf und Geklage über die Sendung, aber nach ihrem Start Ende 1974 hat sie jahrelang als die beste Talkshow gegolten. Damals konnten wir uns in einem Erfolgsgefühl sonnen, das wir ohne Dieter Ertel nicht gehabt hätten und sicher auch nicht ohne Regisseur Mike Leckebusch: die drei Moderatoren Marianne Koch, Wolfgang Menge und ich, die wir immerhin unser Gesicht hinhielten, unsere Person einbrachten und, wenn gerade vorhanden, unseren Witz und unsere Schlagfertigkeit.

Dennoch blieb ich nur ein knappes Jahr dabei. Wir Moderatoren hatten uns die Entscheidung ausbedungen, wer in die Sendung eingeladen werden sollte. Das missfiel der Redaktion, und immer öfter sahen wir uns Gästen gegenüber, mit denen wir wenig anfangen konnten und die wir nicht eingeladen haben würden. Die Sendung sollte ein buntes Gemisch verschiedener Bereiche sein – in Ordnung. Aber ich war nun einmal der politische Chefredakteur des Senders und merkte mit Missvergnügen, dass politische Gespräche von der Redaktion und schließlich auch vom Programmdirektor nur geschätzt wurden, wenn sie eher kabarettistisch mit vielen Gags verliefen als seriös. Das ging natürlich nicht immer, und ich hatte das verdrießliche Gefühl, ich solle eher als Clown auftreten und als Schauspieler in Rollen, die andere mir zudiktierten. Das machte mir immer weniger Spaß, und eine Belastung ist eine solche Sendung für die Macher ja auch, wie locker sie auch erscheinen mögen. Eines Tages führte ich ein Gespräch mit dem früheren Staatssekretär KARL MOERSCH, der eine große Rolle bei der Untersuchung eventueller Korruption in der Beschaffungsaffäre um den Schützenpanzer HS 30 in der Ära STRAUSS gespielt hatte. Es wurde schon nach wenigen Minuten weggeschaltet, weil Direktor und Regie es zu langweilig fanden. Da ich wenig Verständnis für meine Bedenken fand und im Sender ja sonst reichlich genug zu tun hatte, stieg ich schließlich aus. Allenfalls kann ich mir schmeicheln, Gründungsmitglied gleich zwei berühmter Sendungen des Deutschen Fernsehens gewesen zu sein: PANORAMA und eben „III nach 9". Den Grimme-Preis für die Sendungen, an denen ich mitgewirkt hatte, nahm die Redaktion in Empfang.

Nun bereitete ich allmählich eigene Produktionen vor. Die erste behandelte den Raub von Kunstwerken und Kultgegenständen der Kolonialvölker durch die Kolonialisten. Eines der bedeutendsten Schaustücke dieser Ära ist die Nofretete-Büste in Berlin. Also nannte ich die Sendung (in der Reihe „Weltgeschichten") „Zum Beispiel Nofretete". Die verbreitete monströse Unkenntnis der Kolonialismusgeschichte zeigte

Mit Kameramann Klaus Jähnig bei Dreharbeiten für die Serie „Weltgeschichten"

sich sogleich im Lamento eines Fernsehkritikers, er habe vergeblich gehofft, nun mehr über das Leben Nofretetes zu erfahren. In der Fernsehkritik war die Sendung überhaupt kein großer Erfolg. Viele Kritiker störte der ungewohnte Stil – wir arbeiteten mit vielen Tricks und Verfremdungen – und, dass ich viel zu viel im Bild gewesen sei. Das war eine Idee unseres Redakteurs gewesen, der wohl an Sendungen Sedlmayers dachte; mit dem konnte ich nicht konkurrieren. Mir kam es natürlich mehr auf die von mir gezeigten Inhalte an. Aber die meisten Fernsehkritiker wollen ja Feuilletonisten sein. Was die Leser der Münchner „Abendzeitung" davon halten sollten, verschrieb ihnen „Ponkie": „... litt an der umständlich dahertrödelnden Selbstgefälligkeit, mit der Gert v. Paczensky nach einer geistreichen Form suchte und dabei seinen eigenen Sarkasmus austrocknete. Die Anekdoten, die er über Europas ungenierte Sammelleidenschaft afrikanischer und asiatischer Kunstschätze aus raffgieriger Kolonialzeit zusammenschaufelte, hatten genügend Zündstoff – aber sie wirkten langweilig wie der Vortrag eines pensionierten Amtsgerichtsrats über Eigentumsdelikte im Völkerrecht" (20. 9. 1977). Immerhin sahen diese Sendung knapp vier Millionen Zuschauer, während im ZDF gleichzeitig, natürlich zu unserem Kummer, „Derrick" ein Vielfaches an den Bildschirm lockte.

Eine weitere Sendung, die das deutsch-französische Verhältnis historisch-anekdotisch behandelte („Knoblauch, Würste und Kanonen"), brachte es im November 1977 auf etwa achteinhalb Millionen Zuschauer. Allzu sehr konnte ich meinen Kredit mit der „Nofretete", die nur sieben Wochen vorher gesendet worden war, doch nicht verspielt haben. Anfang 1978 versuchte ich in „Das Erbe der Piraten" zu zeigen, wie sehr die unterdrückten Völker von den Europäern ausgenommen wurden – kein populäres Thema, besonders in der TV-Kritik der deutschen Presse, aber immerhin erreichte ich 6,5 Millionen Zuschauer und konnte zufrieden sein, gegen „Diener und andere Herren" im ZDF.

1973/74 erlebte „der Westen", besonders Europa, eine Ölkrise, also Knappheit und Teuerung. Gegen die bösen „Ölscheichs" konnte gar nicht genug gezetert werden. Die Öffentlichkeit war verblüfft – und beeinflusst von der einhelligen Anti-OPEC-Front in den Wirtschaftsredaktionen der Presse, auch sogenannter linker Blätter. Es war für Kenner der Vorgeschichte – aber viele meldeten sich nicht zu Wort, besonders nicht deutsche Professoren – höchst verblüffend zu sehen, wie Unkenntnis und geschickte Propaganda der Erdöl- und Benzinfirmen eine wirkungsvolle Allianz für öffentliche Ignoranz bilden und von den wahren Ursachen ablenken konnten. Bald danach begann ich mit Vorstudien, dann konkreteren Vorarbeiten und Recherchen zu meiner Fernsehserie „Ölgeschichten", insgesamt fünf Folgen, die später, aktualisiert, auch als Buch erschienen ist und die Verantwortung dort festnagelte, wo sie hingehörte: bei den internationalen Ölkonzernen, die sich und damit den Westen am Hauptrohstoff sonst armer Länder viele Jahre lang bereichert haben.

Ich zeigte in den ersten Sendungen, wie die Ölriesen entstanden waren, unter den für sie günstigen, spottbilligen Bedingungen der Kolonialzeit oder unter den für sie ebenso günstigen des nordamerikanischen Frühkapitalismus. Ich machte deutlich, wo die „Multis" das für sie spottbillige Erdöl herbezogen, wie wenig sie den Ursprungsländern für deren wichtigsten Rohstoff zahlten – etwa 2 Pfennige pro Liter – und wie sie heranwuchsen zu riesigen Finanzmächten. Jeder einzelne der großen Konzerne verfügte schließlich über mehr Geld als viele „Entwicklungsländer" zusammen. Die Konjunktur der Industrialisierung und Motorisierung spülte immer mehr Geld in ihre Kassen, ohne dass sie ihre Lieferanten daran teilhaben ließen. Schließlich überspannten sie den Bogen ihrer Preisdrückerei. Die Lieferländer – nicht nur nahöstliche – gründeten die OPEC, die heute nicht mehr vorgestellt zu werden braucht und die sich bemühte, bessere Preise zu erzielen. Das gelang ihr freilich erst Jahre später dank des Boykotts von 1973/74 und weiterer Boykottdrohungen.

Über die Gründe und die wahren wirtschaftlichen Wechselbeziehungen erfuhr man in unserer Presse herzlich wenig. Dafür sorgten schon die Ölkonzerne mit ihre publizistischen Macht. Der Verteufelung der OPEC, die wohl jedermann noch erinnert, entsprach ganz allgemein eine völlig schiefe, konzernfreundliche Darstellung unserer Energieprobleme. Deutschland war noch ein Sonderfall, in einer Beziehung gar nicht so unähnlich den Kolonialländern, denn es hatte seine eigenen, nicht unbeträchtlichen Öl- und Erdgas-Reserven durch großzügige, anscheinend nie mehr kündbare Konzessionen an die internationalen Multis vergeben.

Dies und vieles andere machte ich in den fünf Sendungen sehr deutlich und fand dafür jeweils zwischen fünf und neun Millionen Zuschauer, was die bei uns ansässigen Multis sehr ergrimmte und ihren ergebenen Verteidigern und Fürsprechern wahre Schimpfkanonaden entlockte. „Unverhüllt demagogische Machart ... unglaublich dreister Umgang mit historischen Entwicklungen ... verblüffend das Ausmaß handwerklichen Unvermögens, sachlicher Inkompetenz und journalistischer Unredlichkeit ... Stimmungsmache ... ein Klischee, das schon anlässlich der 2. Internationale im Jahre 1920 formuliert wurde ...“ – die industriefromme „Medienkritik“ überschlug sich förmlich. „Unqualifizierte Beschimpfung der Mineralölindustrie“ fand, nicht unabhängiger, der „Medienspiegel des Instituts der deutschen Wirtschaft“. Auch das „manager magazin“ schimpfte, von dem man nichts anderes erwarten konnte. Wir boten den Konzernen an, im Fernsehen mit mir zu diskutieren und mir meine angeblichen Fehler nachzuweisen. Da kniffen sie. Ganz wie Anfang der sechziger Jahre bei meinen Filmen über Algerien und den vormals belgischen Kongo Franzosen und Belgier zwar gegen meine Kritik gezetert, aber nicht gewagt hatten, sich einer öffentlichen Diskussion mit mir zu stellen.

Der Verdruss der Öl-Lobby wird wohl auch daran gelegen haben, dass sie vor der Verständlichkeit und Klarheit der Sendungen erschrak -was ich da sagte, war für die Zuschauer einleuchtend. Das hatte ja nicht wenige Blätter beeindruckt. Ein paar Monate später bestätigte es sich auf dem V. Fernsehworkshop „Entwicklungspolitik“, als meine Ölgeschichten II und III unter den hundert eingereichten Filmen, die dort vorgeführt und begutachtet wurden, den zweiten und den vierten Platz belegten. Ich zitiere ungeniert aus dem Resümee zu Öl III: „Die Teilnehmer waren einhellig der Meinung, dass dieser Film empfehlenswert ist. ... Er zeige, dass nicht die Araber Schuld an der Ölkrise seien, sondern dass der Westen auf Kosten der Ölländer und über seine Verhältnisse gelebt habe. ... Grundkenntnisse seien vorher nicht erforderlich, da der Film sehr verständlich sei. Der Film habe auch formal in hervorragender Weise medienpädagogische Erkenntnisse angewandt ... Einige Zuschauer berichteten, dass sie keinen anderen Film kennten, bei dem es ihnen gelungen sei, noch Monate, nachdem sie ihn im Fernsehen gesehen hätten, den Inhalt wiederzugeben. Dies als Beweis für die hohe Merkfähigkeit eines so dargebotenen Stoffes."

Michael Stone im „Tagesspiegel" (26. 8. 1979) nach dieser dritten Folge: „Die ganze Serie habe ich auf Band aufgenommen, um sie, wenn sich die Gelegenheit ergibt, Freunden und Bekannten vorzuführen. In all den Jahren, seitdem das Geschäft mit dem Öl im Gespräch ist, hat es im Fernsehen keine bessere Darstellung vom Ursprung und der heutigen Macht der Multis gegeben ... Diese Serie ist daher so überzeugend, weil sie von einem profunden Wissen von politischen und ökonomischen Zusammenhängen genährt wird."

„essen & trinken“

Ende 1971 überreichte mir Rolf Poppe, damals im Vorstand des noch jungen Medienhauses Gruner + Jahr, ein Magazin namens „essen & trinken“. Es sei eine Null-Nummer. Ob ich Lust hätte, die genau durchzusehen und ihm eine detaillierte Analyse zu schreiben. Die Lust hatte ich. Mein Gutachten gipfelte in der Feststellung, der Inhalt gleiche sehr dem vieler anderer Hefte oder Magazinteile mit Rezepten und praktischen Tipps; ich empfahl, kritische Gastronomie hinzu zu tun, hauptsächlich über Restaurants, und mehr Platz für gastronomischen Tourismus.

Im Oktober 1972 erschien die Nummer 1. Sie glich wie ein Ei dem anderen der Null-Nummer. Aber ein paar Monate später saß ich in Hamburg in einem nicht sehr fürstlichen Büro nahe dem Hauptbahnhof Angelika Jahr gegenüber, der Erfinderin, Herausgeberin, Chefredakteurin. Wir besprachen tatsächlich Restaurantkritik, regelmäßige für jedes Heft, und wurden schnell einig. Die Formel für den Anfang: Lokale unter die Lupe zu nehmen, die von den schon erscheinenden deutschen Restaurantführern ausgezeichnet worden waren: Verdienten sie ihre Sterne („Michelin“ Deutschland) oder Kochmützen („Varta“) wirklich? Ich hatte damals zwei Jahrzehnte bewussten Lokalessens hinter mir, beginnend mit mehr als fünf Jahren Frankreich, wo ich auch danach fast jedes Jahr Monate verbrachte.

So sehr ich darauf brannte, loszulegen – erst hatte ich eine seit längerem geplante Reise nach Pakistan hinter mich zu bringen. Aber dann

Bei Point (Pyramide) in Vienne mit dem ehrwürdigen Monsieur Vincent

ging es los. Ich war realistisch genug, nicht zu glauben, dass ich das allein anfangen sollte. Also fragte ich Freund JÜRGEN SCHMIDT (Grashoff-Feinkost und Bistro, Bremen), ob er nicht mitmachen wolle. Es interessierte auch ihn, den aufstrebenden Restaurateur am Anfang seiner hervorragenden Karriere.

Damals lebte ich in Bonn. Das schwierigste war, lohnende Restaurants zu finden. Schlechte, die zu verreißen waren, gab es genug. Aber wir wollten von Anfang an auch gute empfehlen, und da existierten zunächst nur wenige. Wir kamen dennoch in Gang, und meine erste Kritik erschien im Juni 1973. Etwa um die gleiche Zeit gab mir der „Stern" viel Platz, um meine Restauranterfahrungen in westdeutschen Großstädten zu schildern – Überschrift: „Wie ich in 5 Städten schlemmte". Es war eine nützliche Vorübung.

Das war für unsere Öffentlichkeit eine neue Sparte im Journalismus, doch waren die Leser Mitte der siebziger Jahre durchaus reif dafür, wie die sofortige Resonanz und der Erfolg von „essen & trinken" zeigte. Weniger reif war die Kollegenschar. Beschäftigung mit Gaumengenüssen galt damals in Deutschland nicht als Kultur. Der Start der Gastronomie-Kritik – nur zu Anfang war es ausschließlich Restaurantkritik – wurde von der übrigen Presse mit viel Hohn und großer Herablassung aufgenommen. Sie stellte die ersten Kritiker am liebsten als verfressene und verwöhnte Schlemmer hin. Bis, oh Wunder, mehr und mehr Zeitungen anfingen, selbst Restaurantkritiken zu veröffentlichen. Die freilich wurden von den drei ersten dieses Gewerbes, nämlich Klaus Besser, Wolfram Siebeck und mir, mit der Verachtung bedacht, die sie dank überdeutlicher Unerfahrenheit verdienten. Von einigen wurde auch schnell bekannt, dass sie sich von Wirten aushalten ließen. Ohne viele Jahre Esserfahrung kann ein Restaurantkritiker nichts taugen, ohne kritische Distanz zu Wirten und Köchen seiner Leserschaft nicht viel nützen. Das wäre aber seine Aufgabe.

Als ich eine Fernsehsendung über den „Erbprinz" in Ettlingen und über Grundlagen der großen Gastronomie veranstaltete, wussten sich manche Kritiker – nicht Restaurant-, sondern Fernsehkritiker – nicht zu lassen vor Hohn und Abwertung. Aber da unterschätzten sie nicht nur, wie so oft, dass zum Urteil auch Kenntnisse gehören, sondern auch „ihr" Publikum. Die Sendung („Ein Platz für gutes Essen", ausgestrahlt am 16. Dezember 1979) hatte zwischen 12 und 13 Millionen Zuschauer.

Damals geriet in Mode, zu fragen, wie ich denn meine „Schlemmerei" mit meinem Engagement für die Hungernden der anderen Kontinente vereinbaren könne. Die Frage würde man natürlich nicht stellen, wenn ich mich als Schriftsteller auf die Gastronomie beschränken würde oder wenn mein weiteres Vorzugsthema nichts mit Afrika, Lateinamerika und Asien zu tun hätte. Das zeigt schon, wie unsinnig die Frage ist. Gastronomie, Essen und Trinken sind Bestandteile unserer Kultur, im wahren Sinn ein Kulturerbe. Der Wunsch, immer besser zu essen, hat die Menschheit von frühester Zeit an dazu getrieben, nicht nur ständig neue Produkte zu suchen und neue Zubereitungen ihrer Nahrung zu entwickeln, sondern auch die dazu nötigen, passenden Geräte. Damit wurde ein wichtiges Fundament unserer Zivilisation gelegt. Das war natürlich nicht auf die jetzt reiche Menschheit weißer Hautfarbe beschränkt, die ja ohnehin wie alle anderen dieser Erde aus Afrika stammt. Auch dieser Kontinent hat eine eigene hohe Esskultur entwickelt, wenn auch dort heute besonders bittere Not herrscht. Soll diese Not, auch die der anderen Kontinente mit ebenfalls hoher Esskultur, für uns ein Grund sein, uns schlechter zu ernähren und die eigene Esskultur aufzugeben, sozusagen aus Solidarität? Das würde niemandem in den früheren Kolonien nützen und uns nur schaden. Die Frage muss doch sein, aber nicht nur an den gastronomischen Schriftsteller, ob er oder sie etwas TUT, um den hungernden Menschen dort zu helfen. Nicht nur materiell, was Steuerzahler gern auf die Regierungen abwälzen; wenigstens gibt es unabhängige Hilfs-Organisationen – sondern wohl doch, mit den Mitteln des Schriftstellers das Problem unserem eigenen Umkreis bewusst zu machen, damit Impulse der Hilfsbereitschaft geweckt werden. Dazu gehört natürlich auch, unsere Mitverantwortung für diese Not zu zeigen, also die der vormaligen Kolonialherren und der heutigen Nutznießer der Weltwirtschafts-„Ordnung", die ausschließlich zum Vorteil Europas, Nordamerikas und winziger Bevölkerungen anderswo besteht. Ich würde lieber fragen, warum nur so wenige Schriftsteller, Historiker und Politiker sich überhaupt für die Bewältigung dieser riesigen Problematik interessieren.

In meinem Fall war die Reihenfolge ohnehin andersherum. Ich hatte über Kolonialismus-Probleme schon rund 20 Jahre lang geschrieben, bevor ich anfing, mich auch der Gastronomie zuzuwenden. Meine Bibliographie zeigt, dass ich damit nicht aufgehört habe. Auch mein bisher letztes Buch, die gemeinsam mit Anna Dünnebier verfasste Kulturgeschichte des Essens und Trinkens, enthält (natürlich!) ein langes Kapitel über die Geschichte des Hungers. Die gehört ja dazu.

Die Restaurants, die ich von 1973 an für „essen & trinken" besprach, besuchte ich stets mehrmals und meist in Begleitung weiterer Mit-Esser. Ich wollte gründlich sein. Schmidt konnte nicht ständig von Bremen herbeireisen. So halfen mir unter anderen auch meine Freunde Karsunky, deren langjährige Aufenthalte in Frankreich und Spanien

Mit Angelika Jahr bei Grashoff in Bremen

sie sehr qualifiziert hatten und die nun in Bonn lebten. Auch für andere Städte organisierte ich mir Begleitung. Die erfreuliche Zusammenarbeit mit Jürgen Schmidt währte ziemlich lange, doch allmählich zwangen ihn seine zunehmenden Grashoff-Verpflichtungen in Bremen, auszusteigen.

Mit nur etwa zwei Jahrzehnten Verspätung waren also meine Pariser Träume in Erfüllung gegangen. Doch kaum hatte ich angefangen, ergab sich, dass ich Chefredakteur von Radio Bremen wurde. Als ich mit dem Intendanten Klaus Bölling über die Bedingungen sprach, kündigte ich an, die Tätigkeit für „e & t" fortsetzen zu wollen. „Aber Pacz – Ihr linkes Image !", rief er aus, wohl mehr im Scherz, und Einwände erhob er nicht. Mein „linkes Image" war mir egal, da hatte ich ja nun Erfahrung genug. Und ich schaffte während meiner ganzen Zeit bei Radio Bremen, „e & t" aus den verschiedensten Orten Westdeutschlands mit regelmäßiger Restaurantkritik zu versorgen. Die Zusammenarbeit mit Angelika Jahr hatte sich so gut angelassen, wir erweiterten sie bald um andere Themen, besonders Weintests – es wäre verrückt gewesen, das aufzu-

Bei Guérard, 3 Sterne in Eugénie-les Bains

geben. Und wenn ich auch nicht in die Rolle eines CURNONSKY hineinwuchs, so genoss ich sogar vorübergehend ein ähnliches Privileg wie er: ein Schild auf einem Stammplatz im Bremer Grashoff-Bistro. JÜRGEN SCHMIDT hatte es an der Theke festgeschraubt. Ich war in seinem Restaurant ständiger Gast, fast täglich. Aber eines Tages hatte es jemand abgeschraubt und mitgenommen. SCHMIDT brachte ein neues an, mit sehr viel längeren Schrauben. Auch dieses wurde geklaut. Da ließen wir es bleiben, so sehr ich mich gefreut hatte.

ANGELIKA JAHR, „essen & trinken", verdanke ich eine Kenntnis und einen Überblick über die westeuropäische Gastronomie, den wohl sonst kaum jemand hat. Ganz abgesehen von den Erfahrungen mit amerikanischer, nordafrikanischer, nahöstlicher und ferner asiatischer Küche, die ich durch meine Reisen sammeln konnte.

„e & t"-Chefredakteur PETER PLOOG wiederum bewirkte eine sehr wichtige Erweiterung meines kulinarischen Weltbildes. Früherer Italienkorrespondent, brachte er mir, der ich bis dahin sehr Frankreich-fixiert gewesen war, nun auch Italien nahe. Dabei lernte ich schätzen, dass die italienische Küche, ob die einfache oder die große, im allgemeinen trotz des überreichlichen Pasta-Angebotes leichter und bekömmlicher ist als viele, wenn auch großartig schmeckende Kost französischer Restaurants.

Freilich beschert mir nicht nur diese, sondern auch die deutsche Kost – nein, überhaupt diese ganze Tätigkeit eine unbremsbare Gewichtszunahme, die ich nur durch regelmäßige Fastenkuren rückgängig machen kann; mein Körper begrüßt die Entschlackung.

Meinen ersten schüchternen Diät-Versuch unternahm ich gemeinsam mit JOACHIM BESSER während der Genfer Außenministerkonferenz 1959. Wir wählten eine zugegebenermaßen eigenartige Diät: Im Seitenkiosk des „Mövenpick“ aßen wir jeden Tag Joghurt (fabelhaften), dann stundenlang nichts. Wenn uns dann wieder der Hunger packte, stillten wir ihn, wieder dort, mit *Banana split.* Dessen Kaloriengehalt übertraf unseren keineswegs mageren Joghurt erheblich, und natürlich haben wir nicht abgenommen. Unsere Diät galt nur tagsüber – abends nicht.

Das war nicht viel unseriöser als die Schwankungen und Schwenkungen der sogenannten Ernährungswissenschaft schon früher – und sicher auch wieder in der Zukunft. Als meine Mutter meinen Bruder und mich geboren hatte, fand mein Vater als treuer Leser damals gültiger populärwissenschaftlicher Literatur, sie bedürfe nun substantieller Mehlspeisen, um sich wieder zu kräftigen. Da sie Österreicherin war, fand sie daran nichts auszusetzen, aß viele Mehlspeisen und wurde, wie man so sagte, eine stattliche Erscheinung. Noch ganz klein, bekam ich das Resultat solcher Lehren aufs Angenehmste zu spüren. Ich wuchs auf, wie schon erzählt, mit Mehlspeisen, Schmalzbrötchen und Klößen. Bis ich selbst einem Kloß ähnelte, was nach einer Weile auch meine Eltern alarmierte. Ärzte wurden konsultiert. Sie befanden nicht etwa, ich äße zu viel Dickmachendes. Sie verdächtigten lieber meine Schilddrüse. Sie fütterten mich mit so viel Pulverbrei und so vielen Pillen, dass ich schon von deren bloßer Masse weiter zunahm. Nach meiner Ernährung fragten sie nie. Erst der Krieg mit seinen verschiedenen Knappheiten und soldatischen Rationen machte mich schlanker. Daraus konnte man lernen.

Richtig abzunehmen gelang mir erst, als ich – immer noch während der Außenministerkonferenz in Genf – 1959 eine schwere Grippe einfing, die mir jeden Appetit nahm, und gleich von neuem ausbrach, als ich endlich wieder in Hamburg zu Hause war. Direkt anschließend unterzog ich mich meiner ersten Mayr-Kur (besteht im wesentlichen aus trockenen Brötchen und Milch). Als ich sie hinter mir hatte, wog ich „nur“ 70 kg und ging stolz mit dem stets schlanken HENRI REGNIER ins

Warenhaus, um einen Anzug von der Stange zu kaufen. Es funktionierte – zum ersten und auch zum letzten Mal. Es vergingen nur wenige Wochen, da schenkte ich den Anzug REGNIER, der ihn ja mit ausgesucht hatte. Ich passte schon nicht mehr hinein und habe ein solches für mich spärliches Gewicht nie wieder erreicht, trotz von da an jährlicher Fastenkuren.

Nach wenigen Jahren „Mayr", bei dem unsere Wohnung wochenlang nach den Reformhausbrötchen roch, die ich zum Trocknen in die Bücherregale verteilt hatte, ging ich zu regelmäßiger „Nulldiät" über – zunächst mehrmals im Sanatorium Schloss Warnsdorf bei Travemünde unter der hervorragenden Anleitung DR. SCHEELES, von dem ich auch lernte, dass gelegentlicher trockener Weißwein dem Faster weit mehr nützt als schadet. Nach einigen Jahren meinte DR. SCHEELE, nun wüsste ich genug, was ich zu tun hätte, und könnte die Diät auch ohne ihn zu Hause machen.

Das war jedenfalls seriöser als mein Versuch – vor etwa vierzig Jahren – in einem südschwedischen Diätheim für Vegetarier ein paar Kilo abzunehmen. Ich war fast der einzige männliche Gast unter einigen Dutzend überwiegend älterer Damen. Obwohl wir doch abnehmen sollten und wollten, wurde uns zweimal am Tag ein wunderbares Buffet aufgebaut. Es bestand fast nur aus Gemüse, aber Brot gab es auch. Sehr bald fiel mir auf, dass die meisten Frauen sich immer wieder aus einem Tiegel in der Mitte des beladenen Tisches bedienten. Ich kostete dann auch. Es schmeckte nach Leberwurst, war aber „vegetarisch" und eine Pastete mit hohem Fettgehalt.

Da ich wirklich abnehmen wollte, kostete ich nur einmal. Aber die anderen, die sich ebenfalls zu dick fühlten, aßen es mittags und abends reichlich auf Brot, eben wie richtige Leberwurst, und sprachen täglich staunend darüber, dass sie überhaupt nicht abnähmen.

Die schwedische Diätköchin war aus Österreich. Natürlich kam ich mit ihr ins Gespräch, schon wegen meiner österreichischen Mutter. Sie enthüllte mir sehr schnell, dass sie – vegetarisch hin oder her – in die, wie sie fand, zu langweiligen Gemüse oft Schmalz tat – „es muss doch schmecken." Das hätte meine Mutter auch gesagt.

Meinen 1979 in „essen & trinken" erschienenen Bericht über die Nulldiät zog Jahre später ein Mitarbeiter der „Frankfurter Allgemeinen Zeitung" aus seinem Archiv. Er behauptete 1992 im FAZ-Magazin, „die Nulldiät, vom Journalisten Gerd von Paczensky empfohlen, ist lebensgefährlich." Natürlich ist es nicht meine. Eingeführt, bekannt gemacht und erfolgreich bei Patienten angewendet hat sie der berühmte Dr. Otto Buchinger, der 1920 die erste spezialisierte Klinik dafür gründete, sich ihr regelmäßig selbst unterzog und 1966 starb – im Alter von 88 Jahren! So lebensgefährlich konnte sie wohl doch nicht sein. Ich lernte sie, wie gesagt, im Sanatorium Dr. Scheeles und praktizierte sie regelmäßig jedes Jahr – mehr als vierzig Jahre lang. „Null" gehört in Anführungszeichen, weil der Faster außer den großen Mengen Flüssigkeit, die er unbedingt braucht, täglich auch ein Minimum Eiweiß zu sich nehmen muss, am besten sehr verdünnten Joghurt oder ebenso verdünnte Buttermilch.

Möglicherweise lebensgefährlich war für mich allenfalls der Leichtsinn, mit dem auch ich, wie so viele, Anfang der siebziger Jahre nach reichlichen Mahlzeiten mit Wein Auto fuhr. Nach einem der ersten Besuche bei „Adloff" in Frankfurt, einem fabelhaften Restaurant, bestieg ich tatsächlich spät abends das Auto und startete Richtung Bonn. Direkt vor der Auffahrt zur Autobahn fühlte ich mich aber müde, sah einen Platz unter einem Baum, fuhr rechts ran, drehte den Sitz in den geeigneten Winkel, machte es mir bequem und schlief sofort ein. Ich erwachte, weil jemand an die Fensterscheibe klopfte. Draußen war es schon wieder hell. Oh Gott – es war ein Polizist. Ich kurbelte die Scheibe herunter – er fragte bloß: „Alles in Ordnung?" – „Gewiss", sagte ich, „nun bin ich auch nicht mehr müde." – „Dann Gute Fahrt!", wünschte der gute Geist, bestieg sein Motorrad und verschwand. Offensichtlich hatte ich, nach den paar Stunden Schlaf, keine auffällige „Fahne". Dafür aber einen gewaltigen Schreck, und so etwas ist mir nicht noch einmal passiert. Von nun an übernachtete ich (meist wir) in den Orten, in denen wir gegessen hatten. Und wenn es einmal nahe genug von zu Hause ist, nehmen wir auch für solche Strecken die Bahn, für ganz kurze ein Taxi.

Gemütlicher wäre natürlich, gutes Essen, gar Barbesuch, und bald danach Nachtruhe in der Eisenbahn genießen zu können. Aber leider gibt es solche Züge, die ordentliche Speisewagen zusammen mit behaglichen Schlafwagen bieten, so gut wie überhaupt nicht mehr. Was müssen das früher für Zeiten gewesen sein! Die Fahrt mit einem Nostalgie-Zug, der diese alten Zeiten bewusst wieder aufleben lassen sollte, mit einem Komfort, den damals natürlich auch nur wenige sehr Betuchte und die auch nur auf sehr wenigen Strecken genießen konnten, wurde eines meiner lustigsten „e & t"-Erlebnisse. Das war der „Venice Simplon Orient Express". Orient war sehr übertrieben, denn der Zug fuhr in etwa 24 Stunden von London über Paris nach Venedig und in der Gegenrichtung. Aber wenigstens war er zusammengesetzt aus wieder aufgemöbelten Pullman-Wagen, die wirklich aus der damaligen Zeit stammten.

Heiter und erwartungsvoll stieg eines Tages 1983 ein „e & t"-Trio in der Londoner Victoria Station ein, nach längerem Warten in einer theatralisch auf zwanziger Jahre frisierten Kulisse: Angelika Jahr, Richard Stradtmann und ich. Erste Etappe war sogleich der als Speisewagen hergerichtete Pullman „Audrey", unterteilt in Separees mit je einem mittelgroßen gedeckten Tisch und vier Polstersesseln. Ein Prospekt informierte uns, Audrey sei einer der prächtigsten je gebauten 1. Klasse-Wagen und habe früher zur „Brighton Belle" gehört. Dieser in England berühmte Luxuszug verkehrte seinerzeit zwischen Brighton und London, und nun konnte ich mich nicht schlecht in die Brust werfen: Mit dem war ich 1950 oder 51 einmal von Hove nach London gefahren. In sehr behaglichen Schwenksesseln wurde man höflich bedient, aber nur mit Getränk. Es war ja auch noch nicht Mittagszeit, für die Strecke brauchte der Zug nur etwa eine Stunde, viel zu wenig für eine ordentlich altmodische Mahlzeit.

Im „Venice ..." hatten wir Zeit genug. Doch *lunch* auf der englischen Seite war lausig. Wir konnten auch nur mühsam essen, denn der Wagen schlingerte und wackelte, was nicht nur beim Einschöpfen der Suppe und beim Wein-Eingießen Schwierigkeiten machte. Es rumpelte so laut, dass wir noch lauter reden mussten, um uns zu verständigen. Auf der Fähre zum Kontinent verließen wir den Zug, da er nun Fahrgäste der Gegenrichtung aufnahm. Auf uns wartete ein ähnlicher. In dem verließen wir möglichst schnell die uns zugeteilten, äußerst ungemütlichen Bettkabinen in Richtung Barwagen, mit Pianist, wo es gleich vergnüglicher wurde, allerdings mit schneller Überfüllung geradezu irrsinnig laut. Das Abendessen im Speisewagen schmeckte großartig, verglichen mit der englischen Seite. Aber auch hier wackelte und rumpelte der Zug sehr unangenehm. Im Schlafabteil störte das noch mehr, im Bund mit gewaltiger Hitze.

In Venedig stürzten wir sofort in „Harrys Bar" – einig, dass ein so großer Reiseaufwand, fast 2000 Mark pro Person, trotz eines gewaltigen Frühstücksbuffets am Schluss nicht lohne. Für das Geld kaufte man viel zu viel Unbequemlichkeit. „Wenn die heutigen bequemeren und leiseren Züge etwas besseres Essen und einige wesentlich bessere Weine mit sich führen würden, könnten sie den Nostalgie-Express leicht ausstechen", schrieb ich. Aber das wollten die Bahngewaltigen gar nicht. Mit einer Ausnahme, die ich ebenfalls für „e & t" ausprobierte: den Luxuszug zwischen Paris und Straßburg, „La Nouvelle Première". Mit ihm versuchte die französische Bahn 1986, der innerfranzösischen Luftlinie Air Inter Reisende abspenstig zu machen. Wagen und Speisewagen waren zwar moderner und etwas komfortabler eingerichtet als jener „Orient"-Express, doch hielten Essen und Wein auch hier nicht, was die Karte versprach. Das Schlingern, auch des Speisewagens, vereitelte jeden Versuch des Kellners, alten Rotwein depotfrei einzuschenken. Der Zug lieferte mir viele Anekdoten, französischen Reisenden entsprechend wenig Vergnügen, und wurde bald wieder eingestellt.

Ohne es besonders darauf angelegt zu haben, war das erste „e & t" – Kernteam für kritische Gastronomie – ANGELIKA JAHR, JÜRGEN SCHMIDT und ich – schon sehr zeitig in ganz ungeahnter Weise in der offiziellen deutschen Weinwirtschaft fündig geworden. Um uns zu belehren, hatte uns das Deutsche Weininstitut in Mainz zu einer „wirklich repräsentativen" Weinprobe eingeladen. Es konnte kaum ahnen, welche Selbst-Enthüllung es uns vorführen würde. Unsere Bremer Weinproben hatten in Mainz Missfallen erregt, vor allem, weil wir die damals noch schwache Auswahl guter trockener deutscher Weißweine bemängelten. In Mainz konnten wir nun zusehen, wie amtliche Weinproben vor sich gehen, die zu den Qualitäts-Einstufungen der deutschen Weine führen, und von ihnen hängt ja überhaupt die Zulassung zum Markt ab. Wir beobachteten erstaunt, in welcher Geschwindigkeit da verkostet wurde. Die Prüfer nahmen sich knapp zwei Minuten pro Wein, kosteten ihn aus viel zu kleinen Gläsern, in denen er sich nicht entfalten konnte, ohne jede Möglichkeit, noch einmal nachzukosten. Außerdem aus sehr wenigen Gläsern, die immer wieder ohne Ausspülen benutzt wurden, in denen also das kräftige Parfum mancher Weine haften blieb und die nachfolgenden Proben beeinflusste. Und schließlich das alles bei unterschiedlichen Temperaturen. Da stehen jedem erfahrenen Verkoster, der seinem Publikum wirkliche Qualitätshinweise geben will, die Haare zu Berge. Wir machten kein Hehl daraus, dass wir dieses Verfahren für wenig seriös hielten, was die Herren offensichtlich kränkte.

Damals wurde ich in der Branche viel verhöhnt, weil ich stets ein Weinthermometer bei mir hatte. Aber das diente weniger meiner Belehrung als der von Weinkellnern und Wirten, die keine Ahnung hatten, wie falsch sie ihren Wein lagerten und wie misslich er mit falscher Temperatur schmeckte. Meist war er zu warm. Wenn ich einen Rotwein als zu warm bemängelte, der zwischen 16 und 18 Grad haben sollte, aber mit weit über zwanzig Grad gebracht wurde, beteuerte der Ober regelmäßig, er habe nur 17, 18 Grad. Da konnte er dann von meinem Thermometer die unsinnig überhöhte Temperatur ablesen und erschrak denn doch. Auch Weißweine waren in deutschen Lokalen oft viel zu warm. Bei allem Spott über mich – im Lauf der Zeit tauchten immer mehr Leute mit Weinthermometern auf, auch Wirte, auch Weinkellner.

Ein Restaurantkritiker mit so großem Forum, wie „essen & trinken" mir von Anfang an bot, wird von Wirten und Köchen mit sehr gemischten Gefühlen gesehen oder erwartet. Als wir in Bonn zum ersten Mal bei Schaarschmidt aßen, wo wir uns außerordentlich wohl fühlten, sagte er seiner Frau Peggy, die ein Stockwerk höher in der Küche waltete, nicht Bescheid. Es hätte sie nur nervös gemacht, meinte er. Leider lebt diese fabelhafte Köchin nicht mehr.

„Um Gottes Willen", sagte Elvira Kaufmann, als wir 1981 zum ersten Mal in der „Traube" in Grevenbroich auftauchten. Dieter Kaufmanns Kochkunst hatte der „Michelin" in diesem Jahr erstmals mit zwei Sternen gewürdigt. Wir hatten uns nicht angemeldet, es herrschte sonntägliche Mittags-Fülle, und da die Grevenbroicher anscheinend sonntags immer so schnell fertig sein wollten (anders als Gäste anderswo), gab es nur eine reduzierte Karte und nur ein Menü. Keine gute Grundlage, musste Frau Kaufmann wohl denken, für einen „Test-Besuch", und dann musste sie für uns noch in einer Ecke einen Tisch aufstellen lassen. Aber so schnell und nach einem einzigen Eindruck soll ein Restaurantkritiker ja auch nicht schießen. Es dauerte lange, bis ich (nach weiteren Besuchen) sehr lobend über die „Traube" schrieb. Zu meinem Missvergnügen hat sie immer noch zwei Sterne, denn nach meiner Meinung verdient sie drei.

In beiden Häusern war ich nach jahrelanger Tätigkeit als Restaurantkritiker bekannt genug. „essen & trinken" hatte ja von Anfang an mein Bild veröffentlicht, sehr zu meinem Kummer, denn ein ordentlicher Kritiker bleibt lieber unerkannt und wünscht keine nur für ihn bestimmten Anstrengungen der Küche. Sie könnten das Bild fälschen. Anderseits kann der Koch nun einmal nicht besser kochen, als er eben kann, ob er mich gesehen hat oder nicht. Ziemlich schnell wurde mir klar, dass ich vielleicht mit dem jeweils vorhandenen extraguten Stück bedient wurde oder meine Sauce mit mehr Butter angereichert war als die Gerichte anderer Gäste, aber dass das wenig nützte. Die Extrabutter bemerkt man mit einiger Erfahrung. Hauptsächlich aber musste ich feststellen, dass den Restaurants, in denen ich erkannt worden war, nicht weniger Pannen passierten als anderen auch. Das untrügliche Zeichen für Alarm in der Küche waren seltsam lange Wartezeiten: Der Chef war mit meinem Gericht nicht zufrieden und ließ es noch einmal machen (oder machte es selbst). Um mich herum aß alles, ich saß mit knurrendem Magen und wartete ...

Köche, die sicher sein wollten, hängten Bilder von mir in ihre Küche. Einer, in Flensburg, setzte demjenigen, der mich bemerkte und meldete, eine Belohnung von zwanzig Mark aus. Traurig für seine Servicekräfte, dass ich sein Lokal nie betrat.

So sehr mir manche französische Restaurantkritik imponiert hat, so wenig die Angewohnheit von „Kritikern" auch dort, sich mindestens durch unberechneten Wein verwöhnen zu lassen oder gar überhaupt Gratiskost zu erwarten. Die Folgen erlebte ich, als ich bekannt genug war: Gerade die berühmtesten Lokale scheinen um ihren großen Ruf zu bangen und laden Journalisten gern ein. Eines Tages hatte ich bei Drei-Sterne-„Lameloise" in Burgund gegessen und übernachtet. Als ich am nächsten Morgen nach Bezahlen der Rechnung meinen Koffer im Wagen auf dem Parkplatz verstaute, kam der Juniorchef hinter mir her und fragte: „Sind Sie der deutsche Journalist?" – „Ja. Warum?" – „Warum haben Sie das nicht gestern gesagt? Ich hätte Sie eingeladen." – „Danke, aber gerade das wollte ich vermeiden."

Ähnlich hat mich vor vielen Jahren der Chef der berühmten „Traube Tonbach" in Baiersbronn verwöhnen wollen. Dort bekam ich mit meiner Frau anstelle des bestellten Doppelzimmers das Fürstenzimmer, eingerichtet wie für den Schah von Persien: Riesenraum, Ess-Empore, Superbad mit runder Wanne, in die mindestens sechs Leute gepasst hätten, mehrere Duschen und WCs. Mein Protest wurde damit beantwortet, es gebe leider kein anderes freies Zimmer, und man werde mir nur den normalen Preis eines Doppelzimmers berechnen. Das wollte ich auch nicht. Am nächsten Morgen stand nur ein winziger Betrag auf der Rechnung. Alle Zuständigen waren verschwunden und unerreichbar. Also schrieb ich keine Zeile über den Besuch und das Essen, obwohl es fast durchweg hervorragend gewesen war.

Im gleichen Jahr sah ich, dass auch die Chefs berühmter britischer Landhotels dachten, Einladungen an „Travel Writers / Food Critics" seien der beste Werbeweg. Ich lehnte ab. Mit „essen & trinken" war ich einig, dass wir Testreisen selbst zu finanzieren hätten. Bald danach las ich in diversen Gazetten enthusiastische Artikel über „The Lygon Arms" und „The Chewton Glen", auch von sehr respektablen Kollegen.

Da sind wir bei den Kosten. Seriöse Restaurantkritik kann nicht billig sein. Die Redaktionen, die solche veröffentlichen, tragen eine beachtliche Verantwortung. Von dem, was sie veröffentlichen, kann die wirtschaftliche Entwicklung eines Restaurants abhängen. Diese möglicherweise große finanzielle Konsequenz darf nur in Kauf nehmen, wer der Beurteilung eine seriöse, ausreichend umfangreiche Grundlage gibt. Das kostet nicht wenig. Zur Wertung eines Lokals genügt nicht, ein einziges Menü oder gar nur Gericht zu probieren. Die Veröffentlichung darf sich auch nicht auf weit zurückliegende Erlebnisse stützen – der Koch könnte gewechselt oder sich verbessert haben. Und auch Köche haben ein Recht auf gelegentliche Fehlleistung, ohne gleich in Grund und Boden verdammt zu werden.

Sagen wir vielleicht lieber: Küchen. Eines Tages aßen wir mit Freunden bei „Pic", damals einem Drei-Sterne-Lokal in Valence an der Rhône. Drei von uns begeisterte besonders ein Fischgericht (*Rotbarbe*). Während wir uns enthusiastisch darüber äußerten, fiel mir auf, dass Anna kein Wort sagte. Auf meine Frage schob sie mir ihren *Rouget* hin. Ich kostete und war entsetzt: fischig, und zwar sehr! Vielleicht hätte das jemand in der Küche am Geruch merken müssen; schließlich konnten sie aber doch nicht alles anbeißen … Wir ließen den Teller zurückgehen und bekamen dann in der Tat einen „frischen" angeboten.

In einem Lokal mit mittelgroßer Speisekarte sollte der Kritiker mindestens sechs bis acht Gerichte gekostet haben, bei kleineren Karten jedenfalls die klare Mehrzahl der angebotenen Gerichte. Das bedeutet in der Regel mehrmaligen Besuch, möglichst zu mehreren Personen, die untereinander von ihren Tellern probieren. Je nach Klasse des Restaurants kann der Kostenaufwand zwischen einigen hundert und mehr als tausend Euro schwanken. Wer meint, diese Kosten sparen zu können, sollte die Öffentlichkeit nicht mittels Pseudokritik zu Ramschpreisen irreführen. Das Rekordlokal in dieser Beziehung wurde für mich, also für „essen & trinken", gegen Ende der achtziger Jahre das „Gala" in Aachen. Während ich es „testete", änderte es seinen Stil, hin zur (angeblich) „Neuen Deutschen Küche". Ich fing sozusagen von neuem an, dort zu kosten. Mir Gefallendes wechselte mit weniger Geglücktem, so dass ich mich zu immer neuem Probieren gezwungen fühlte. Schließlich hatte ich fast fünfzig der Zubereitungen versucht – wohl eine solide Grundlage für mein Fazit, dass dieses Lokal die zwei Sterne, die ihm der „Michelin" zubilligte, nicht verdiente.

Um diese Zeit bat mich der Justiziar des Schriftstellerverbandes um ein Gutachten in einem Prozess zwischen einem badischen Verlag und einem Journalisten, dem für eine Restaurantkritik, Honorar und Spesen zusammen, sage und schreibe fünfzig Mark gezahlt worden waren. Dem Richter aber lag gar nicht an einer Klärung, ob das seriös sei, sondern er erwirkte einen Vergleich.

Natürlich waren weitaus die meisten meiner Restaurantbesprechungen bei weitem nicht so teuer wie im Fall „Gala". Im 30. Jahr nach unserem Start als Pioniere der Restaurantkritik kann ich feststellen, dass längst auch große überregionale Zeitungen Restaurantkritiker in mehr oder minder teure und bedeutende Lokale schicken und damit zeigen, dass unvermindert starkes Leser-Interesse daran besteht. Abgesehen davon, dass Wolfram Siebeck, ebenfalls Kritiker der ersten Stunde, weiterhin unbeirrt am Werk ist.

Traditions – et Alkohol …

Seit Jahrzehnten ist gesetzlich festgelegt, dass man mit Alkohol im Blut nicht Auto fahren soll, nicht nur in Deutschland. Darf es Ausnahmen davon geben? Natürlich nicht, schon wegen der Gleichheit vor dem Gesetz. Aber … andere Länder, und seien sie noch so nah, andere Sitten. In Frankreich erlebten Jürgen Schmidt und ich eine spektakuläre Ausnahme.

Mitte der siebziger Jahre waren wir Gäste einer bemerkenswerten Veranstaltung. Französische Spitzenköche, organisiert in der Vereinigung „Traditions et Qualité", veranstalteten (und veranstalten noch) jedes Jahr im Anschluss an ihre Generalversammlung in Paris ein Galadiner. Es findet jeweils im Restaurant eines Mitglieds statt. Da so gut wie alle Lokale mit drei „Michelin"-Sternen dazugehören, dazu einige mit zwei Sternen und einige wenige mit einem, versprechen solche Diners natürlich stets besondere Genüsse. Das erste, an dem ich teilnahm, war in denkbar historischem Raum, was Genuss anbelangt, nämlich im „Maxim's". Das hatte damals noch drei Sterne, den in der Operette verankerten Ruf der Leichtlebigkeit in feinem Gewand und war also Mitglied von T & Q.

Diese Galas verliefen stets nach dem gleichen Muster. Damen in verhältnismäßig großer Garderobe, Herren im Smoking. Aber da die meisten Teilnehmer ja Köche und Wirte waren, erschienen manche in ihrer Berufskleidung. Zur Veranstaltung wurden auch immer einige „Freunde" eingeladen. Das waren zum einen Leute, die oft in den Mitgliedsrestaurants gegessen hatten. T & Q verteilte an seine Gäste eine Art Pass, in dem sämtliche Mitgliedslokale abgebildet und kurz beschrieben waren. Dort bekamen Besucher den Stempel des Hauses. Wer im Lauf des Jahres die meisten Stempel ergessen hatte, erhielt eine Einladung zum Jahresdiner. Dazu kam ein Kreis von Lieferanten – Champagner-Chefs, Winzer, Gänseleberhersteller wie der berühmte ROUGIÉ und andere. Schließlich ein paar Journalisten, die über Gastronomie schrieben, besonders natürlich über diese Lokale. Ich hatte mich sehr zeitig, nach gottlob positiven Restauranttests, mit den HAEBERLINS von der „Auberge de l' Ill" angefreundet, und JEAN-PIERRE HAEBERLIN war der Präsident von T & Q, das ich damals noch nicht kannte. Ich hatte auch sehr frühzeitig das Pariser „Taillevent" als sehr gut empfunden und entsprechend besprochen. Zwischen seinem Chef JEAN-CLAUDE VRINAT und mir hatte sich auch noch eine Cognac-Beziehung entwickelt. Da ich seine Auswahl im Lokal verbesserungsbedürftig fand, schenkte ich ihm eine Flasche meines damaligen Lieblings, den Spitzencognac aus dem Hause Marcel Ragnaud. VRINAT revanchierte sich, indem er in den Keller stieg und nach einiger Suche eine ehrwürdige Flasche aus den Vorräten seines Vaters für mich zu Tage förderte, mit fast so gutem Inhalt. Der Produzent schien verschollen zu sein. Ich machte mir später das Vergnügen, diesen, eher seinen Sohn, aufzustöbern und wieder mit dem „Taillevent" in Kontakt zu bringen, bin aber nicht sicher, ob es genützt hat, denn da hatte der Abschwung der französischen Cognac-Leidenschaft eingesetzt.

VRINAT war Generalsekretär von T & Q. Zwei so hochmögenden Gönnern verdankte ich die regelmäßige Einladung zum Jahresdiner. Freilich machte ich JEAN-PIERRE HAEBERLIN nach wenigen Jahren klar, dass ich sie nicht mehr annehmen könne. Ich war schließlich Restaurantkritiker, und bei fast der Hälfte der französischen Drei-Sterne-Lokale hatte ich in „essen & trinken" so viele Sterne als übertrieben gewertet oder war im Begriff, es zu tun. Ich wusste, dass die Kosten für die Einladungen zum Galadiner auf alle Mitglieder umgelegt wurden, und wollte nicht von Lokalen eingeladen werden, die ich verriss.

So weit waren wir natürlich noch nicht, als Jürgen Schmidt und ich ein Jahr, nachdem wir im „Maxim's" gefeiert hatten, zur nächsten solchen Veranstaltung auftauchten, diesmal im „Coq Hardi" mit herrlicher Terrasse in Bougival an der Seine, etwa 20 km südlich von Paris.

Die Galas verliefen immer nach dem gleichen Muster, sagte ich. Den Anfang machte natürlich der Aperitif, nichts anderes als Champagner. Kleine Naschereien wurden dazu gereicht, oft merkwürdig knapp bemessen und keine ausreichende Grundlage für VIEL Champagner. An dem mangelte es ganz und gar nicht. Mit großen Flaschen herumwandernde Kellner gossen immer wieder bereitwillig nach.

Im „Coq Hardi" warteten wir lange, dass alle erschienen; es waren ja fast zwanzig Kilometer von Paris, wenn auch auf einer Hauptstraße. Hier und bei späteren solchen Empfängen fehlten, um pünktlich anfangen zu können, die wirklichen Ehrengäste – meist der Landwirtschaftsminister und der Präfekt. Natürlich konnten wir unmöglich ohne sie zu Tisch gehen. Also standen die etwa hundert schon Versammelten in den Gängen und Vorräumen und in dem wunderschön beleuchteten Terrassengarten herum, schwatzten – und tranken Champagner. Knabberten auch weiter *Bouchées*, aber die waren eben nicht sehr reichlich zugeteilt, wohl weil man ja nicht schon satt zum Essen gehen sollte.

Der höchste Gast ließ immer auf sich warten, vielleicht nur, um seine Bedeutung augenfällig zu machen, vielleicht auch, weil ihn wirklich noch späte Amtsgeschäfte in der Hauptstadt zurückhielten. Jedenfalls habe ich kein derartiges Diner erlebt, das einigermaßen pünktlich begonnen hätte. Als es schließlich doch so weit war, strömten wir schon reichlich animiert an unsere Plätze.

Das Vorgericht wurde meist recht schnell aufgetragen. Auf den Tischen standen hochwillkommene Flaschen mit Mineralwasser, aber es begann auch gleich der Wein-Service. Nun kam Gutes aus Burgund (meistens), musste gekostet und genossen werden, sollte ja auch die Vorgerichte gebührend begleiten. Mit anderen Worten: auch diese Gläser leerten sich schnell. Überflüssig zu sagen, dass es sich nicht um die leichtesten Weine handelte. Immerhin ließ sich beobachten, dass beim folgenden Fischgang etwas zögernder eingeschenkt (und nachverlangt) wurde. Dann kam mit dem Fleisch oder Geflügel der Wechsel zum Rotwein, selbstverständlich einem höchst gehaltvollen. Der Käsegang bedingte einen weiteren Wechsel, zu einem möglichst noch kräftigeren Roten. Die Gastgeber hätten sich geschämt, wenn nicht nach dem Dessert zum Kaffee Cognac und Liköre angeboten worden wären.

Als wir das hinter uns hatten (einige Reden zwischen den Gängen nicht zu vergessen), stob nicht alles sofort auseinander. Es gab eine neue Champagner-Runde. Nun wurden Plätze gewechselt, Bekanntschaften erneuert, Branchen-Schnack ausgetauscht, dann stand man immer noch eine Weile herum, das Glas in der Hand.

Erst dann verabschiedeten wir uns. Auch Jürgen Schmidt und ich wanderten zum großen Parkplatz des Hauses, gemeinsam mit nicht wenigen, die ohne Chauffeur gekommen waren, setzten uns ins Auto (Jürgens), und reihten uns in eine beachtliche Schlange ein. Es war ganz ausgeschlossen, dass viele autosteuernde Teilnehmer des Diners im Sinne der Straßenverkehrsordnung fahrtauglich gewesen wären.

So sahen wir mit Schrecken am Rand des Parkplatzes viele Polizisten. Doch die hielten keine Blasröhrchen und Strafmandate bereit. In Gala-Uniformen mit weißen Leuchtstäben stoppten sie für uns zuvorkommend den anderen Verkehr und schleusten uns auf die Straße nach Paris. Spitzenköche und ihre Gala-Gäste waren eben in Frankreich Respektspersonen.

Glück und Krach in Bremen

Bremen ist die Stadt, die für mein Leben die größte Bedeutung gewann. Hier lernte ich ANNA DÜNNEBIER kennen, mit der ich mehr als dreißig Jahre später immer noch verheiratet bin. Seither weiß ich, was eine glückliche Ehe ist.

Hier lernte ich JÜRGEN SCHMIDT kennen, damals Juniorchef des Feinkosthauses Grashoff, heute der Senior, der mein Freund geworden ist und dem ich wichtige Starthilfe bei meinen Expeditionen in die Welt der Gastronomie verdanke. Er hat meine Weinkenntnisse gewaltig erweitert, besonders, was Bordeaux anbelangt, und viel Geduld und Resonanz für meine Cognac-Vorliebe gezeigt. Vielleicht hat er meinetwegen ein so fabelhaftes Cognac-Sortiment aufgebaut. Nicht nur als ausgezeichneter Fotograf war er mein Partner bei den Büchern „Cognac" und „Champagner", die uns beide monatelang in die Charente und in die Champagne führten und denen wir großartige Erinnerungen an die Arbeit in diesem lebenslustigen Milieu verdanken.

In Bremen habe ich den einzigen Kirchenmann kennengelernt, der geschafft haben könnte, mich in die Kirche zurückzubringen: den evangelischen Dom-Prediger GÜNTER ABRAMZIK, einen hochgebildeten, lebenslustigen, warmherzigen und witzigen Mann. Ich hatte mir gewünscht, eines Tages von ihm beerdigt zu werden. Leider ist er lange vor mir gestorben.

In Bremen habe ich durch meine Tätigkeit bei Radio Bremen hochinteressante, unverzichtbare Einblicke in die Stärken und Schwächen des

„Pacz" und Anna

„öffentlich-rechtlichen" Rundfunks tun können, die fraglos untrennbar die Stärken und Schwächen seiner Chefs, Angestellten und Mitarbeiter sind. Sie machten mir klar, dass nur die Konkurrenz durch privaten Rundfunk, besonders natürlich Fernsehen, ARD und ZDF aus ihrer beschaulichen, den politischen Parteien immer hörigeren und die Zuschauer immer mehr verachtenden Routine aufrütteln könnte. So klar der Gedanke schien, so sehr habe ich mich in vieler Hinsicht getäuscht. Mir schwebte das englische Beispiel vor, wo die Konkurrenz der privaten ITV nach kurzer Zeit der BBC dazu verhalf, sich ebenfalls aus steriler Routine zu befreien und wieder eine großartige Anstalt zu werden. Freilich hatten ihre Chefs größeres Format als die meisten der ARD.

In Deutschland siegte, wohl nicht ohne Zutun der Regierenden, das amerikanische Modell des schranken- und rücksichtslosen Quotenwettbewerbs, der die ARD und das ZDF in seinem Sog weiter herunterzog – manche noch bestehende Stärken durchaus nicht zu vergessen – und das „öffentlich-rechtliche" System zu oft seinen Auftrag vernachlässigen ließ, als sei es selbst privat. Ich denke, das liegt an der von vornherein fehlerhaften, um nicht zu sagen schädlichen Konstruktion, mit der die Gründer unter dem Schirm der Besatzungsmächte demokratische Kontrolle einzurichten meinten oder vorgaben. Sie unterminierten von Anfang an die gesetzlich verankerte und durch Hörergebühren untermauerte Unabhängigkeit des „öffentlich-rechtlichen" Systems dadurch, dass sie Parteienvertreter in die Aufsichtsgremien hineinließen. Die pfiffen auf die Unabhängigkeit der Sender ebenso, wie es ein privater Besitzer auch nicht schlimmer könnte, und haben das System auf Dauer immer schwerer geschädigt. Beschädigt!

Abermals bei Radio Bremen anzufangen, ging auf meine eigene Initiative zurück und hatte den höchst persönlichen Grund: Anna. Unserer ersten Begegnung im Sender im Jahre 1969 waren weitere gefolgt, und nun wollte ich dorthin, wo sie lebte. Die Chance bot sich schnell. RB-Intendant Hans Abich war zum Programmdirektor des Deutschen Fernsehens berufen worden. Ulrich Schiller, mein Nachfolger als Hörfunkchefredakteur seit 1970, hatte sich offenbar getäuscht, als er dachte, er werde sich dort wohlfühlen, und strebte wieder auf einen Korrespondentenposten im Ausland.

Die in Bremen Zuständigen wünschten sich als Nachfolger Abichs Klaus Bölling, der inzwischen erfolgreich als ARD-Fernsehkorrespondent in Washington arbeitete und sehr an Statur gewonnen hatte. Zu dieser Zeit näherte sich meine Tätigkeit im Bundespresseamt dem Ende. Nach dem Wahlsieg der zweiten Koalition Willy Brandts mit der FDP war Rüdiger von Wechmar neuer Chef des BPA geworden, als Nachfolger von Conrad Ahlers, dessen Stellvertreter er bis dahin gewesen und der in den Bundestag gewählt worden war. Er bot mir die Leitung der innenpolitischen Abteilung an. So verlockend das schien – ich wollte doch lieber in den Journalismus zurück.

Bölling und ich hatten uns während meines ersten Bremer Jahres 1969 mehrfach beruflich gesehen und angefreundet; er war damals Radio-Chefredakteur beim NDR in Hamburg. So schrieb ich ihm nun ehrlich, dass ich Interesse hätte, in Bremen wieder der Nachfolger meines Nachfolgers ULRICH SCHILLER zu werden, und fand bei ihm ein offenes Ohr. Das erwies sich aber als durchaus mühsam, obwohl BÖLLING mir diese Rückkehr alsbald ermöglichte, und damit meinen Umzug nach Bremen im Spätsommer 1973.

Bei Radio Bremen saßen ja noch einige Redakteure und Reporter, über deren mangelnde Qualifikation ich vier Jahre vorher sehr verblüfft gewesen war. Sie hatten meine Korrekturen und Zurechtweisungen nicht vergessen und gedachten mir nun via Redakteurs-Ausschuss und Personalrat zu zeigen, was eine Harke sei. Ihr Pech war, dass sie für die nächsten Auseinandersetzungen mit dem neuen Chefredakteur nicht besser qualifiziert waren als damals, aber die Atmosphäre im Sender zu vergiften gelang ihnen oft. Was an journalistischer Leistung mangelte, ersetzten sie durch weitgespannte Mitbestimmungsforderungen, die darauf zielten, „Hierarchen" wie Chefredakteur oder Abteilungsleiter zu entmachten. Dass ihre gesicherte Stellung im öffentlich-rechtlichen Rundfunk durch Leistung zu honorieren sei, ohne die ja auch Mitbestimmung nicht verantwortbar wäre, kam ihnen nicht in den Sinn. BÖLLING sprach schon wenige Monate nach seiner Amtsübernahme vom Versuch, bei Radio Bremen eine Räteverfassung einzuführen, was er nicht mitmachen werde.

So weit waren die meist sehr jungen Redakteure und Mitarbeiter des Senders, die ich 1969 kennengelernt hatte, noch nicht gegangen. Aber „linkes" Engagement schien ihnen schon damals weit wichtiger zu sein als journalistische Kompetenz und Korrektheit. Wie etwa dem Verfasser einer „Nachricht", die eines Morgens nicht wenige RB-Hörer erstaunte: Jemand sei in den Ostblock gereist, „um sich über die Fortschritte des Sozialismus zu informieren."

Einer der besonneneren und gebildeteren Redakteure legte mir gleich in den ersten Tagen meiner Tätigkeit einen Stapel angeblich sendefertiger Manuskripte auf den Tisch mit der unmissverständlichen Aufforderung, sie unbedingt rechtzeitig zu lesen. Ich tat es und staunte über ihre Dürftigkeit und die Unkenntnis der Verfasser ihres jeweiligen Themas. Also ließ ich einige überhaupt nicht, andere nur nach gründlicher Überarbeitung zur Sendung zu – der Krach mit der angeblichen „Basis“ war da und währte meine gesamte, wenn auch kurze Amtszeit hindurch.

Schwer wog auch der Krach, den ich mit einer Serie über die NATO entfesselte. Da die ARD, besonders aber Radio Bremen, ziemlich viele kritische oder ganz negative Sendungen über die NATO und die Bundeswehr ausstrahlte, schien mir geboten, einen gewissen Ausgleich herzustellen. Eine Serie kurzer Gespräche sollte den Standpunkt derjenigen deutlich machen, die für die Verteidigung zuständig waren. Als regelmäßig zu befragende Person wählte ich den GRAFEN KIELMANNSEGG, den vormaligen NATO-Oberbefehlshaber für Mitteleuropa, der nun im Ruhestand lebte. Ich dachte das als eine lange Serie von Viertelstunden-Sendungen. Da ich selbst ja nur kurze Zeit bei Radio Bremen zu sein gedachte, holte ich natürlich die Zustimmung des Programmdirektors ein.

Die Serie geriet schnell unter Beschuss. Auf der Jahres-Programm-Konferenz wandten sich Redakteure, darunter auch zwei Hauptabteilungsleiter aus ganz anderen Programmsparten, gegen eine „affirmative“ Sendereihe zu NATO-Fragen. Intendant und Programmdirektor waren auf meiner Seite. Doch bald danach wurden sie mürbe gemacht, nun auch noch durch die längst widerlegten östlichen Behauptungen, JOHANN ADOLF GRAF KIELMANNSEGG sei an Kriegsverbrechen beteiligt gewesen. Obwohl abermalige Recherchen aufs Neue die Haltlosigkeit dieser Gerüchte ergaben, starb die Serie mit meinem Fortgang.

Den ersten großen Krach meiner 1973 begonnenen zweiten Radio-Bremen-Zeit löste ich aus, als ich eine völlig ungenügend recherchierte, hanebüchen dürftige und einseitige Sendung über Streiks und Gewerkschaften bei Klöckner nicht nur absetzte, sondern das Manuskript in einer eigens vom Programmdirektor einberufenen Versammlung Seite für Seite durchging, um seine Mängel zu erläutern. Das wollten seine Verteidiger und besonders der Autor (dem es später gelang, Auslandskorrespondent zu werden) natürlich nicht gern hören. Diese Gruppe war zwar keineswegs die Mehrheit der Radio Bremen-Redakteure und -Mitarbeiter, unter denen es nicht wenige qualifizierte gab, aber sie war immer von neuem bereit, Kräche mit mir heraufzubeschwören und über den Redakteursausschuss und den Personalrat möglichst öffentlich zu machen. Ich entzog mich dem keineswegs und galt schnell als autoritärer antigewerkschaftlicher Tyrann.

Die Amtszeit KLAUS BÖLLINGS ging bald zu Ende, da ihn der neue Bundeskanzler HELMUT SCHMIDT als seinen Pressesprecher nach Bonn berief. Nachfolger wurde der gleiche GERHARD SCHRÖDER, der rund zehn Jahre zuvor als NDR-Intendant kampflos hingenommen hatte, dass mich die CDU-Fraktion im Verwaltungsrat aus dem Sender, hauptsächlich aus PANORAMA, verdrängte. Zu nicht nur meiner Verblüffung gestaltete sich unser Verhältnis bei Radio Bremen aber zunächst ganz freundlich. Dazu trug wohl bei, dass wir uns beide in der Verachtung mancher arg provinzieller Züge des Senders einig waren, ob sie nun am redaktionellen oder am Verwaltungspersonal lagen.

SCHRÖDER betrieb jedoch eine gewaltige, teure Aufblähung des Intendanz-Apparates, die für den winzigen Sender mit seinem kleinen Programmanteil und seinem Defizit, das nur der Lastenausgleich zwischen den ARD-Sendern deckte, ganz überflüssig war und eine gewaltige finanzielle Belastung darstellte. Wo unter seinem Vorgänger ABICH ein Referent und zwei Sekretärinnen genügt hatten, sollten nun mindestens ein Hauptabteilungsleiter und zwei Abteilungsleiter her. Dafür brauchte er Rückendeckung und Freundschaften, nicht nur im Rundfunk- und Verwaltungsrat, sondern auch im Personalrat. Dessen Vorsitzender wurde Dauergast beim Intendanten, der stets großzügig mit Getränk aufwartete; sie duzten sich bald. Als im Rundfunkrat der CDU-Abgeordnete BERND NEUMANN sich erkundigte, ob die Aufblähung wirklich notwendig sei, antwortete als erster der Personalratsvorsitzende: Das sei schon alles in Ordnung.

Es dauerte nicht lange, bis dann auch wieder die ersten Wolken zwischen oder über SCHRÖDER und mir aufzogen. Inzwischen war ich nun auch Chefredakteur des RB-Fernsehens. Das noch von BÖLLING installierte Führungstrio für das Programm bestand aus Programmdirektor DIETER ERTEL, Feature[6]-Chef ELMAR HÜGLER (die beiden hatten ihren Namen beim Süddeutschen Rundfunk in Stuttgart gemacht, aber nicht sehr die „Gnade" des Intendanten BAUSCH genossen) und mir. Es funktionierte zunächst reibungslos. Mein Verhältnis zu HÜGLER blieb bis zum Schluss glänzend. Das zu ERTEL verlief in Auf- und Abwärtskurven. Mein Aussteigen aus „III nach 9", das hauptsächlich mit meiner Unzufriedenheit mit der Redaktion und ihrer Planung zu tun hatte, sorgte für Spannungen. Es dauerte eine ganze Weile, bis wir zu unserem guten früheren Einvernehmen zurückfanden. Doch ergab sich bald eine neue Reibungsfläche, eher eine dreieckige unter Beteiligung des Intendanten. SCHRÖDER nahm in „Direktorenkonferenzen" (da saß auch ich, aber der Personalrat ebenfalls) oft besonders kritisch und ironisch zum Fernsehprogramm und -betrieb Stellung. Gegen seine Bemerkungen ließ sich meistens leicht argumentieren, aber ERTEL setzte sich nur selten und schwach zur Wehr. Also übernahm ich, schließlich ziemlich automatisch, den Part des Gegensprechers, des Verteidigers von Programmen und Personen. Wenn ich mit ERTEL allein in seinem Büro saß, machte ich ihm oft Vorwürfe deswegen, was ihn wenig erheiterte.

1975 war das Deutsche Fernsehen wieder einmal Zielscheibe berechtigter Presseangriffe. Sie konzentrierten sich, wohl auch mit gutem Grund, auf ein angeblich schlechtes Sommerprogramm. Aber in diesem Zusammenhang wurden wieder wichtige Strukturfehler der ARD sichtbar. Ganz fraglos sorgte die „Intendanten-Verfassung" unter Kontrolle der führenden politischen Parteien, obwohl doch „Staatsferne" proklamiert war, dafür, dass die Institution im-

6 Dokumentationsprogramme

mer schlechter mit sich selbst zurechtkam, das Programm litt, politisches Proporzdenken die Personalpolitik bestimmte und finanzielle Fehlwirtschaft im Zusammenhang mit falschen Programmentscheidungen die ARD immer schwächer und wackeliger machte.

„In der freien Wirtschaft wären die Verantwortlichen längst gefeuert" – das dachten viele, auch innerhalb der Fernsehanstalten. Gesagt habe ich es in einem Interview mit dem „Stern". Ich fügte hinzu, dass nach meiner Meinung nur Konkurrenz „die Fernseh-Fürsten noch auf Trab bringen" könne, und plädierte – weder zum ersten noch zum letzten Mal – für Konkurrenz. Den Ausdruck „Privatfernsehen" benutzte ich gar nicht, sondern meinte nur: „Es muss endlich erlaubt sein, über andere Rundfunkformen nachzudenken. Die ARD ist doch kein Orden." Die Argumente gegen zusätzliche Rundfunksysteme seien „maßlos überzogen. Sie sind typisch für die Bemühungen der Zuständigen aller Art, ihre machtvolle Rolle im gegenwärtigen Rundfunksystem zu retten".

In der Korrespondenz der „Freischaffenden" des Deutschen Fernsehens, die Heinz Kuntze-Just herausgab, las man anschließend: „Hinter vorgehaltener Hand findet Gert v. Paczensky in allen Rundfunkanstalten Zustimmung." Aber das äußerte sich nicht sehr konkret. Kurz nach Erscheinen des Interviews versammelten sich Intendanten, Programmdirektoren und Chefredakteure der ARD in Köln. Dort meldete sich, als der ARD-Vorsitzende Bausch mich abzukanzeln suchte, außer mir in der Tat nur ein einziger widersprechend zu Wort: Peter Merseburger.

Zu bemerkenswerter Höhe der wütenden Verdrehung steigerte sich der Ex-Nazi Friedrich Wilhelm Hymmen, den ich schon in „Der Siebenjährige Krieg" zitiert habe. Nunmehr focht er als Chefredakteur des evangelischen Pressedienstes „Kirche und Rundfunk" mit so grotesker Unkenntnis der Sachlage, dass man sich fragen musste, wie die Kirche ihm, auch ganz abgesehen von seiner Vergangenheit bei den Nazis, einen angeblichen „Fachdienst" anvertrauen konnte. Hier Hymmen fernsehprophetisch in „Kirche und Rundfunk" Nr. 65 vom 13. September 1975: „Die ARD-Kenner wissen, dass es holde Naivität ist, an die Durchsetzbarkeit und Finanzierbarkeit eines Privatfernsehens zu glauben. Schon die technischen Schwierigkeiten (Verbindung der wenigen verkabelten Siedlungs-„Inseln") ist (!) ein fatales Problem. Lösungsvorschläge, die realisierbar wären, hat noch niemand gewagt ..." Und: „In der ‚Stern'-Redaktion scheint man nicht zu wissen oder nicht zu beachten, dass ... das Haus Bertelsmann ... längst in aller Deutlichkeit geäußert (hat), ein Privatfernsehen sei zumindest finanziell schlechthin illusionär".

„Paczensky entwertet seine Vorwürfe gegen die Intendanten durch Kenntnis-Armut", hatte die wackere evangelische Nachtigall über ihren Artikel geschrieben. Haupt-Überschrift: „Ein Dilettant aus Bremen macht sich wichtig".

Bald danach wurden die Einzelheiten eines Entwurfes für ein neues Rundfunkgesetz bekannt, den die SPD vorbereitet hatte und der so sehr die Handschrift der „linken Basis" im Sender trug (die bei weitem nicht die Mehrheit der Journalisten repräsentierte), dass ich in einem Artikel in der „Zeit" Alarm schlug. Der Entwurf lief darauf hinaus, die bisher journalistisch Verantwortlichen des Senders zu entmachten, die demokratische Kontrolle durch Rundfunk- und Fernsehrat, so fragwürdig sie schon bisher war, zu unterlaufen und vorherrschenden Einfluss von Redakteursausschuss und Personalrat zu verankern. Der Intendant sollte durch ein Fünfer-"Kollegium" abgelöst werden. Der Verwaltungsrat sollte so zusammengesetzt werden, dass keine Programm- und Organisationsentscheidungen gegen den Personalrat und den Redakteursausschuss durchsetzbar sein würden, auch nicht durch die Leitung des Hauses. Rezept: die zu Kontrollierenden konnten sich dann selbst kontrollieren. Bürgermeister Koschnick erklärte immerhin rechtzeitig, es solle doch für alle selbstverständlich sein, dass eine Rundfunkanstalt nicht als Selbstverwaltungsangelegenheit der Beschäftigten, sondern in öffentlichem Auftrag und unter öffentlicher Kontrolle zu arbeiten habe.

Mein Artikel löste große Debatten aus. Meine Argumentation hatte ich einen Monat davor der Leitung des Hauses zugänglich gemacht. Bei den Anhörungen der Bürgerschaft nahmen ARD-Vertreter wie der damalige WDR-Intendant FRIEDRICH V. SELL gegen den Entwurf Stellung. Manches wurde verändert, das Ganze eine Zeit lang verschoben, aber am Fünferkollegium wurde festgehalten. Nach kurzer Zeit zeigte sich, dass der bisher schon recht mäßig geleitete Sender nun immer mehr fehlgeleitet wurde. Dem Abstieg des Programmes entsprach eine immer kritischere Finanzlage. Das „Direktorium", einschließlich SCHRÖDER, war unfähig, sie zu meistern, und vom Programm verstand die Leitung des Hauses ohnehin so gut wie nichts. DIETER ERTEL, der dabei einzige Erwähnenswerte, gehörte ihr nicht mehr an, sondern war als Nachfolger von GÜNTER ROHRBACH zum WDR abgewandert als Leiter des riesigen Programmbereiches Fernsehspiel und Unterhaltung.

Der Entrüstungssturm, den mein Artikel in Bremen, besonders in der „Basis" des Senders, in der RFFU und im Personalrat entfesselte, ließ mich kalt. Die RFFU tat ihr Möglichstes, mich zu verunglimpfen und meinen Protest gegen die angeblichen „Reformen" als Kampf für meine eigenen Macht-Interessen hinzustellen. Aber ich hatte ja schon ein Jahr vorher mit SCHRÖDER vereinbart, dass ich 1980 die Chefredaktion aufgeben und nach Bonn umsiedeln würde, um nur noch als „Feature"-Produzent für das Fernsehen zu arbeiten, und das nur einen Teil des Jahres. Die Abmachung kannten natürlich auch der Personalrat und die RFFU, als sie von meinen Machtgelüsten schwafelten. Sie sagten ja auch in anderer Beziehung über mich wissentlich viel Unwahres.

Diese Abmachung wurde nicht mehr Wirklichkeit dank einer neuen großen Kontroverse ein Jahr später. Für DIETER ERTEL musste ja ein Nachfolger gefunden werden, der dann einen Platz im Fünfer-Kollegium einnehmen würde. Die Vorgänger SCHRÖDERS hatten stets großen Wert darauf gelegt, Spitzenpositionen mit Leuten zu besetzen, die sich schon einen Namen gemacht hatten, um dadurch zum Prestige Radio Bremens beizutragen. Als am 17. November 1979 in der „Frankfurter Allgemeinen

Zeitung" die Anzeige stand, mit der zu Bewerbungen für die Ertel-Nachfolge aufgefordert wurde, schien sie dieser Linie zu folgen. „Gründliche und umfassende Kenntnisse des gesamten Rundfunkbetriebes werden ebenso vorausgesetzt wie eine herausragende Eignung, den Geschäftsbereich Fernsehen programmlich und administrativ zu leiten." Seltsam war die sehr kurze Frist für Bewerber: knappe zwei Wochen.

Mir schien klar zu sein, dass der Sender an der Spitze seines Fernsehens wieder jemand haben müsste, der in der Branche mindestens einen ebenso guten Ruf genoss wie Ertel. Einen Top-Fernsehjournalisten also. Davon gab es ja nun nicht viele. Einer von ihnen war Dieter Gütt. Nach erfolgreichen Stationen als Koordinator und Amerika-Korrespondent leitete er nun ARD-Aktuell, also „Tagesschau" und „Tagesthemen". Ich fragte ihn, und er erklärte sich bereit, zu kandidieren.

Doch da hatte ich die Rechnung ohne Schröder gemacht. Der wollte keineswegs einen so profilierten, unabhängigen, selbstbewußten Journalisten. Er wollte jemanden auf den Posten hieven, der ihm ergeben sein würde. Den hatte er nicht nur ausgeguckt, sondern große Teile von Rundfunkrat und Verwaltungsrat schon in aller Heimlichkeit auf ihn eingeschworen. Es handelte sich um den vormaligen persönlichen Referenten des HR-Intendanten (und Freund Schröders) Werner Hess, Hans-Werner Conrad. Dessen journalistische Fernseh-Qualifikation bestand darin, dass er ein Jahr in der Werbegesellschaft des Hessischen Rundfunks verbracht hatte.

Es entfaltete sich eine Farce sondergleichen, kein Ruhmesblatt für das öffentlich-rechtliche System, eher eine Ohrfeige für seine Verteidiger.

Eines Tages hatte Schröder begonnen, einigen Bremern von den wünschenswerten Eigenschaften des nächsten Programmdirektors vorzuschwärmen. Man brauche keineswegs einen Programm-Macher – wichtiger sei ein Direktor, der mit dem „Apparat" umgehen könne. Dann könne ja auch „das Programm" gut arbeiten. Und einen solchen kenne er. Als nächsten Schritt führte er Conrad in privaten Zusammenkünften Mitgliedern des Rundfunkrates vor. Darauf beschloss der Rundfunkrat die öffentliche Ausschreibung. Die Anzeige mit der kurzen Frist erschien.

Acht Bewerbungen gingen ein, darunter die von den Ausschreibern erwartete von CONRAD. Aber auch eine, fürwahr herausragende, die in der ARD sofort Aufsehen erregte, in der Intendanz Radio Bremens aber eher Bestürzung hervorrief. DIETER GÜTT bewarb sich, der Chef der größten Fernsehnachrichten-Organisation des Kontinents. Er verfügte über drei Jahrzehnte Berufserfahrung. Er war im WDR mehrere Jahre lang zuständig für einen Programmbereich, der etwa viermal so groß war wie das gesamte Bremer Fernsehprogramm. Dann war GÜTT sechs Jahre lang ARD-Koordinator für Politik, Kultur und Wirtschaft, beachteter Kommentator, später in New York Produzent brillanter Fernsehsendungen. Ein qualifizierterer Mann war kaum vorstellbar.

So sahen es auch die Befürworter CONRADS, der nie Verantwortung für einen nennenswerten Programmbereich getragen und keine Fernsehsendungen von Relevanz vorzuweisen hatte.

Folgerichtig versuchten nun Conrads Protektoren – allen voran die Senatorin a. D. ANNEMARIE MEVISSEN, Vorsitzende des Programmbeirates Deutsches Fernsehen, und der Bremer DGB-Vorsitzende SCHMIDT, Vorsitzender des Rundfunkrates – einen Vergleich der beiden Qualifikationen zu verhindern. Sie wollten nicht, dass irgend jemand außer CONRAD zur Vorstellung aufgefordert würde, besonders nicht GÜTT, und kämpften entsprechend im Rundfunkrat. Aber andere Rundfunkräte machten diese Manipulation nicht mit und setzten in einer Kampfabstimmung ganz knapp durch, dass auch GÜTT zur persönlichen Vorstellung eingeladen, also in die Wahl einbezogen wurde.

Frau MEVISSEN hatte Erfahrung im Kampf gegen Qualität. Lange vorher hatte sie verhindert, dass GÜNTER GRASS den vom Bremer Senat gestifteten Literaturpreis erhielt. Die Senatorin für Jugend und Sport ANNEMARIE MEVISSEN fand, die „Blechtrommel" gehöre eher auf den Index jugendgefährdender Schriften als auf eine Preisträgerliste.

Das CONRAD-Lager verdoppelte seine Anstrengungen, um den lästigen Konkurrenten GÜTT auszuschalten, und führte eine beispiellose Diffamierungskampagne: GÜTT sei mitbestimmungsfeindlich, was für die Bremer Gewerkschafter im Rundfunkrat und außerhalb schon absolute Verdammung bedeutete; er sei ein Feind der Teamarbeit, autoritär, tyrannisch und werde deswegen, laut Personalratsvorsitzendem, nicht nur von seiner Redaktion abgelehnt, sondern auch von der Bremer Belegschaft. Diese Angehörigen des Bremer Senders hatte freilich um diese Zeit noch niemand gefragt. Dass eine Mehrheit der Hamburger ARD-Aktuell-Redakteure GÜTTS gebeten hatte, bei ihnen zu bleiben, wurde nicht bekannt. Ein „so unkooperativer" GÜTT, so Frau MEVISSEN, werde das Direktorium sprengen, das nach dem neuen Rundfunkgesetz Radio Bremen leiten sollte. GÜTT sei den anderen Direktoren unzumutbar.

Am 14. Dezember 1979 fanden in Bremen Anhörungen, Vorstellungen und die entscheidenden Diskussionen statt: im Personalrat und einer „Teil-Personalversammlung" des Fernsehens, im Verwaltungsrat, im Rundfunkrat. Die Personalversammlung brachte Überraschungen. Einige Teilnehmer äußerten Besorgnis vor der (bekannten) Arbeitswut und Selbstsicherheit GÜTTS. Der Verbandsvorsitzende der Rundfunkgewerkschaft (RFFU), Abteilungsleiter JÜRGEN BREEST, gab ein interessantes Signal mit der Bemerkung, dieser Mann sei doch für Radio Bremen zwei Nummern zu groß. CONRAD machte freilich in entgegengesetzter Richtung Eindruck. Die Vertreter der Beschäftigten im Verwaltungsrat prägten anschließend dort einen Schlüsselsatz: CONRAD sei zwei Nummern zu klein. Sie beantragten Vertagung der Wahl und neue Ausschreibung.

Der Verwaltungsrat weigerte sich, zu vertagen. Abstimmung! Es gab vier Stimmen für GÜTT, darunter zwei Personalvertreter, und vier für CONRAD, darunter der Personalratsvorsitzende, der eben erklärt hatte, CONRAD sei zwei Nummern zu klein. Bürgerschaftspräsident DIETER KLINK enthielt sich der Stimme. Konsternierung im Conrad-Lager.

Unter den 36 Rundfunkräten war immerhin gute Vorarbeit geleistet worden. Das neue Direktorium aus dem (nicht mehr allein verantwortlichen) Intendanten und vier Direktoren, das unter dem neuen Radio-Bremen-Gesetz die Anstalt gemeinsam leiten sollte, war zwar erst von August 1980 an vorgesehen. Aber Intendant SCHRÖDER hatte schon geschafft, dass die Bremer Gremien lange vor der Zeit seinen Vertrag verlängerten. Die vorhandenen Direktoren, die sich unter dem neuen Gesetz einer Wahl stellen mussten, fürchteten eventuelle Gegenkandidaten, aber das war alles längst ausgehandelt. An diesem Nachmittag des 14. Dezember 1979 „wählte" der Rundfunkrat tatsächlich das Direktorium – eine Wahl ohne Wahl, denn mangels Ausschreibung gab es keine Alternative, keine anderen Kandidaturen. Das Gesetz sprach aber klar von „Wahl", nicht von Berufung oder Ernennung.

Gestützt auf diesen Blankoscheck fühlten sich die Direktoren nunmehr legitimiert, dem Rundfunkrat ins Gewissen zu reden. Sie erklärten, dass GÜTT für sie nicht akzeptabel sei, und empfahlen HANS-WERNER CONRAD. Die Abstimmung brachte CONRAD18 Stimmen, GÜTT 17. Da die absolute Mehrheit erforderlich war, wurde noch einmal abgestimmt. Nun hatte CONRAD die nötigen 19 Stimmen, GÜTT 16. Der Programmauftrag einer öffentlich-rechtlichen Anstalt und ihre Verpflichtung zu Programmqualität wurden also ausgerechnet von denen mit Verachtung behandelt, die über sie wachen sollten – in diesem Fall von der knappen Mehrheit des Rundfunkrates und von der Leitung Radio Bremens selber.

In der „Zeit" machte ich auf die mittelmäßige Qualifizierung der Direktoren aufmerksam, die den Kandidaten GÜTT als unqualifiziert ausgaben, sich aber in Wirklichkeit vor ihm fürchteten, wie es auch so mancher der Redakteure und Abteilungsleiter im Fernsehbereich taten. Mein Schlusssatz:: „Einem Sender, dem seine Bequemlichkeit über alles geht und dem für seine Zuschauer nicht das Beste gerade gut genug erscheint, mag ich nicht angehören. Ich habe daher meinen Vertrag mit Radio Bremen gekündigt." Aus meinem Kündigungsbrief fünf

Tage vorher an den Intendanten: „Die Vorgänge anläßlich der Wahl des neuen Fernsehdirektors, aber auch des gesamten Direktoriums, haben deutlich gemacht, dass der Programmauftrag und die Verpflichtung zu bestmöglicher Qualität, die allein einer öffentlich-rechtlichen Rundfunkanstalt Existenzberechtigung geben, nicht mehr die Personal- und Programmpolitik Radio Bremens bestimmen. Einem solchen Sender wünsche ich nicht anzugehören. Ich kündige daher hiermit meinen Vertrag mit Wirkung zum 31. März 1980."

Die Debatte ging weiter. Der Verwaltungsrat zögerte, die Verträge mit dem neuen Direktorium zu billigen. Da ließ der Intendant die Pressestelle des Senders verbreiten, der Personalrat und die Fernsehredakteure hätten den Verwaltungsrat aufgefordert, die Verträge nun abzuschließen. Es war eine glatte Falschmeldung, da sich im Gegenteil die Mehrheit der Mitarbeiter geweigert hatte, eine entsprechende Unterschriftenaktion mitzumachen, oder in Kenntnis ihrer Ablehnung gar nicht angesprochen worden waren. Ich legte Beschwerde bei Rundfunk- und Verwaltungsrat gegen diesen offensichtlichen Verstoß gegen das Radio Bremen-Gesetz und den journalistischen Anstand ein. Beide Gremien reagierten nicht, hielten das also, obwohl sie laut Gesetz zuständig waren, für nicht tadelnswert.

Immerhin – nun bewogen SPD-Vertreter den Rundfunkrat endlich zu einer Debatte über SCHRÖDER; der Rat bescheinigte ihm, dass das Vertrauen in ihn erheblich gestört sei. Als später sein Vertrag ablief, fand sich keine Neigung mehr, ihn zu verlängern. Das Rezept, mit dem er sich auch im Fünfer-Direktorium die Vormacht erhalten wollte, war nun wirkungslos. Und eines Tages machte auch die Bürgerschaft, das Bremer Parlament, klar, dass jenes fatale Radio Bremen-Gesetz ein Irrweg gewesen war, und beseitigte überhaupt das kollegiale Direktorium, das sich längst als unfähig erwiesen hatte, die Probleme des Senders zu lösen.

Käse-Drama in der TIMES

Das Verhältnis eines Feinschmeckers zu England ist, wie schon gezeigt, durchaus zwiespältig. Wir vergessen nicht, was wir den Briten verdanken. Britische Nachfrage bewirkte den Aufschwung von Champagner und Cognac. Sie hat auch Bordeaux, Portwein und Sherry groß gemacht.

Was das Essen anbelangt, sieht die Sache etwas dünner aus. Doch wo erlebt man so ein hervorragendes Angebot guter chinesischer Küche wie in London, wenn man nicht ins fernste Asien reisen will oder kann? Wo kann man die Gewürze des indischen Subkontinents so angenehm studieren (falls sie nicht allzu scharf sind) in ihrer grandiosen Vielfalt, von der die Europäer sich törichterweise nur *Curry* merken wollen, wie in London? Auch manche arabische Lokale können da mithalten.

Zugegeben – „richtige" englische Küche bedeutet für uns meist gewürzlosen, langweiligen Geschmack und hyperweich zerkochte Gemüse. Aber Erfahrungen der guten Art kann man auch in Großbritannien sammeln. So, wie schlechte auch in unserem eigenen Land. Solche publik zu machen, nämlich als Restaurantkritiker, bringt keine Orden. Aber einen Titel hat es mir doch eingebracht, einen höchst seltenen; wir sind überhaupt nur zwei, die ihn bekommen haben: ROBERT COURTINE, seinerzeit Restaurantkritiker der Pariser Zeitung „Le Monde", und ich. Den Titel verlieh uns niemand anderes als die Londoner TIMES:

GREAT EUROPEAN EATER.

Vermutlich bedeutet es „Großer europäischer Esser", was bei weitem nicht so gut klingt. *Great* ist erfreulich doppeldeutig und könnte auch „hervorragend" heißen, gar „bedeutend" oder „wichtig", sogar „berühmt", „herrlich" und „wunderbar".

Also musste dort doch jemand sein, der eine Nase für europäische Restaurantkritik hatte, und eigentlich dann auch ein Gefühl für den Unterschied zwischen unseren „kontinentalen" Restauranterlebnissen und denen, die wir auf den Britischen Inseln haben könnten. Jedenfalls beschrieb uns die TIMES in ihrer Sonnabend-Ausgabe vom 13. Februar 1982 so:

„Die *Great European Eaters* gehören zu einer besonderen Klasse: es sind nur wenige, und ihr Leben ist eine endlose Tour nicht für ihr eigenes Vergnügen, sondern zum Nutzen anderer. Sie bedeuten für Essen und Restaurants, was Dramakritiker für die Bühne bedeuten. Wie einer von ihnen einmal erklärte, sind sie keine Gourmets: ‚Gourmets essen nur das Beste. Wir essen alles'." Dann folgten schmeichelhafte Beschreibungen von COURTINE's und meiner Karriere. Die TIMES hatte uns ja schließlich eingeladen, unsere „Erfahrungen mit Restaurants in Großbritannien zu schildern."

Das Unternehmen wurde ein Desaster. Doch bevor ich berichte, warum, möchte ich ein paar Beobachtungen aus den von mir besuchten Lokalen erzählen. Wir hatten für mich sechs ausgesucht, aus den damals am seriösesten wirkenden und angesehenen Restaurantführern „Michelin" und „Egon Ronay's". Sie waren geographisch gut verteilt von Schottland bis zum Süden, fast alles Spitzenrestaurants, für britische Verhältnisse. Sie hatten verblüffende Gemeinsamkeiten. Fast alle wollten ihre Gäste offenbar möglichst schnell wieder loswerden. Mahlzeiten von vier bis fünf Gängen wurden so schnell serviert, die Gänge so dicht hintereinander, dass uns kaum je gelang, den Wein des vorausgegangenen Gerichts auszutrinken. Allmählich empfanden wir schon als langsam und gemütlich, wenn wir nach nur eineinhalb Stunden alles hinter uns hatten.

Dafür waren die Bordeaux-Preise niedriger als in den entsprechenden kontinentaleuropäischen Lokalen.

Drei der sechs renommierten Lokale, in denen wir Wochen im Voraus unsere Tische reserviert hatten, lohnten es uns, indem sie uns ihre schlechtesten Plätze gaben, an Türen oder sonst ungünstigen Stellen (Inverlochy Castle, Sharrow Bay, Connought Hotel). Fast alle hatten für ihre vielen Gäste zu kleine Aperitif-Salons oder Bars, in denen, bei Aperitif, die Menükarte zu studieren, den Wein auszusuchen und dann zu bestellen, kein Vergnügen war. Keines der sechs Restaurants hatte nach den Kriterien, die der „Michelin" damals auch schon in Deutschland anwandte, ganz abgesehen von Frankreich, überhaupt irgendwelche Sterne verdient. Ich schilderte, wie und womit sie versagten. Einige ihrer Stammgäste schrieben empörte Briefe an die TIMES. Paczensky sei anti-englisch und wolle den britischen Tourismus ruinieren. Ein Wirt verteidigte sich mit einer völlig verlogenen Darstellung des Abends – ich hätte den ungünstigen Platz bekommen, weil ich im Raucher-Zimmer zu sitzen wünschte. Da war ich schon anderthalb Jahrzehnte Nichtraucher.

Nach meinem zweiten abgedruckten Artikel – von COURTINE waren, glaube ich, drei erschienen – starb die ganze Serie, die wie gesagt ursprünglich auf sechs Beiträge von jedem von uns angelegt gewesen war. Doch an diesem Abbruch war weniger der Protest einiger Leser schuld – das vorzeitige Ende bewirkte kein anderer als derjenige, der das ganze Abenteuer initiiert hatte: mein Freund GERALD LONG.

Von schädlichen Folgen der Essleidenschaft und Feinschmeckerei hören wir immer wieder die stattliche Litanei möglicher Krankheiten – Gicht, Leberschäden, Bluthochdruck, Magen- und Darmgeschichten und so weiter. Aber GERALD LONG hat die leidenschaftliche Befassung mit Kulinarischem einen ebenfalls hohen Preis gekostet: seine erfolgreiche Karriere.

Mit LONG war ich viele Jahre befreundet. Sein Lebenslauf galt als staunenswert. Höher als er konnte man in seinem Beruf kaum steigen. Er war als Besatzer nach Deutschland gekommen, schließlich Presseoffizier irgendwo im Rheinland oder Ruhrgebiet, einer von denen, unter deren Aufsicht nach dem Zweiten Weltkrieg bei uns eine lizenzierte, demokratische Presse wiedererstand. Als ich ihn kennenlernte, arbeitete er bei der britischen Nachrichtenagentur Reuters in Paris. Bald danach wurde er Reuters-Bürochef in Ankara mit Zuständigkeit für große Teile des Nahen Ostens. Dann übernahm er das Bonner Büro, anschließend arbeitete er wieder in Paris. Nun ging der damalige Generaldirektor WALTON COLE in Pension, einer jener elder-englischen Manager, die jeden Mittag bei Simpson's am „Strand" Roastbeef vom Wagen aßen, vorher in der Saison *Whitstable-Austern*, was ich als sein gelegentlicher Gast ebenfalls zu schätzen wusste. Wer sollte Coles Nachfolger an der Spitze einer der großen Welt-Nachrichtenagenturen werden? Es wurde LONG, Gerry für seine Freunde und besseren Bekannten. Ein Mann, der mittlerweile türkische Gerichte kochen konnte, abgesehen von französischen, dessen Arsenal von Küchengeräten hinter dem berühmter Köche nicht zurückstand und der einen außerordentlichen Weingeschmack entwickelt hatte. Als Kommunikations-Enthusiast, der schneller als seine Konkurrenten sah, dass die Tage des Fernschreibers als Hauptgerät zur Nachrichtenübermittlung zu Ende gingen, verwandelte er Reuters mit modernster Technik in die erste, mit Abstand führende Wirtschafts- und Finanzagentur. Ihr *Real time* Börsendienst, der die Börsenkurse aus aller Welt direkt auf Monitore in Banken und Börsen und Wirtschaftsunternehmen überall übertrug, machte Reuters lange Zeit konkurrenzlos (und reich).

Nach vielen erfolgreichen Jahren an der Spitze begann sich LONG bei Reuters zu langweilen. Er suchte andere Aufgaben. Damals hatte der Australier RUPERT MURDOCH seinen großen Fischzug durch die britische Presse begonnen, an dessen Ende er die TIMES besaß und eine Reihe populärer Blätter mit weit höherer Auflage wie die „News of the World". Die beiden Männer, jeder auf seine Weise erfolgreich, dynamisch und bedeutend, waren sich mehrere Male begegnet. Es war wohl logisch, dass MURDOCH LONG ein Angebot machte. Vermutlich hätte es der König von Reuters ausschlagen sollen. Aber die Perle in der Versuchung war ja, Managing Editor, also Verlagsleiter der TIMES zu werden – unmöglich, darüber nicht nachzudenken. Schließlich nahm er an.

Doch die TIMES war schwieriges Gelände geworden. Das Personal, interessanterweise das technische noch mehr als das redaktionelle, rebellierte gegen MURDOCH. Setzer und Drucker verlangten auch mehr Geld, und schließlich streikten sie. LONGS Beginn bei der TIMES bestand aus mühsamen Verhandlungen mit den Gewerkschaften, Krach in allen Richtungen. So hatte er sich das nicht vorgestellt. Er hoffte auch, redaktionelle Vorstellungen verwirklichen zu können, und über die sprach er mit dem Chefredakteur. Zwischen den Streikverhandlungen und schwierigen Gesprächen über die Finanzen des Unternehmens fand LONG eben noch Zeit und Lust, das (von uns aus gesehen) sensationelle Projekt auf den Weg zu bringen: die Einladung an uns zwei europäische Restaurantkritiker.

Mit Anna begab ich mich also, von Norden nach Süden, von einem renommierten britischen Restaurant ins nächste. Zwischen den Lokalbesuchen, dem Verfassen der Berichte und dem Abdruck (oder nicht) lag einige Zeit, und wir hatten alle sechs in Aussicht genommene Plätze aufgesucht, bevor der erste Artikel erschien. Dazu gehörte das „Gavroche“ in London, das zwei „Michelin“-Sterne hatte und bald danach den dritten bekam (den es seither wieder verloren hat). Da ich am liebsten zu viert „teste“, lud ich die LONGS dazu ein. Das hätte ich lieber nicht tun sollen. Ganz abgesehen von den verschiedenen Gerichten, die uns gemeinsam keineswegs immer sternwürdig erschienen, erregte die anschließende Käseplatte Longs gesteigerte Aufmerksamkeit dank ihrer Bezeichnung „Farmhouse cheese“. Verblüffenderweise waren keine englischen Käse dabei, obwohl es doch sehr gute gibt, aber unter den französischen sah er gleich mehrere, die er als Industriekäse einstufte, und das führte zu einem ausführlichen Streitgespräch mit dem Kellner. Der beteuerte natürlich, alles seien Bauernkäse, und nannte auch den Spezialisten an der französischen Kanalküste, wo sie gekauft würden.

In Frankreich wäre ein solcher Streit ganz normal. Ich habe mich dort oft gewundert, wie schnell Gäste etwas reklamierten, und wie geradezu automatisch es dann auch zurückgenommen wurde. Aber hier im „Gavroche", französischer Besitzer und Koch hin, französische Kellner her, war eben ein wichtiges Prinzip berührt. Mir war der Streit schon deswegen peinlich und höchst unwillkommen, weil ja der „Tester" keinerlei Aufsehen erregen möchte. Doch Gerry schrieb danach auch noch einen Brief an MONSIEUR ROUX, den Chef und Besitzer, in dem er seine Verachtung dieser Käse als „industriell" bekräftigte. ROUX antwortete sehr höflich, ohne nachzugeben. Die Korrespondenz dauerte noch etwas an, und schließlich brachte LONG den TIMES-Chefredakteur dazu, sie abzudrucken, im November 1981, weit mehr als eine halbe Seite.

Da waren aber die internen TIMES-Auseinandersetzungen noch im Gange. Ein sehr unzufriedener MURDOCH rief seinen Managing Editor zu sich und erklärte ihm ganz unmissverständlich: „Ich möchte nicht, dass meine Direktoren im Blatt über Käse schreiben!". – „I don't want my directors to write about cheese in the paper" – den Spruch MURDOCHS wiederholte mir LONG später, mit allen Anzeichen der Entrüstung. Er nahm ja alles Kulinarische sehr wichtig und passte daher viel besser zu den Franzosen, unter denen er so lange gelebt und gearbeitet hatte. Noch immer besaß er ein Ferienhaus in der Provence, in einer Gegend voller Olivenbäume, und da gab es auch eine Ölmühle, Geheimtip für Kenner. Einmal wurde in Longs Haus eingebrochen; die Diebe stahlen Fernseher, Telephon und alles andere elektronische Gerät. Als er das dem Nachbarn erzählte, rief der entsetzt: „Und Ihr Öl?" Das hielt auch LONG für das wichtigste, aber das hatten die Einbrecher im Keller übersehen, und daraus schlossen LONG und seine Nachbarn, dass sie unmöglich aus der Gegend sein konnten.

Der Charme zwischen LONG und MURDOCH war nun gebrochen, der Abdruck unserer Reportagen beendet – dabei hätte ich noch durchaus positive Erfahrungen zu berichten gehabt. Als ich Gerry kurz danach in London besuchte, saß er schon da mit seinem Anwalt und überlegte, unter welchen möglichst guten Bedingungen er MURDOCH wieder verlassen könnte. Es gelang offensichtlich unter sehr guten, denn die LONGS kauften bald danach ein größeres Grundstück in der Normandie. Von dort schrieb er mir enthusiastische Schilderungen des ihn – trotz aller Meeresverschmutzung – begeisternden Fischangebotes auf den dortigen Märkten, das in der Tat eindrucksvoll zu lesen war.

Leider ist er vor ein paar Jahren gestorben.

Ehrenbürger

Wenn ich lese, dass wieder einmal jemand zum Ehrenbürger einer Stadt gemacht worden ist, verspüre ich keinerlei Neid. Nicht, weil es sowieso meist PolitikerInnen sind, sonst allenfalls bedeutende Dichter, Wissenschaftler oder reiche Wohltäter, und ich zu keiner dieser für mich unerreichbaren Kategorien gehöre. Sondern, weil ich selbst einer bin. Auch ich habe eines Tages in einem Rathaussaal gestanden, wo mir ein schärpengeschmückter Bürgermeister, oder war er gar Oberbürgermeister, feierlich die Urkunde überreichte, Pressefotografen alles knipsten und eine Schar Versammelter applaudierte.

Groß ist „meine" Stadt nicht. Sie hat nur etwas weniger als 20 000 Einwohner. Darüber tröstet mich, dass sie weltbekannt ist. Ihren Namen kennt man von Peking bis Los Angeles, zwischen Archangelsk, Santiago und Melbourne. Ziemlich sicher hat Berlin keinen ähnlich hohen Bekanntheitsgrad, München auch nicht, wahrscheinlich nicht einmal Paris. Es ist Cognac.

Wie kommt man dazu? Gewiss nicht durch viel Cognac trinken – mein Verbrauch nebst dem aller meiner Verwandten und Freunde würde sich in der Cognac-Verkaufsstatistik nicht bemerkbar machen. Bei mir bedankte sich die Stadt mit dem Titel dafür, dass ich „ihrem" Getränk ein Denkmal gesetzt und es in Deutschland (und Holland) etwas bekannter gemacht habe, als es vorher war. Das geschah durch ein Buch mit so ausführlichen Beschreibungen und Erklärungen, wie es das bis da-

Ehrenbürger im Rathaus von Cognac. Links: Maire François Hardy, rechts: Jean-Pierre Haeberlin

hin nicht gab. Schön war es auch noch: dank hervorragender Fotos von Jürgen Schmidt und Zeichnungen und Aquarellen von Jean-Pierre Haeberlin. Ein Buch, das sogar in Frankreich erschienen ist, da konnten auch Franzosen noch etwas Neues über ihr weltberühmtes Getränk ausgerechnet von einem Deutschen lernen.

Freilich muss ich sagen, dass mit der Ehrenbürgerschaft nichts Materielles verbunden ist – kein Cognac-Deputat, kein Ehrengrab in der Stadt. Der ideelle Wert genügt mir völlig. Die Urkunde hängt bei uns zu Hause in der Küche.

„Wenn wir siegen, verdienen wir ihn. Wenn wir verlieren, brauchen wir ihn." Auf diesen Ausspruch Winston Churchills mit seinen sich anbietenden Abwandlungen stieß ich ziemlich spät in meinem Leben. Champagner hatte mir lange Zeit nur wenig bedeutet. Ich trank ihn selten und habe als Aperitif, sobald ich die übliche jugendliche Begeisterung für Mixgetränke hinter mir hatte, lieber leichte trockene frische Weißweine getrunken, eine Zeit lang am liebsten Elsässer *Muscat* (nur trockenen).

Das änderte sich erst, ganz allmählich, als ich die 50 überschritten hatte. Jürgen Schmidt war mir da weit voraus. Und als mir Jo Graff

Cognac-Probe mit Jürgen Schmidt

antrug, für den Hädecke-Verlag nach dem Erfolg des „Cognac" nun auch ein Buch über Champagner zu machen, über den die Leute doch auch nicht viel wüssten, in gleicher Besetzung und gleich schöner Aufmachung, sagte ich nicht nein. Dafür erntete ich großen Spott meiner Frau, die völlig zu Recht meinte: Du magst doch gar keinen.

Ich erbrachte mir und anderen sehr schnell den Beweis, wie emsiges Probieren, wie Praxis den eigenen Geschmack verändern kann. Heute bin ich ein Champagner-Enthusiast und habe einen festen Lieferanten in der besten Anbaugegend.

Das Buch erschien 1987, hat (wie „Cognac") trotz hohen Preises mehrere Auflagen erlebt und ebenfalls eine französischen Ausgabe.

Reims hatte ich schon vor der Stadt Cognac entdeckt. Dort drehten wir 1977 für meinen Fernsehfilm über die Beziehungen zwischen Frankreich und Deutschland. Abends landeten wir in „La Chaumière", einem großartigen Lokal, in dessen Küche Vater GASTON und Sohn GÉRARD BOYER wirkten. Damals hatten sie zwei „Michelin"-Sterne. Der dritte folgte bald, dann nannte sich das Restaurant einfach „Boyer", und heute findet es sich in dem prachtvollen Bau „Les Crayères", ganz nahe von

Pommery und anderen bekannten Marken. Ein prächtiges Lokal, das der Drei-Sterne-Kategorie wirklich Ehre macht und mich immer wieder anlockt.

Während der Arbeit am Champagner-Buch erlag ich dieser Verlockung oft. Eines meiner Lieblingsgerichte wurde gebratene Taube, die mit mildem (also blanchiertem) Knoblauch und Petersilie gefüllt war. Und eines Tages im April 1987 entdeckte ich auf der Speisekarte voller Rührung *Le Pigeonneau rôti à l' Ail et au Persil pour Von Paczensky*, damaliger Preis 140 Francs. Das schien mir als Auszeichnung der Ehrenbürgerschaft von Cognac fast ebenbürtig zu sein.

Witzigmann und die Folgen

Eckart Witzigmann als großen Meisterkoch entdeckt zu haben, kann ich mir nicht schmeicheln. Ich erhielt den Tip von Arne Krüger, und den ersten „Michelin"-Stern hatte er ja schon, wenngleich die Resonanz des „Michelin" damals sehr schwach war. Aber ich bin stolz darauf, Witzigmann als erster bundesweit bekannt gemacht zu haben, sozusagen mit großer Fanfare, und damit habe ich seinen Weg zum verdienten Ruhm, der natürlich allein sein eigenes Verdienst war, wohl ein bisschen abgekürzt.

Zuerst schilderte ich meinen überaus positiven Eindruck im „Stern", der damals eine Auflage von weit über 1,5 Millionen hatte. „Dies ist fraglos eines der besten Restaurants in der Bundesrepublik", schrieb ich, und dass Witzigmann manche berühmte französische Köche übertreffe. „Man esse bei ihm *Tafelspitz*, um zu erfahren, wie dieses gekochte Ochsenfleisch, das bei so vielen anderen verachtet als „Suppenfleisch" rangiert, angerichtet sein und schmecken kann. Man koste seine *Hechtklöße*, leicht und von zartem Geschmack in einer Sahnesauce, wie man sie nur noch bei den Meisterköchen in Lyon bekommt." Und so weiter („Stern" 29/1973).

Den Tafelspitz hätte ich beinahe verpasst. Als Jürgen Schmidt und ich zum ersten Mal ins „Tantris" gekommen waren, gab es keinen. Witzigmann aber meinte, wir müssten ihn unbedingt probieren, am übernächsten Mittag werde er welchen machen. Er konnte nicht ahnen, mit wie geringem Appetit wir dann tatsächlich erschienen – wir hatten tagelang Restaurants ausprobiert, meist schlechte, und sehnten uns danach, endlich nach Hause zu fahren und zu fasten. Aber als wir dann kosteten, kehrten unsere Lebensgeister munter wieder. Diese Geschmackserfahrung hätten wir wirklich nicht missen dürfen.

In „essen & trinken" folgte bald danach mein Rat: „Dieses Restaurant sollte zum Pflicht-Reiseziel für deutsche Feinschmecker werden – aber auch für alle diejenigen Wirte und Köche, die ebenfalls einen hohen Standard bieten wollen."

Aber damals waren deutsche Gaumen deutlich noch nicht auf so große Küche vorbereitet. Das musste ich wohl aus einem der ersten Leserbriefe schließen, die „essen & trinken" meinetwegen bekam. Da hieß es über WITZIGMANNS „Tantris": „Herr v. P. muss wohl zuvor einen Geschmackstest für Kautabak oder Wellpappe absolviert haben, denn sonst könnte er zu einem solchen Fehlurteil gar nicht kommen ... fehlt den Speisen einfach der Pfiff, wenn man die Küche überhaupt erwähnen will ... Es schmeckt ja alles gleich ... Wachteln, die nach gar nichts schmecken, Fleisch, wie man es besser im Franziskaner bekommt ... Ich lade Herrn v. P. zu einem besseren Essen ein. Allerdings in einem anderen Lokal. Mit freundlichen Grüßen Hans Walther Lummert, München-Grünwald." Ich schrieb zurück, vielleicht könne er schon mal das Lokal nennen, das er für besser halte. Keine Antwort.

WITZIGMANN hat leider kein deutsches Lokal mehr. Aber zur Ehre der kochenden Zunft in unserem Land kann ich zufrieden sagen, dass man in so vielen deutschen Restaurants so gut essen kann, wie man es vor drei Jahrzehnten nicht für möglich gehalten haben würde. WITZIGMANNS Vorbild hat sehr dazu beigetragen.

Über die lang gewordene Liste guter, erstklassiger Lokale wissen meine Leser in „essen & trinken" gut Bescheid. Natürlich kann ich immer noch nicht alle empfehlenswerten kennen, denn erfreulicherweise tauchen immer neue begabte Köche und Köchinnen (weniger) auf – eigentlich ein Wunder, da es sich um einen besonders anstrengenden Beruf mit äußerst ungünstigen Arbeitszeiten handelt. Diese Zunft bildet jedenfalls einen wichtigen Pfeiler der deutschen Kultur.

Manchmal werde ich nach meinen Lieblings- oder sogar Stammlokalen gefragt. Das kann ich schon deswegen schlecht beantworten, weil der Restaurantkritiker immer neue Adressen aufsucht, besuchen muss. Lokale, die ich einmal besprochen habe, sehen mich im allgemeinen nicht wieder, und hätten sie mir noch so gut gefallen. Wie gut sie mir gefielen, schreibe ich eben in „essen & trinken". Aber ich will nicht kneifen. Da gibt es schon einige, die ich öfter besucht habe (und noch besuchen werde), als für meine berufliche Meinungsbildung nötig ist. Mit zwei Ausnahmen liegen sie ziemlich nahe an meinem Wohnort; das erklärt schon manches. Die eine Ausnahme: LOTHAR EIERMANN im wundervollen Rahmen des Wald- und Schlosshotels Friedrichsruhe in Öhringen. In der kurzen Zeit, als ich im *Verband deutscher Schriftsteller* aktiv war, versuchte ich mehrfach auf Fahrten nach oder von Stuttgart, einigen meiner VS-Vorstandskollegen durch Besuche in diesem Haus deutscher Spitzengastronomie zu zeigen, was unsere Sinne besser beeindrucken kann als viele Literatur.

Leider ist Friedrichsruhe für mich viel zu weit entfernt, um als Stammlokal fungieren zu können. Der Ausdruck ist auch für die näher gelegenen wegen meiner sonstigen Reiserei mehr ein Wunsch als erfüllbar. Aber hier dennoch drei leicht für mich erreichbare Lieblingslokale:

Die „Traube" der KAUFMANNS in Grevenbroich als ein Muster ganz „großer" und großartiger Gastronomie; sie ist den berühmtesten französischen Lokalen durchaus ebenbürtig.

„LE MOISSONNIER" in Köln, wo in einem angenehm unprätentiösen Bistro-Rahmen so erstklassig gekocht wird wie in nicht sehr vielen „feinen", mit einer kühnen Phantasie bei den Rezepten, die selten ist.

Die „Adler-Wirtschaft" in Hattenheim (Eltville), wo FRANZ KELLER jr. verstanden hat, in seinem Bistro den Bogen von seiner großen Könnerschaft zur „bürgerlichen" Küche zu schlagen, wie sie in Deutschland höchst selten, aber willkommen ist.

Die zweite Ausnahme ist in der Tat jahrelang mein Stammlokal gewesen. Sie bestätigt sich mir bei meinen Besuchen, die leider selten geworden sind, stets von neuem als vorbildlicher Ort für hervorragendes Essen mit ebenbürtigem Getränk. Das ist, natürlich, das Grashoff-Bistro in Bremen, jahrzehntelang geprägt von JÜRGEN und BARBARA SCHMIDT, nicht zu vergessen Küchenchef RÜDIGER KÖNIG, und der einzige Grund, der mich manchmal bedauern lässt, aus Bremen weggezogen zu sein.

Namensregister

Gert v. Paczensky hat zahlreiche historische und kulinarische Bücher veröffentlicht.

Zur Kolonialgeschichte:

Die Weissen kommen – die wahre Geschichte des Kolonialismus (1970). Noch immer einzige umfassende Geschichte des Kolonialismus in deutscher Sprache. Lieferbar ist die Taschenbuchausgabe: Weisse Herrschaft (über Walter Hädecke Verlag, Postfach 1203, 71256 Weil der Stadt, Tel.: 0 70 33 / 13 80 80).

Unser Volk am Jordan? Zur Geschichte des Israel-Konflikts (1971), Neubearbeitung als Faustrecht am Jordan? (1978).

Wieviel Geld für die Dritte Welt? (1972)

Das Ölkomplott - von der Kunst, uns und andere auszunehmen. (1982/1984).

Nofretete will nach Hause. Europa – Schatzhaus der „Dritten Welt“ (1984), über den europäischen Kunstraub aus den anderen Kontinenten.

Teurer Segen - Christliche Mission und Kolonialismus (1991). Neuauflage (2000) unter dem Titel „Verbrechen im Namen Christi“.

Kulinarisches:

Feinschmeckers Beschwerdebuch – Brevier wider die Sünden der Gastronomie (1976).

Cognac (1984) Hädecke

Champagner (1987) Hädecke

Leere Töpfe, volle Töpfe – die Kulturgeschichte des Essens und Trinkens (1994) mit Ko-Autorin Anna Dünnebier. Neuausgabe als

Kulturgeschichte des Essens und Trinkens (1999), Orbis Verlag

Wo Frankreich am besten isst – Aquitaine: Zwischen Pyrenäen und Atlantik (1998) Ko-Autorin Anna Dünnebier. Hädecke.

Weitere Buchveröffentlichungen:

... über Fernsehen (1980).

Das bewegte Leben der Alice Schwarzer – Die Biographie (Ko-Autor mit Anna Dünnebier 1998), Knaur-Taschenbuch 1999.

Weitere Literaturangaben zu Gert v. Paczensky in Kürschners Deutscher Sachbuch-Kalender und unter **www.nrw-autoren-im-netz.de**